**franckh** Hippologische Handbibliothek

Jens Marten / Armin Salewski

Handbuch der modernen Pferdehaltung

Stallbau · Haltung Fütterung · Pflege

Franckh'sche Verlagshandlung Stuttgart

Mit 42 Fotos von Silke Fuchs (3) und Jens Marten (39) sowie 22 Zeichnungen von Jens Marten (17) und Armin Salewski (5).

Umschlaggestaltung von Kaselow Design, München, unter Verwendung einer Aufnahme von Hugo M. Czerny

CIP-Titelaufnahme der Deutschen Bibliothek

Marten, Jens:
Handbuch der modernen Pferdehaltung: Stallbau, Haltung, Fütterung, Pflege / Jens Marten; Armin Salewski. [Mit 42 Fotos von Silke Fuchs u. Jens Marten]. – Stuttgart: Franckh, 1989
  (Hippologische Handbibliothek)
  ISBN 3-440-05812-3
NE: Salewski, Armin:

Franckh'sche Verlagshandlung, W. Keller & Co., Stuttgart / 1989
Printed in Germany / Imprimé en Allemagne
L 10Sn H Ste / ISBN 3-440-05812-3
Herstellung: Wilhelm Röck, Weinsberg

Handbuch der modernen Pferdehaltung

Silke Fuchs

1. Einleitung

Es gibt wohl keinen Reiter, der sich nicht schon gewünscht hätte, ein eigenes Pferd zu besitzen. Man kann so schön von seinem Wunschpferd träumen – wie es seinen warmen Atem aus weichen Nüstern auf die Handfläche bläst, wie glatt und blank sich sein Fell im Sonnenlicht spiegelt, wie vertraut das leise Wiehern klingt, wenn man mit einem Leckerbissen seinen Stall betritt. Und dann die Träume von langen Ausritten in freier Natur, im ruhigen Schritt am langen Zügel über sonnige Feldwege bummeln, im fleißigen Trab den schwingenden Rücken des Traumpferdes spürend oder den Dreischlag der Galoppsprünge, gedämpft vom federnden Waldboden – verführerische Bilder und Empfindungen, die sich zum Wunsch nach dem eigenen Pferd, das einem ganz allein gehört, verdichten.

Man hat einige Zeit die vereinseigenen Schulpferde geritten, hat auf „Verleihern" im Urlaub oder am Wochenende den einen oder anderen mehr oder weniger schönen Ausritt gemacht, hat miterlebt, wie Vereinskameraden, deren Reitkünste man für geringer als die eigenen hielt, sich ihr eigenes Pferd kauften, und irgendwann steht der Entschluß fest, ein eigenes Pferd muß her. Von diesem Zeitpunkt an müssen die romantischen Träume dann mit der Realität in Übereinstimmung gebracht werden. Der zukünftige Pferdebesitzer sollte sich der Bindung bewußt sein, die er mit dem Kauf des eigenen Pferdes eingeht. Für den Landwirt mit Kühen und Schweinen ist es ganz selbstverständlich, daß er als Tierhalter an 365 Tagen des Jahres präsent sein muß, um zu melken, zu füttern, zu misten. Der Neuling der Pferdehaltung muß sich über die Verantwortung einem lebenden Wesen gegenüber, über die finanziellen und zeitlichen Belastungen, die auf ihn zukommen werden, über die materiellen Voraussetzungen, die zu schaffen sind, vorher klarwerden. Ein Pferd stellt Ansprüche, je nach Haltung und Nutzung kann es viel Zeit und Geld kosten. Deshalb darf der Wunsch nach dem eigenen Pferd keiner vorübergehenden Laune entspringen; mit Abscheu lesen wir jedes Jahr zur Urlaubszeit von gewissenlosen, leichtfertigen Tierhaltern, die sich ihrer Hunde und Katzen entledigen, weil sie nicht mehr in den Lebenslauf passen, wenn die Ferienreise ansteht. Das Dichterwort „Drum prüfe, wer sich ewig bindet", zielt zwar auf die Ehe ab, doch sollte es auch vor dem Entschluß zur eigenen Pferdehaltung berücksichtigt werden. Damit aus unbedachtem Entschluß heraus das Pferd nicht zum „Klotz am Bein" wird, sollten rechtzeitig vor dem Kaufabschluß alle Fragen seiner Haltung, Betreuung, Fütterung usw. durchdacht werden. Dabei sollen die nachfolgenden Seiten Hilfestellung leisten.

Auf der anderen Seite gibt es jene vorsichtigen Leute, die es sich nicht zutrauen, ein Pferd zu halten, die meinen, man müsse mit Pferden groß geworden sein, müsse wenigstens aus der Landwirtschaft stammen, denn das Wissen über Pferdehaltung könne man später nie mehr erwerben. Dieser Gruppe von Reitern, die oftmals als „Spätberufene" erst in der Lebensmitte zum Pferdesport oder zur Freizeitreiterei gekommen sind, soll Mut gemacht werden. Ihnen wird nachfolgend beschrieben, wie man's macht. P. Medawar schreibt „Das Wohlbefinden der Tiere muß von einem Verständnis für sie ausgehen. Zu diesem Verständnis gelangt man nicht intuitiv – man muß es erlernen". In diesem Sinne soll dieses Buch die Anforderungen des Pferdes an seine (Stall-)Umwelt, an Haltung, an Fütterung, an menschliche Betreuung darstellen, soll die verschiedenen Alternativen aufzeigen und soll letztlich dabei helfen, daß der Traum vom eigenen Pferd freudig erlebte Realität werden kann, in der Pferd und Besitzer gleichermaßen miteinander glücklich werden.

2. Die grundsätzlichen Anforderungen des Pferdes

Seit fast 5000 Jahren steht das Pferd im Dienste des Menschen, es hat ihn im Sattel getragen oder seinen Wagen gezogen – hat für ihn gearbeitet. Die Kraft und Schnelligkeit des Pferdes machte sich der Mensch zunutze, als Zugkraft und schnelles Transportmittel war das Pferd unersetzlich. Erst vor etwa 40 Jahren, nach dem Zweiten Weltkrieg, erfolgte der entscheidende Einschnitt in der jahrtausendealten Mensch-Pferd-Beziehung. Durch die vollständige Mechanisierung in allen Bereichen, Landwirtschaft, Transportgewerbe, Militär usw., löste die Maschine das Pferd als Arbeitskraft ab. Während es bis dahin viele Stunden täglich arbeitete und sich dabei an frischer Luft bewegte, ist das Pferd seitdem fast ausschließlich „Liebhaberobjekt". Niemals zuvor standen so viele Pferde wie heute untätig in ihren Ställen; Arbeitsleistung wird lediglich während der knappen Freizeit ihrer Besitzer verlangt, denen sie jetzt als „Freizeitkameraden" oder „Sportgeräte" zu dienen haben. Dieser einschneidende Funktionswandel vom täglich genutzten Arbeitstier zum nur sporadisch eingesetzten Luxusobjekt hat so entscheidenden Einfluß auf die Lebensumstände des Pferdes, daß viele tradierte Anschauungen über „richtige" Aufstallung, Haltung, Fütterung überprüft und teilweise korrigiert werden müssen.

Durch gezielte Zuchtwahl hat der Mensch seine Nutztiere im Vergleich zur undomestizierten Wildform relativ stark umgeformt. Die einseitige Ausrichtung auf eine für das Überleben in der Natur eher unbedeutende Eigenschaft wie Milchmenge, Fleischansatz oder Legeleistung veränderte die Haustiere nicht nur im Exterieur, sondern blieb auch nicht ohne Einfluß auf das Tierverhalten. Die züchterischen Bemühungen um das Pferd zielten dagegen in eine ganz andere Richtung. Hier vollzog der Mensch beinahe die Auslese-Kriterien der Natur nach, er selektierte auf Eigenschaften wie Schnelligkeit, Stärke, Ausdauer, nicht aber auf Schinkenfülle oder melkmaschinengerechtes Euter. So hat der Mensch den biologischen Grundbauplan der bereits im Wildzustand hochspezialisierten Equiden bis heute nicht entscheidend verändert. Im Vergleich zu den übrigen landwirtschaftlichen Nutztieren bedeutet dies, daß das Pferd, was Verhalten und Umweltansprüche angeht, seinen wilden Stammformen nähersteht als jedes andere Haustier.

2.1 Bewegung

In seiner langen Entwicklungsgeschichte vom waldbewohnenden fünfzehigen Eohippus wurde das Pferd vor rund 25 Mio. Jahren zum Grasfresser und eroberte damit jenen Lebensraum, der fortan für die Einhufer charakteristisch werden sollte – die offene Landschaft der Steppe oder Baumsavanne. In Physiologie und Verhalten paßten sich im Laufe der Jahrmillionen die Equiden diesem Lebensraum optimal an. Der Zwang zu jahreszeitlichen, der wechselnden Vegetation folgenden Wanderungen sowie die Notwendigkeit, mit hoher Geschwindigkeit vor fleischfressenden Feinden fliehen zu müssen, schufen durch Auslese ein hochspezialisiertes Lauf- und Fluchttier, das als flüchtiger Einhufer schließlich nur noch mit dem Zehennagel einer Zehe – dem Huf – den Boden berührte. Das Erfordernis zur Anpassung an das Leben in der offenen Steppe prägte die im Erbgedächtnis der Pferde verankerten Verhaltensmuster bis zum heutigen Tage, die im Vergleich zur langen Entwicklungsgeschichte verschwindend kurze Zeit der Domestikation vermochte daran nichts zu ändern. Ansprüche und Verhaltensweisen unserer heutigen Pferde unterscheiden sich nicht wesentlich von denen ihrer wildlebenden Ahnen – eine Tatsache, die man im täglichen Umgang, bei Haltung und Aufstallung berücksichtigen sollte.

Charakteristisch für das Pferd als Lauf- und Fluchttier ist der ausgeprägte Drang nach Bewegung, wie bei seinen wildlebenden Verwandten. KLINGEL stellt bei seinen Forschungen fest, daß sich die Böhmzebras der Serengeti innerhalb eines Aktionsraums von 80–200 km² bewegen; die täglich zurückgelegte Wegstrecke zwischen ihren Schlaf- und Weideplätzen betrug bis zu 26 km. TYLER beobachtete, daß sich die freilebenden Ponys im Waldgebiet des New Forest nahe London immerhin noch in einem Raum von 7–10 km² bewegten; die im 16 km² großen Wald von Popielno (Polen) lebenden Primitivpferde im Tarpantyp nutzen ein Areal von 5 km² (JEZIERSKI). Weit auseinanderliegende Tränken und spärlicher Pflanzenwuchs erfordern lange Märsche und ständige Bewegung, bei üppiger Vegetation und größerem Wasserangebot verringert sich das Maß der täglichen Bewegung. Bei reicher Weide bewegen sich Wildequiden nicht mehr als 6 km von der Tränke fort, in Dürregebieten nutzen sie dagegen einen Radius von 20–30 km um ihre Wasserstellen. Doch nicht allein zum Aufsuchen der bevorzugten Plätze zum Ruhen, zum Weidegang oder Saufen wird Bewegungsleistung erbracht. Spärliche Steppenflora und auch die wählerische Art seiner Futteraufnahmen zwingen das Pferd beim Weiden zu ständiger Bewegung. Während ihrer durchschnittlichen Futteraufnahmezeiten von 12 bis 16 Stunden pro Tag legen die Pferde beim ruhigen Grasen rund 6 km zurück, wie ZEEB bei Camarguepferden ermittelte.

Der Drang nach Bewegung ist im Pferd so elementar vorhanden wie sein Bedürfnis nach Futter. Sein ganzer Organismus ist auf Bewegung eingestellt. Der Bewegungsreiz sorgt für Gesunderhaltung und Regeneration etwa der Gelenkknorpel. Diese werden nicht von den Knochen, mit denen sie verwachsen sind, genährt, sondern von der Gelenkflüssigkeit, die sich nur unter dem Reiz der Bewegung bildet. Pferde, die viel leisten müssen, haben im allgemeinen gesündere Gelenke und erreichen ein höheres Alter als wenig arbeitende. Umgekehrt beruht ein Großteil der Pferdeerkrankungen letztlich auf Bewegungsmangel. Jeder ungenügend trainierte Bewegungsapparat verweichlicht, Sehnenschäden, Hufrollenerkrankungen usw. können die Folge sein. Ein über Monate im Stall stehendes Pferd bekommt Zwangshufe, wenn der Hufmechanismus (sichtbar als Weiten der hinteren Hufbereiche beim Auftreten) nicht arbeiten muß. Die sehnigen Bänder, die den Fesselkopf stabilisieren, verlieren bei Aktivitätsmangel ihre Elastizität. Stolpert dann das Pferd, zerreißen kleinste Fasern, und der Fesselkopf schwillt an. Besonders schnell bauen die Muskeln bei Bewegungsarmut ab. Ein trainierter Muskel kann dreimal mehr Glykogen speichern als ein untrainierter. Zum Abbau des Glykogens bei Muskelarbeit ist Sauerstoff notwendig, der von den roten Blutkörperchen transportiert wird. Das untrainierte, bewegungsarm gehaltene Pferd besitzt aber nicht nur geringere Glykogenreserven, sondern auch weniger rote Blutkörperchen als Sauerstoffträger.

Neben physischen Schäden können aus Bewegungsmangel psychische Defekte entstehen. FREUD entdeckte, daß beim Menschen die Unterdrückung naturgegebener Triebtätigkeit zu neurotischen Erkrankungen, Verdrängungsverirrungen, führen kann. Das ist beim Pferd nicht anders, viele als „Stalluntugenden" bezeichneten Verdrängungsverirrungen des Pferdes sind Reaktionen auf Bewegungsmangel. Die Unart des Koppens soll besonders bei Pferden mit aktiver Veranlagung anzutreffen sein. Das „Weben" – ein rhythmisches Pendeln mit Kopf und Hals, wobei das Gewicht wechselseitig von einer Vordergliedmaße auf die andere verlegt wird – ist eine sogenannte Übersprungsbewegung. Aus Platzmangel oder wegen kurzer Anbindung kann die innere Stimmung etwa zum Laufen nicht ausgeführt werden, der Triebstau führt zur Übersprungshandlung des Webens. Dasselbe gilt für das Kreis- oder Achterlaufen in der Box. Ändern sich die Haltungsbedingungen über längere Zeit nicht, so kommt es zu Bewegungsstereotypien, die später auch ohne Übersprunganlaß ausgeübt werden. Webt etwa ein Pferd am Koppeltor, obgleich es sich auf der Weide austoben könnte, so ist die Verhaltensstereotypie bereits irreversibel.

Es ist das Los der meisten „Privatpferde", daß sie viel zu wenig zu tun haben. Eine Stunde unter dem Sattel oder an der Longe kann 23 Stunden untätigen Stallaufenthalt nicht ausgleichen. Wo keine Reithalle vorhanden ist, können die Besitzer ihre Pferde im Winter oftmals nur am Wochenende aus ihren Boxen entlassen. Dann versuchen die Tiere erst einmal, ihren aufgestauten Bewegungsdrang abzureagieren, sie feuern nach hinten aus, buckeln oder steigen, sind nicht zu halten, sind verspannt oder schreckhaft. Diese Bilder kann man in jeder Reitbahn nach dem „Stehtag" erleben. „Der verrückte Bock spinnt mal wieder", heißt es dann, und der ängstliche Reiter steigt ab und stellt sein wildes Roß doch lieber wieder in die Box. Daß der Reitsport zu den unfallträchtigsten Sportarten gehört, hängt zu einem Großteil mit dem „Stallmut" und der Schreckhaftigkeit unserer unausgelasteten Freizeitpferde zusammen. Wer sein Pferd nicht drei bis sechs Stunden am Tage unter dem Sattel oder im Geschirr arbeiten lassen kann – und das können leider die wenigsten mit Schule, Studium oder Beruf vereinbaren –, der sollte ihm freigewählte Bewegung auf der Koppel oder in einem Auslauf, notfalls an einer Pferdeführanlage oder beim Freilaufen in der Reithalle, bieten. Andernfalls kann die Lust, ein eigenes Pferd zu besitzen, schnell zur Last werden.

2.2 Licht-, Luft- und Klimareize

Aufgrund ihrer Herkunft aus den intensiv besonnten baumlosen Steppenregionen haben Pferde ein starkes Lichtbedürfnis. Direktes Sonnenlicht ist zwar keine unentbehrliche Lebensbedingung – so sind Grubenpferde jahrelang in Bergwerken arbeitsfähig geblieben –, aber das Sonnenlicht steigert

den Bewegungsdrang der Tiere, regt Atmung und Blutkreislauf, die Futteraufnahme und den Stoffwechsel an und steigert die Widerstandsfähigkeit gegen Infektionen. Der polnische Forscher PRAWOHENSKI, der ganz Rußland bereiste, untersuchte die Knochenstärke der in verschiedenen Regionen Rußlands gezogenen Orlow- und amerikanischen Traber und fand sie bei den in der lichtreichen Südostregion des Riesenreichs aufgezogenen am stärksten (SCHWARZNECKER 1894).

UV-Strahlen sind für die Vitamin-D-Bildung erforderlich, dieses reguliert den Kalzium- und Phosphorstoffwechsel. Daß Vitamin-D-Mangel bei Fohlen zu rachitischen Krankheitsbildern, mindestens aber zu Wachstumsrückstand führt, ist allgemein bekannt. Über das Auge werden Lichtreize aufgenommen, zum Zwischenhirn und schließlich zur Hypophyse weitergeleitet, die den Hormonhaushalt steuert. Bei Mangel an Lichtreizen geht die Zahl der roten Blutkörperchen zurück (Anämie), der Körper speichert Wasser (Masteffekt in dunklen Ställen), durch Störung des Kohlenhydratstoffwechsels vermindert sich die Muskelleistung, die Sexualfunktionen lassen nach.

Die Tageslichtlänge steuert den Fortpflanzungszyklus. Im späten Frühjahr bis Frühsommer tritt die Rosse am ausgeprägtesten auf, ist die Befruchtungsrate am höchsten. Bei der Haltung güster Stuten wird im Winter der tägliche Auslauf zur Zeit der größten Helligkeit des Tages um die Mittagszeit gewählt, da die Lichtstärke den Hormonhaushalt stimulieren kann. Wo, wie in der Vollblutzucht, der Züchter früh zu Jahresanfang geborene Fohlen wünscht, hat man durch Lichtprogramme im Spätwinter regelmäßige Rossen der Stuten und bessere Befruchtungsergebnisse bei den Hengsten auslösen können. Da auch der Fellwechsel über die Lichtreize gesteuert wird, brachte das Lichtprogramm auch ein feineres Haarkleid. Das Pferd ist ein Fluchttier; durch schnellen, ausdauernden Lauf entzieht es sich seinen natürlichen Feinden. Schnelle, ausdauernde Bewegungsleistung kann aber nur durchgehalten werden, wenn der Lunge viel

Luft zugeführt wird. So ist das Pferd mit einem sehr leistungsfähigen Atemorganismus ausgerüstet. Bei schwerer Arbeit können Pferde die Sauerstoffaufnahme um das 33- bis 35fache steigern (zum Vergleich: beim Hund beträgt sie das 10-, beim Menschen das 20fache). Die Luftmenge, die bei ruhiger Ein- und Ausatmung gewechselt wird, ist mit 5 Litern pro Atemzug beim Pferd von allen Haustieren die größte. Bei schnellem Galopp steigt das Atemzugvolumen um das 2- bis 6fache. Während das Pferd in Ruhe nur 10 bis 14 Atemzüge macht, steigt diese Zahl im Trab auf etwa 50 und kann im schnellen Galopp auf das 10fache der Ruhewerte gesteigert werden. Im Galopp ist die Atemfrequenz mit der Galoppfrequenz im Verhältnis 1:1 korreliert. Jeder Galoppsprung ist mit einem Atemzug verbunden, beim Strecken des Körpers wird eingeatmet, durch das Andrücken der Vorderbeine in der Landephase wird die Ausatmung unterstützt.

Die einerseits so belastungsfähigen Atmungsorgane des Pferdes sind andererseits empfindlich gegenüber schlechten Luftbedingungen. Tierärzte sind häufig mit Erkrankungen der Atemwege konfrontiert. Nach vorsichtiger Schätzung leiden 10% aller Pferde bei uns an chronischer Bronchitis und ca. 25% an akuter Bronchitis. Grob gesagt leidet also jedes dritte Pferd hierzulande an Husten, und es sieht so aus, als ob gerade diese Erkrankungen im Ansteigen begriffen sind. Nach der Schadensursachenstatistik des Bundesverbands der Sachversicherer lagen bei Entschädigungen für unbrauchbar gewordene Reitpferde nach den Erkrankungen des Bewegungsapparates an zweiter Stelle bereits die Erkrankungen der Atmungsorgane, insbesondere die durch chronische Bronchitis und Emphysem ausgelöste Dämpfigkeit. Neben infektiösen Ursachen (Pferdegrippe, ansteckender Husten) spielen allergische Ursachen eine große Rolle. Besonders der Pollenstaub im Heu, Schimmelpilzbefall, Befall des Heus mit Herbstgrasmilben und andere Arten von Staub sind für allergische Reaktionen verantwortlich. Eine genaue Abgrenzung der

Ursache ist beim Symptom Husten sehr schwierig, da ein Pferd mit Allergiebereitschaft stärker auf einen infektiösen Reiz oder auf Staub reagiert.

Der so gefürchtete Pferdehusten hat nichts mit „Erkältung" – ausgelöst durch kalte Luft – zu tun, der warme Stall im Winter steht nicht auf der Wunschliste des Pferdes. Im Gegenteil, von allen Haustieren besitzt das Pferd die ausgeprägteste Hitze-Kälte-Toleranz als Erbteil seiner steppenbewohnenden Vorfahren, deren schutzloser Lebensraum von intensiver Sonne, Wind, jähen Wetterstürzen und starken Temperaturdifferenzen zwischen Tag und Nacht geprägt war. Dank dieser Thermoneutralität reicht das Verbreitungsgebiet des Pferdes über fast alle Klimazonen, im Norden bis an die Tundren, nach Süden wird sein Lebensraum erst durch die Tsetsefliege begrenzt. Denken wir nur an die arabischen Vollblüter – Inbegriff zarter Pferdeanmut. Sie lebten im Hochland von Nedschd (600–1000 m) in Saudiarabien in einem Extremklima, wo innerhalb einer Viertelstunde Temperatursprünge von 33 K gemessen wurden, wo im Sommer Temperaturdifferenzen von 45 K zwischen Tag und Nacht die Regel sind. Diese Pferde blieben gesund und leistungsfähig, obwohl sie ihr Leben ohne schützenden Stall, angebunden unter freiem Himmel vor dem Nomadenzelt, verbrachten, dabei in den Sommermonaten nur knapp und unregelmäßig gefüttert und getränkt (FLADE). Auch GRZIMEK berichtet über die Unempfindlichkeit der Vollblutaraber aus Janów Podlasky (Polen), die im Zuge der Kriegswirren höchst unzureichend auf dem Gestüt Schönböken in Schleswig-Holstein untergekommen waren: „Stuten und Absatzfohlen wurden im Sommer wie im Winter an einem großen Teich getränkt. Einige Absatzfohlen und ihre Mütter wälzten sich auch bei großer Kälte regelmäßig im Wasser. Alle Tiere mußten bei jeder Witterung zwei Stunden lang im Auslauf bleiben, aber auch die Pferde mit völlig nassem Fell erkrankten dadurch niemals. Sämtliche Absatzfohlen, Jährlinge und Zweijährigen auf dem Vorwerk Nettelau waren auch bei wochenlangem Regen auf völlig aufgeweichten, überschwemmten Weiden gesund und munter."

Diese Beispiele sollen davor warnen, das menschliche Wärme-Kälte-Empfinden gedankenlos auf das Tier zu übertragen. Der allzu fürsorgliche Pferdehalter vergißt, daß neben der Intensität der Bewegung Körpergröße und Körpergewicht den Wärmehaushalt beeinflussen. Während der Gewichtsunterschied zwischen Mensch und Pferd nur das 8fache beträgt, ist die wärmeabgebende Körperoberfläche in Relation zum Gewicht beim Menschen 20mal größer als beim Pferd. Ähnliche Beziehungen bestehen zwischen Gewicht und Bewegungsintensität. Mit zunehmender Größe und Geschwindigkeit steigt der Kraftaufwand und damit die Wärmeentwicklung im Quadrat, während die Möglichkeit zur Wärmeabgabe im Quadrat abnimmt. Im Gegensatz zu den meisten anderen Haustieren, die die Wärmeabgabe nur durch Hecheln vergrößern, besitzt das Pferd am ganzen Körper Schweißdrüsen und hat die Fähigkeit zu intensivem Schwitzen. Die schweißnassen Haare vergrößern gegenüber der Hautoberfläche die Verdunstungsfläche um ein Vielfaches. Hindurchstreichender Luftzug erzeugt Verdunstungskälte und sorgt für Wärmeabfuhr. Dem Temperaturwechsel im Jahreszeitenrhythmus paßt sich das Pferd durch ein wechselndes Haarkleid an.

Angesichts so vieler hustender Pferde in geschlossenen Ställen, die von ihren besorgten Besitzern ängstlich vor jedem Luftzug bewahrt werden, kann nicht oft genug darauf hingewiesen werden: Pferde erkälten sich nicht durch niedrige Temperaturen, die Natur hat sie mit allen erforderlichen Mechanismen zur Anpassung an wechselnde Temperaturen ausgestattet. Bei trockener Einstreu und energiereicher Fütterung sind selbst Minustemperaturen im Stall absolut unschädlich. Der Soldatenspruch „Es ist noch niemand erstunken, aber schon mancher erfroren", gilt nicht für Pferde. Hier gilt die Maxime: Frischluft hat unter allen Umständen Vorrang vor warmer Stalltemperatur!

2.3 Herdengesellschaft

Wie fast alle Haustiere des Menschen sind auch Pferde sozial lebende Tiere; ihr Zusammenleben in der freien Wildbahn ist in Familienverbänden organisiert, bestehend aus einem Hengst, einer oder mehrerer Stuten und deren Fohlen und Jährlinge. Diese Familienverbände können bei Wanderzügen, an der Tränke, an Ruhe- oder Weideplätzen sich zeitweise zu größeren Herden zusammenfinden, ohne daß es zu Rivalitätskämpfen der Familienoberhäupter kommt. Erwachsene unbeweibte Hengste und Junghengste verschiedener Altersstufen schließen sich zu lockeren Junggesellengruppen zusammen, bis es ihnen im Alter von vier oder mehr Jahren gelingt, eine Jungstute zu erobern und einen Familienverband zu gründen.

Wie bei allen soziallebenden Tieren wird das Zusammenleben der Individuen durch eine strikte Rangordnung geregelt. Die Überlegenheit eines Pferdes zeigt sich darin, daß es vor den rangniederen den besseren Futterplatz einnimmt, vor den anderen an der Tränke säuft, als erstes einen Wälzplatz benutzt, den angenehmsten Schattenplatz während der Mittagsruhe wählt und jede Mißachtung seiner Stellung durch rangniedere Tiere mit Drohung, gegebenenfalls mit Angehen, Beißen oder Schlagen beantwortet. Jedes Tier kennt seinen Rang innerhalb des Herdenverbands und weiß, wann es ausweichen muß oder wen es ungestraft androhen kann. Der Eintritt eines neuen Pferdes in einer Pferdegruppe führt zu Rangordnungskämpfen, bis der Neuling seinen Platz in der Hierarchie gefunden hat. Der Zusammenhalt der Gruppe wird durch bestimmte soziale Verhaltensformen gefestigt. So bewirkt das Fellkraulen, die gegenseitige Hautpflege an allen schwer zu erreichenden Körperstellen vom Mähnenkamm bis zur Schweifwurzel, starke soziale Bindungen. Zur gegenseitigen Fliegenabwehr während der Mittagssiesta stellen sich zwei befreundete Pferde Kopf an Schweif nebeneinander auf und wedeln sich gegenseitig die Insekten aus dem Gesicht.

Während der Ruheperiode, in der die Pferde schlafen oder dösen, übernimmt mindestens ein Tier das Amt des Wächters. Das Leben im Schutz des Herdenverbands gibt dem Fluchttier Pferd das Gefühl der Sicherheit.

2.4 Lebensrhythmus und Lebensraum

Vermenschlicht betrachtet führt das freilebende Pferd ein faules Leben – sein Tagesablauf besteht eigentlich nur aus Ruhe und Fressen. Wissenschaftlicher ausgedrückt: „Das natürliche Ernährungsverhalten des Pferdes ist durch die kontinuierliche Aufnahme kleiner Futtermengen mit kurzen Ruhepausen und der Auswahl strukturierter Futterpflanzen gekennzeichnet" (MEYER).

Bei der Futteraufnahme auf der Weide wird das Gras mit den Lippen und Zähnen erfaßt und mit einem kurzen Ruck seitlich abgerissen. Die erfaßte Grasmenge beträgt je Biß nur 1–1,5 g. Je nach der Graslänge muß das Pferd so 15 bis 60 Abbisse in der Minute ausführen – innerhalb von 24 Stunden sind es durchschnittlich 60 000–70 000 –, um das erforderliche Futterquantum aufzunehmen. Als Weidetiere fressen Pferde im Vorwärtsgehen vom Boden, währenddessen nehmen sie selten mehr als ein oder zwei Bissen auf, ohne gleichzeitig einen Schritt weiterzugehen. Wie man bei Exaktbeobachtungen mit Schrittzählern feststellte, legen sie dabei auf der Weide beim Grasen in 24 Stunden 4–6 km zurück.

Dabei fressen Pferde langsamer und viel sorgfältiger als Wiederkäuer und suchen ihre Nahrungspflanzen ganz gezielt aus. So wird es nicht vorkommen, daß Pferde Fremdstoffe wie Drahtstücke, Nägel oder Steine herunterschlingen, wie es bei Rindern passieren kann. Je dichter und artenreicher die Weide, desto intensiver wird selektiert; geschickt wird an weniger schmackhaften Pflanzen vorbeigebissen oder, falls irrtümlich abgebissen, läßt man sie seitlich aus dem Maul fallen.

Die aus anatomisch-physiologischen Gründen zeitaufwendige Ernährung nimmt beim Pferd auf der Weide bis zu 16 Stunden in Anspruch. Ein 24-Stundentag teilt sich im allgemeinen in vier Freßperioden, eine längere von rund drei Stunden etwa ab Sonnenaufgang, zwei kürzere, jeweils rund eine Stunde dauernde Freßzeiten am Vormittag und Nachmittag und schließlich die längste Weideperiode vom frühen Abend bis gegen Mitternacht. Die Verteilung der Freßperioden über den Tag wird außer vom Futterangebot auch von den Klimabedingungen und der Jahreszeit geringgradig verändert.

Der Verdauungstrakt der Pferde, der auf ballaststoffreiches Strukturfutter angewiesen ist, sowie die „innere Uhr", der ihnen innewohnende Rhythmus, fordern über die Deckung des reinen Nährstoffbedarfs hinaus Beschäftigung. So gibt es sogenannte Alleinfutter in Form von Pellets, von denen einige Kilo am Tage das Pferd mit allen Nährstoffen versorgen würden, die aber nicht ausreichen, dem Pferd das Gefühl der Sättigung zu geben. Es wird zu wenig Strukturfutter aufgenommen, und es werden nicht genügend Kauschläge ausgeführt; der Verzehr von einem Kilo Heu erfordert die vierfache Zahl von Kaubewegungen gegenüber einem Kilo Pellets. Diese Freßlust erklärt es auch, warum mit Kraftfutter bestens versorgte Pferde in Mastkondition dennoch zusätzlich ständig Stroh aus ihrer Einstreu aufnehmen. Stellt man solche Tiere auf Sägemehleinstreu, kompensieren sie ihre ungestillte Freßlust durch Benagen von Krippe und Boxenwänden.

Im natürlichen Pferdeleben auf der Weide schließen sich an die Freßperioden jeweils Ruhepausen von einigen Stunden an. Zwischen Mitternacht und Morgengrauen liegt die Zeit der intensivsten Ruhe; während dieser Periode schlafen auch erwachsene Pferde in entspannter Seitenlage mit ausgestreckten Gliedmaßen. Während der Ruheperioden am Tage zwischen den Freßzeiten dösen sie meist im Stehen mit waagerecht getragenem Hals, halbgeschlossenen Augen, herunterhängender Unterlippe, ein Hinterbein angewinkelt auf der Hufspitze ruhend. Seltener nehmen erwachsene Pferde am Tag die liegende Schlummerhaltung ein, eine Art Kauerhaltung mit unter dem Leib angezogenen Gliedmaßen, den Kopf frei getragen oder mit dem Maul auf den Boden aufgestützt. Während beim Tiefschlaf in Seitenlage die Sinneswahrnehmungen weitgehend ausgeschaltet sind, sind Pferde in Döshaltung zu schneller Reaktion, Flucht oder Angriff, bereit. Dieses Beibehalten der Reaktionsfähigkeit gestattet es ihnen, auch in unruhiger Umgebung – etwa vor der Droschke im brausenden Straßenverkehr – zu ruhen.

Fohlen und Jungpferde ruhen vorzugsweise tiefschlafend in Seitenlage oder schlummernd in Kauerstellung, dagegen dauert der Tiefschlaf erwachsener Pferde selten länger als eine Stunde, meist während der Ruheperiode zwischen Mitternacht und Morgengrauen. Dazwischen wechseln Perioden des Schlummerns oder Dösens mit kurzzeitigen andersartigen Aktivitäten wie Fressen, Koten, sozialer Hautpflege.

Kennzeichnend für ihre Steppentiereigenschaften ist die Wahl der Ruheplätze einer Pferdeherde. Sie suchen nämlich nicht die in unserem Sinne „gemütlichen", abgeschirmten Plätze, etwa einen geschützten Waldrand, auf, sondern wählen vielmehr möglichst freie, höher gelegene Stellen aus, die dem Wind ausgesetzt sind. Die Luftbewegung auf derartigen Hügelkuppen hält im Sommer die Insektenplage in Grenzen, vor allem aber wird den Pferden hier die Witterung natürlicher Feinde vom Luftzug zugetragen, was ihnen das Gefühl der Sicherheit während der Ruheperioden vermittelt. So wird man feststellen, daß unsere Hauspferde auf der Koppel die Weidehütte an heißen Sommertagen wegen des Schattens und des Schutzes vor stechenden Insekten aufsuchen, ihren Schlafplatz aber regelmäßig im Freien wählen.

Der Schlafplatz soll nicht nur sicher sein, sondern auch eine trockene Unterlage bieten. Der höhergelegene Grund ist ohnehin in der Regel trockener als der Boden in Senken, darüber hinaus verbeißen manche Pferde den Bewuchs bis zur Narbe, um so auf der sandig-staubigen Fläche einen Ruheplatz anzulegen. Es kommt ihnen dabei weniger auf die Weichheit als die Trockenheit der Liegefläche an.

Der verbleibende Rest des Tages ist sonstigen Beschäftigungen vorbehalten. Einen großen Teil nimmt die soziale Hautpflege ein, bei der sich zwei Partner gegenseitig an den Körperpartien beknabbern, die allein schlecht zu erreichen sind. Während der Ruhe- und Freßzeiten finden sich immer zwei Putzwillige zur gegenseitigen Fellpflege. Die Verhaltensforscher haben festgestellt, daß kontaktsuchende Tiere ihr „Putzgesicht" aufsetzen, woraufhin der ebenfalls putzwillige Partner dieselbe Mimik zeigt. Besonders beliebt ist das Benagen von Mähnenkamm, Widerrist, Rückenpartie bis zur Schweifwurzel. Dieses Fellkraulen hat gemeinschaftsbildenden Charakter. Erwachsene Tiere pflegen manchmal jahrelang Fellpflegefreundschaften, besonders auch zwischen Stuten und ihren Töchtern. Ebenfalls der Fellpflege dient das Wälzen, was Pferden offensichtlich großes Vergnügen bereitet. Der Vorgang des Wälzens wirkt so ansteckend, daß ein sich wälzendes Pferd ausreicht, um binnen kurzem die meisten Herdenmitglieder ebenfalls zum Wälzen zu veranlassen. Meistens wählen sie dafür staubige, sandige Untergründe. Manche Pferde schätzen aber auch lehmignasse Stellen, und alle Pferde lieben das Wälzen im trockenen Pulverschnee.

Die Teile des eigenen Körpers, die Pferde selber erreichen können, werden mit Zähnen und Hufen bearbeitet. So beknabbern sie vor allem die eigenen Beine oder bekratzen vorsichtig mit dem Hinterhuf die Genickpartie hinter den Ohren. Besonders beliebt ist das ausgiebige Scheuern an festen Gegenständen, an rauhen Baumstämmen, Mauerkanten oder Zaunpfählen. Bevorzugte Körperstellen sind Unterhals, Backen, Mähnenkamm und Schweifwurzel, wobei zum Ärger des Pferdebesitzers das schmückende Langhaar oft reichlich ramponiert wird.

Fohlen und Jungpferde lieben gruppenweise, manchmal einige Minuten andauernde Laufspiele, die einem Fangspiel ähneln. Bei bestimmten Witterungsbedingungen, wie klaren, sonnigen Frosttagen, entdecken sogar erwachsene Pferde ihren Spaß an schnellem Galopp, unterbrochen von Buckeln und Auskeilen. Besonders nach längerer Stehzeit im Stall kompensieren die auf die Koppel gelassenen Tiere ihren Bewegungsbedarf mit derlei übermütigen Bocksprüngen.

Erwähnt man noch Wasseraufnahme, Koten und Harnen, so hat man die den täglichen Ablauf eines freien Pferdelebens prägenden Aktivitäten genannt. Der Eingriff des Menschen in dieses Leben wirkt sich in vielen Punkten diametral entgegengesetzt den Bedürfnissen des Pferdes aus. Statt der Sozialstruktur der Herde die Einzelaufstallung, statt der windigen Weite und Überschaubarkeit der Steppe (oder wenigstens der Kop-

pel) die Höhle des Stalles, statt der langen Graszeiten die Reduktion der Futteraufnahme auf zwei oder drei Tagesmahlzeiten; die Form der Aufstallung verunmöglicht in den meisten Fällen Beschäftigungen wie soziale Fellpflege oder Wälzen, von Lauf- und Kampfspielen ganz zu schweigen. Das Haustierdasein hat unseren Pferden eine Einschränkung sämtlicher Lebensbereiche gebracht. Es liegt auch im Interesse des Pferdehalters, der ja mit seinem Tier beim Reiten, Fahren oder sonstiger Nutzung auskommen muß, den Lebensraum, die Stallumwelt möglichst artgerecht zu gestalten.

3. Erfüllung der Anforderungen des Pferdes

3.1 ... bei Haltung im Vereins-/ Pensionsstall

Die Möglichkeit, auf die bestmögliche Erfüllung der Ansprüche des Pferdes hinsichtlich Bewegung, Licht-, Luft- und Klimareizen, Herdenkontakt, artgerechter Ernährung usw. Einfluß zu nehmen, wird sich je nach Aufstallungsform und Haltungsorganisation unterschiedlich erfolgreich realisieren lassen.

Wer als „Neueinsteiger" nach einer gewissen Zeit der reiterlichen Schulung nun sein erstes Pferd erwirbt, wird es sich in der Regel nicht zutrauen, für dessen Schicksal vollkommen allein verantwortlich zu sein, Pflege und Betreuung sofort in die eigenen Hände zu nehmen. Häufig wird das erste Pferd in dem Reitbetrieb erworben, in dem man auch die Reitstunden nahm; der Reitlehrer oder Stallinhaber hat den noch unerfahrenen Käufer beraten, hat den Kauf vermittelt oder trat selbst als Verkäufer auf. Der Neuling der Pferdehaltung wird dazu tendieren, seinen frischerworbenen Vierbeiner in der gewohnten Umgebung zu belassen und die Versorgung seines Pferdes fachkundigen Menschen zu übertragen. Dafür sprechen viele gute Gründe: Wer hauptberuflich Pferde hält, vielleicht gar die offizielle Berufsbezeichnung „Pferdewirt" führen darf, kennt sich mit Pferden besser aus als der Reitanfänger. Der Fachmann weiß über die passende Futterration Bescheid, weiß mögliche Krankheitssymptome zu deuten und Kleinigkeiten zu behandeln, ohne gleich den Tierarzt rufen zu müssen. Im gutgeführten Pensionsbetrieb erhalten alle Pferde des Bestandes im regelmäßigen Turnus ihre Impfungen gegen Tetanus, evtl. Tollwut, Influenza; werden regelmäßig Wurmkuren durchgeführt, kommt der Schmied zu festen Beschlagterminen.

Meist hat der Pferdebesitzer seinen Reitstall

in der Nähe seiner Wohnung gewählt, das spart Anfahrtszeit, die wiederum der Beschäftigung mit dem Pferd zugute kommen kann. Wer reiterlich weiter gefördert werden will, braucht die Unterrichtsstunden des Reitlehrers. Wer Turnierambitionen besitzt, wird schon gar nicht darauf verzichten wollen. Hinzu kommen die vorhandenen Anlagen zur Reitsportausübung, Dressurviereck, Springplatz, die gedeckte Reithalle bei schlechtem Wetter, die sonstigen Annehmlichkeiten wie beheizte Sattelkammer, Pferdeputz- und -waschplatz, Sanitärräume, vielleicht ein gemütliches Reiterkasino – und überhaupt der Kontakt zu Gleichgesinnten im Verein. Der Spaß beim gemeinsamen Abteilungsreiten, die Zugehörigkeit zu einer Vereinsmannschaft, Turnierteilnahme für die Farben des Vereins, Vereinsmeisterschaften und viele sonstige Aktivitäten sind Argumente für die Unterstellung des Pferdes im Vereins-/Pensionsstall.

Die genannten Vorteile kommen allerdings vorwiegend dem Pferdebesitzer und nur teilweise seinem Pferd zugute. In der Regel hat der Pferdebesitzer nach dem Abschluß des Pensionsvertrages kaum noch Einfluß auf die Haltungsbedingungen. Im städtischen Verein auf knapper Fläche werden Ausläufe oder gar Weiden ohnehin fehlen; wo sie vorhanden sind, werden sie häufig nicht genutzt, weil die Zeit zum Raus- und Reinbringen der Pferde fehlt, weil man Verletzungen befürchtet, weil die Pferde sich beim Wälzen schmutzig machen könnten. Die meisten Vereins- und Pensionsställe kennen den sogenannten „Stehtag", wo zur Entlastung des Stallpersonals der Reitbetrieb ruht – damit fällt schon jeder siebte Tag für die Beschäftigung mit dem eigenen Pferd aus. Schließlich gibt es viele Ställe, wo das Personal nicht die erforderliche Qualifikation besitzt; wo man befürchten muß, der Pfleger könne seinen Unmut am Pferd auslassen; wo die Futterrationen knapp sind oder nicht die erforderliche Qualität aufweisen, wo das Stallklima nicht stimmt, weil aus Furcht vor Zugluft die Öffnungen geschlossen sind, wo das eigene Pferd neben hustenden Boxennachbarn stehen muß, weil separate Krankenboxen fehlen.

Die Unzufriedenheit mit den Lebensbedingungen seines Pferdes in unzureichenden Pensionsställen veranlassen manchen Besitzer, eine andere Lösung zu suchen.

3.2 ... bei Haltung beim Landwirt

Eine Möglichkeit ist zum Beispiel die Unterbringung beim Landwirt. Angesichts übervoller Agrarmärkte und begrenzter Milchkontingente suchen manche Bauern nach Nischen der Agrarproduktion, eine davon ist die Pensionspferdehaltung. Der Hauptvorteil ist die vorhandene Fläche, die Weide für die Pferde im Sommer, eine Matschkoppel oder ein Auslauf im Winter. Als professioneller Viehhalter kann der Landwirt in der Regel auch mit Pferden umgehen, bei kleinerem Pensionspferdebestand kann Rücksicht auf individuelle Wünsche der Besitzer genommen werden, an Futter und Einstreu mangelt es nicht, die Unterbringung ist billiger als im Vereinsstall. Nachteilig ist der in den meisten Fällen weitere Anmarschweg zum Pferd, in der Regel muß man auch auf Reithalle und Reitplatz verzichten.

Nicht immer verstehen Bauern von Pferden so viel wie von ihren eigenen Nutztieren. Stallgebäude aber, die für Kühe oder Mastschweine noch geeignet sein mögen, sind für Pferde nicht ausreichend. Der Pferdehalter sollte sich also den künftigen Pensionshof seines Pferdes genau anschauen, bevor er seine Wahl trifft – aber das gilt wohl für alle Ställe.

3.3 ... bei Haltung in Haltergemeinschaft

Gelegentlich suchen Pferdehalter über Anzeigen in Fachzeitschriften Gleichgesinnte, um eine kleine Stallanlage besser auszulasten – ein geeigneter Weg für den Neuling der Pferdehaltung, Erfahrungen zu sammeln, ohne vollkommen allein auf sich gestellt zu sein. Vorausgesetzt, daß die menschlichen Beziehungen untereinander klappen, gibt es kaum eine bessere Lösungsmöglichkeit. Aus einzelnen Pferden einzelner Besitzer wird eine kleine Herde, größere Aufgaben bei Stallbau, Zäuneziehen oder Heuernte verteilen sich auf mehrere Köpfe, unterschiedliche Fähigkeiten und Talente ergänzen sich. Größere Anschaffungen – der Kauf eines Pferdetransportanhängers, eines Wasserwagens, eines Weidezaungeräts – belasten nicht nur ein Portemonnaie. Ein wesentlicher, sehr beruhigender Punkt ist die gegenseitige Vertretungsmöglichkeit der Pferdehalter untereinander bei der täglichen Arbeitserledigung, vor allem aber bei Krankheit, Urlaub, beruflicher Inanspruchnahme. Mehr noch als im Reitverein bringt diese Gemeinsamkeit der Interessen und Aufgaben, der Erfahrungsaustausch, das Fachsimpeln usw. eine Fülle von Anregungen, die den Spaß am eigenen Pferd nachhaltig erhöhen kann, wenn – ja, wenn die menschliche Kommunikation reibungslos klappt. Die Praxis zeigt, daß das eben doch nicht so einfach ist, daß Einsatzfreude, Kooperationsbereitschaft, Kompromißfähigkeit, Ehrlichkeit und viele andere gute Eigenschaften dazugehören, damit alle Pferdebesitzer einer Haltergemeinschaft am selben Strang ziehen. Ebenso wie viele Wohngemeinschaften an den Kleinigkeiten des gemeinsamen Zusammenlebens zerbrechen, erlebt man dies bei Haltergemeinschaften. Schriftliche Verträge, die die Pflichten und Rechte des Einzelnen in einer derartigen Gemeinschaft regeln, können das Zusammenwirken erleichtern.

3.4 ... bei Haltung in Eigenregie

Die Erfahrung hat gezeigt, daß die meisten Pferdebesitzer Individualisten sind, deren Traum die eigene Pferdehaltung ist. Eine vor zehn Jahren in einer Fachzeitschrift („Freizeit im Sattel") von mir durchgeführte Befragung unter rund 1500 Pferdebesitzern ergab, daß 71% die Pferdehaltung in eigener Regie führen, 15% hielten ihre Tiere beim Bauern in Pension, 11% waren Mitglieder von Haltergemeinschaften, nur 2% hatten ihre Pferde in Vereinsanlagen untergestellt. Die Motive mögen vielschichtig sein, für die meisten Pferdebesitzer steht aber nicht die Sportausübung – das Reiten oder Fahren – an erster Stelle; der tägliche enge Kontakt zu einem großen lebendigen Wesen, dessen Spontanität und Unberechenbarkeit, wird als bewußter Kontrast zu einer unpersönlichen, technisierten Arbeitswelt verstanden. Wer sein Pferd intensiv erleben und ständig mit ihm umgehen will, wird sich folgerichtig bemühen, es möglichst nahe bei seinem Wohnstandort unterzubringen. Die erwähnte Umfrage erbrachte, daß 50% der Halter ihre Pferde direkt „hinterm Haus" halten, 20% wohnen weniger als 2 km von ihren Pferden entfernt, weitere 20% wohnen in 2–10 km Entfernung, d. h. 90% der Pferdehalter haben ihren Bestand in einer Entfernung, die in maximal zehn Minuten mit dem Pkw zurückzulegen ist.

Die Haltung in eigener Regie bedeutet in der Regel, daß die Pferde der ganzen Familie nahestehen; oft sind zwei oder gar drei Generationen mit diesem Hobby verbunden. Ich kenne viele, die die Großstadt, in der sie ihren Arbeitsplatz besitzen, verließen, um außerhalb mit ihren Pferden wohnen zu können. „Es ist weniger umständlich", rechnen sie mir vor, „an 200 Arbeitstagen morgens und abends 30 km fahren zu müssen, als dieselbe Strecke an 365 Tagen, um meine Pferde zu sehen; und außerdem hat meine Familie täglich ihre Freude mit den Tieren..." So hat sich bei manchem Menschen über die erste Reitstunde, das erste Pferd, das Leben erstaunlich verändert. Oftmals wurden die Konsequenzen, die sich aus dem Besitz des eigenen Pferdes und dem Entschluß, dieses Pferd eigenverantwortlich zu betreuen, ergaben, anfangs gar nicht übersehen. Man wuchs mit seiner Aufgabe, registrierte, daß das eigene Pferd viel Geld und Zeit in Anspruch nimmt, aber arrangierte sich so, daß die Belastung nicht mehr als Belastung, sondern als unverzichtbarer Bestandteil des eigenen Lebens empfunden wurde.

4. Voraussetzungen zur eigenen Pferdehaltung

4.1 ... Finanzielle Mittel

In Pferdezeitschriften liest man gelegentlich im Anzeigenteil „Wer schenkt pferdebegeistertem Jugendlichen (Rentner, Arbeitslosen o. ä.) ein Pferd?" Da drängt sich doch unwillkürlich die Frage auf, wie jemand, der noch nicht einmal den Kaufpreis für ein Pferd aufbringen kann, später für dessen Unterhalt aufkommen will. Die laufenden Kosten sind nämlich nicht zu unterschätzen und entsprechen – grob gesagt – denen eines Mittelklassewagens.

Im Pensionsstall kennt man den monatlichen Pensionspreis, der je nach Standort, Nachfrage, Exklusivität des Reitvereins und gebotenen Leistungen irgendwo zwischen 300 und 800 DM beträgt. Der Pensionspreis beim Landwirt wird je nach Ausstattung zwischen 250 und 500 DM pro Großpferd oder 150 bis 300 DM pro Pony liegen. Allein an Jahresfutterkosten muß man bei der konventionellen Haltung eines Großpferdes mit rund 1900 DM rechnen. Unterstellt sind hierbei Tagesrationen von 5 kg Hafer (50 DM/dt), 5 kg Heu (25 DM/dt), 5 kg Futterstroh bzw. 10 kg Einstreu (10 DM/dt). Für Ponys, bei denen die Kraftfutterkosten fast entfallen, ermäßigen sich die Jahresfutterko-

sten auf 500 bis 1000 DM. Hinzu kommen die Ausgaben für die Hufpflege. Wer vorwiegend in der Reithalle oder auf dem Reitplatz reitet, mag ohne Hufbeschlag auskommen. Die Hufe werden nur ausgeschnitten und berundet, wofür man im Jahr 150 DM ansetzen kann. Wer regelmäßig im Gelände reitet und dort vorwiegend auf harten, steinigen Böden, wird ohne Beschlag nicht auskommen können. Das bedeutet mindestens alle zwei Monate eine Schmiederechnung von 80 bis 120 DM pro Beschlag, also rund 600 DM im Jahr.

Als weiterer Ausgabeposten kommen die Tierarztkosten hinzu. Auch bei einem gesunden Pferd wird ein verantwortungsbewußter Halter auf Schutzimpfungen gegen Wundstarrkrampf, Tollwut (bei Weidegang dringend zu empfehlen), evtl. Influenza, Rhinopneumonitis sowie drei- bis viermaliges Entwurmen nicht verzichten wollen. Im Jahresablauf passiert manchmal doch etwas Unvorhergesehenes, eine leichte Kolik, eine Trittverletzung – als Faustzahl kann man 200–250 DM für die Gesundheitsvorsorge einsetzen.

Es wäre sträflicher Leichtsinn, ein Pferd ohne die entsprechende Haftpflichtversicherung halten zu wollen. Hierfür sind pro Jahr 80–120 DM anzusetzen. Die finanziellen

Tab. 1: Jährliche Unterhaltungskosten (in DM) für zwei leichte Großpferde (Shagya-Araber) in Offenstallhaltung

Jahr	Pension (Offenstall, Auslauf, Weide, Rauhfutter, Einstreu, ohne Arbeit)	Kraftfutter (Hafer bzw. Ergänzungsfutter)	Mineralfutter (Salvana-Briketts, Leckstein)	Schmied (ca. 4 × Beschlagen, im Winter barfuß)	Tierarzt	Versicherung (Tierhaftpflicht)	Gesamt (inkl. ‚Sonstiges‘ zur Abrundung)
1982	3 600	490	240	500	420	160	5 450
1983	3 600	280	220	710	550	170	5 600
1984	3 600	170	220	740	450	170	5 400
1985	3 600	250	190	660	280	170	5 200
1986	3 600	410	230	725	300	190	5 500
1987	3 600	360	240	800	680	190	5 900

Ansätze für Pacht von Weiden, für Stallmiete, für Reparaturen, evtl. Fremdlöhne sind im Einzelfall so unterschiedlich, daß sie sich einer generellen Betrachtungsweise entziehen.

Ich habe über mehrere Jahre meine Ausgaben für zwei im Offenstall mit viel Weidegang gehaltene leichte Großpferde erfaßt (Tabelle 1).

Damit lagen hier die Jahreskosten pro Pferd bei 2700 bis knapp 3000 DM, wobei alle Stallarbeiten (Füttern, Einstreuen, Entmisten) selbst erbracht wurden.

4.2 ... Arbeitskraft für tägliche Betreuung

Pferdehaltung in eigener Regie bedeutet tägliche Betreuung, selbst im Sommer bei ganztägigem Weidegang mindestens tägliche Kontrolle. Es dürfte nicht möglich sein, verbindliche Angaben über den täglichen Arbeitszeitbedarf pro Pferd zu machen; er wird entscheidend bestimmt von der Wahl des Aufstallungssystems (ein Offenstall mit Matratzenstreu und großem Auslauf macht weniger Arbeit als kleine Boxen mit Wechselstreu), Pferdetyp und Nutzungsart (eine Ponystute, die nur zur Zucht eingesetzt wird, erfordert weniger Betreuungsaufwand als ein Turnierpferd, das in Leistungskondition gehalten wird) und zuletzt den persönlichen Anschauungen des Pferdebesitzers über anzustrebende Haltung und Sauberkeit im Stall.

Nach Untersuchungen von FINK liegt der jährliche Zeitbedarf pro Pferd bei der Versorgung in reiner Handarbeit bei 130 Arbeitsstunden, d. h. bei etwa 20 Minuten pro Tag. Darin sind die Arbeiten Vorlage von Grundfutter (Heu) und Kraftfutter, Entmisten, Einstreuen, Stallfegen eingeschlossen. Für den privaten Halter mit 1 bis 3 Pferden dürfte es relativ unerheblich sein, ob die tägliche Versorgung seines Bestands eine Viertelstunde mehr oder weniger erfordert. Entscheidender ist, daß diese Arbeit an jedem Tage des Jahres getan werden muß.

Bevor man sich zur Pferdehaltung in eigener Regie entschließt, sollte man die Frage einer Vertretung bei Krankheit oder sonstigen Unabkömmlichkeiten geklärt wissen.

4.3 ... Fläche für Stall, Auslauf, Weide

Zu einer gesunden Pferdehaltung gehören hinreichend große Weiden. Je nach Qualität der Grasnarbe brauchen Pferde rund ½ ha Weidefläche pro Kopf und können innerhalb eines Jahres 1½ ha abweiden. Besonders geeignet sind hochgelegene, eher trockene Flächen, die auch bei starken Regenfällen dank ihres hohen Wasseraufnahmevermögens viel Feuchtigkeit festhalten bzw. den Überschuß an den durchlässigen Untergrund abgeben können. Ideal sind Böden mit genügend Phosphor und reichlichem Kalkgehalt (pH-Wert von 6,5). Von der Topographie her haben Koppeln in mittleren Höhenlagen mit intensiver Sonneneinstrahlung an Südhängen für die Pferdehaltung besondere Vorzüge.

Die Bodenqualität und damit der Pflanzenbestand des Weidelands lassen sich durch Regulierung des Wasserhaushalts (Dränung), ausgewogene Düngung mit organischen und mineralischen Düngemitteln und Neuansaat oder Nachsaat günstig beeinflussen. Selbst das Kleinklima läßt sich durch Anpflanzungen, Windschutzhecken usw. verbessern. Vom Standpunkt der Weidenutzung sind Pferde schlechte Weidetiere, die den Bewuchs sehr ungleichmäßig nutzen. Bevorzugte Stellen mit schmackhaftem Futter werden bis zur Wurzel abgeweidet, dagegen verschmähen sie das Futter in der Nähe ihrer Kothaufen. Da sie bestimmte Kotplätze bevorzugen, entstehen hier üppig bewachsene Geilstellen. Es hat sich bewährt, diese Geilstellen von anderen Tierarten abweiden zu lassen, die keine Abneigung gegen Pferdekot haben und das hohe Gras bevorzugen. Hierfür eignen sich besonders Rinder, wie ihrerseits die Pferde auch die Geilstellen, die auf Rinderweiden stehenbleiben, abweiden.

Sollen also zur Schonung von Pferdeweiden

auch Rinder aufgetrieben werden, reichen selbstverständlich ½ ha pro Pferd nicht mehr aus. Auf großen Flächen kann man Pferde und Rinder gemeinsam weiden lassen; auf kleineren Parzellen ist es sicherer, sie nacheinander zu weiden, da sich manche Pferde ein Vergnügen daraus machen, die Rinder zu beunruhigen.

Zur Pflege der Grasnarbe und aus Gründen der Weidehygiene (Parasiten) ist der Wechsel von Nutzung und Schonung notwendig. Das Grünland wird in Parzellen aufgeteilt, um umtreiben zu können. Nach dem Abtrieb erhält die abgeweidete Narbe die erforderliche Ruhe zum Nachwachsen. Die ideale Nutzungsfolge ist: Pferde, Rinder, Reinigungsschnitt (Ausmähen), Ruhe. Mit fortschreitender Jahreszeit verlangsamt sich das Pflanzenwachstum, damit verlängern sich auch die Ruhezeiten.

Bewährt hat sich aber auch der gemeinsame Weidegang von Pferden und Schafen auf Standweiden, der bei einem ausgewogenen Tierverhältnis (etwa fünf Schafe pro Pferd) das Nachmähen und Abschleppen der Weide überflüssig macht. Da nicht jeder Pferdebesitzer gleichzeitig zum Rinder- oder Schafhalter werden will, bewähren sich entsprechende Absprachen mit viehhaltenden Landwirten.

Pferde haben als Weidetiere einen größeren Bewegungsdrang als Rinder. Die Besatzdichte pro Flächeneinheit muß bei Pferden also geringer sein als bei Rindvieh. Die Koppelfläche darf nicht zu klein werden, etwa 1000 m² für zwei Pferde. Höher im Blut stehende Pferde benötigen größere Flächen. Damit die Pferde auch tollen und galoppieren können, sind längliche, schmale Parzellen günstiger als quadratische.

Die erforderlichen Grundstücksflächen für Ausläufe, Stall, Futterlagerung usw. werden nachfolgend genannt.

4.4 ... Nutzungs- bzw. Baugenehmigung für Stall, Futter-, Mistlagerung ...

Das Hauptproblem der eigenen Pferdehaltung ist häufig nicht finanzieller, arbeitswirtschaftlicher oder technischer Natur, sondern rechtlicher Art. Wer darf wo überhaupt einen Pferdestall bauen, eine Weide einzäunen, und welchen Anforderungen müssen Gebäude, Weidezaun usw. entsprechen?

Wenn bauliche Anlagen errichtet werden oder auch nur vorhandene Gebäude einer anderen Nutzung zugeführt werden sollen, sind Vorschriften des Baurechts zu beachten. Um sich Ärger zu ersparen, sollte man sich in Zweifelsfällen immer vor Beginn der Bauarbeiten bei der zuständigen Baurechtsbehörde (bei Kreis- oder Stadtverwaltung) informieren. Hat man Zweifel, ob ein Vorhaben genehmigungsfähig ist, sollte man zunächst eine schriftliche Bauvoranfrage stellen. Hierzu braucht man noch keinen Architekten, keine detaillierten Baupläne. Oft genügt schon die Vorlage eines Lageplans und eine Beschreibung des Bauvorhabens, um einen verbindlichen Bauvorbescheid zu erhalten.

Ob im Ortsbereich ein Pferdestall oder andere Einrichtungen zur Pferdehaltung genehmigt werden können, ist von der Art der vorhandenen oder geplanten Bebauung abhängig. Gibt es für das Gebiet einen Bebauungsplan, dann sind nach § 30 BauGB (Baugesetzbuch) Vorhaben zulässig, die den Festsetzungen des Bebauungsplans nicht widersprechen. Es hängt von der Eigenart des ausgewiesenen Baugebiets ab, ob die Pferdehaltung jeweils zulässig ist. In reinen und allgemeinen Wohngebieten (WR- bzw. WA-Gebiete) sind somit Ställe und andere Einrichtungen für die Pferdehaltung nicht zulässig, wohl aber in Dorfgebieten (MD-Gebiet) oder in anderen Gebieten, wenn die Pferdehaltung in einem vorhandenen Stallgebäude betrieben werden soll, das von früher her Bestandsschutz hat.

Es empfiehlt sich, die rechtliche Gebietscharakteristik in der BauNVO (Baunutzungsverordnung) genau zu studieren, da die verschiedenen Baugebietstypen zumeist Regel- bzw. Ausnahmezulässigkeiten kennen. Neben den o. a. Gebieten gibt es Kleinsiedlungsgebiete (WS), Mischgebiete (MI), Gewerbegebiete (GE), Sondergebiete (SO). So hätte die Gemeinde die planerischen Möglichkeiten, in Flächennutzungsplänen bestimmte Flächen als Sonderbauflächen mit der Zweckbestimmung „Pferdehaltung" darzustellen, die dann in Bebauungsplänen als „Sondergebiet Pferdehaltung" festgesetzt werden können, um so etwa Reitanlagen mit den dazugehörigen Stallungen am Ortsrand oder in Verbindung mit Sport- oder Freizeitzentrum unterzubringen.

Es ist grundsätzlich in das Ermessen der Verwaltung gestellt, Ausnahmen, die ein Bebauungsplan zu bestimmten Nutzungen festsetzen kann, zu realisieren. Für diese Befreiungen setzt das BauGB „städtebauliche Vertretbarkeit" voraus. Einen Rechtsanspruch auf Ausnahme oder Befreiung hat der Pferdehalter aber nicht.

Gibt es für ein bestimmtes, bereits bebautes Gebiet keinen Bebauungsplan, dann sind dort entsprechend § 34, Abs. 1 und 2 BauGB Vorhaben zulässig, „die sich nach Art und Maß der Nutzung, nach ihrer Bauweise und der überbauten Fläche in die Eigenart der Umgebung einfügen". Wenn also in der Umgebung des für den Stallbau vorgesehenen Baugrundstückes nur Wohnbebauung vorhanden ist, dann wäre hier der Bau nicht zulässig. Liegt der Bauplatz in einem Gelände, das wenigstens in einem Flächennutzungsplan als Landwirtschaftsgebiet dargestellt ist, kann dies unter Umständen Indiz für die geforderte Einfügung sein. Entspricht die Eigenart der näheren Umgebung dem Baugebietstyp MD nach § 5 BauNVO, so ist dies zumeist der Fall.

Das Baurecht will im Interesse der Allgemeinheit die freie Landschaft schützen und eine Verbauung der Außenbereiche verhindern. So ist dort ein Vorhaben nur zulässig, wenn öffentliche Belange nicht entgegenstehen, die Erschließung gesichert ist und „wenn es einem landwirtschaftlichen Betrieb dient" (§ 35 BauGB). Der Begriff

„Landwirtschaft" ist in § 201 BauGB erläutert; wesentliches Merkmal für einen landwirtschaftlichen Betrieb ist die unmittelbare Bodenertragsnutzung oder die mittelbare Nutzung durch Verwendung des Bodenertrags (etwa zur Fütterung). Somit zählt nach neuerer Rechtsprechung auch die Haltung von Pensionspferden auf vorwiegend eigener Futtergrundlage mit zur Landwirtschaft.

Bei Vollerwerbs- und größeren Nebenerwerbsbetrieben kann man davon ausgehen, daß ein landwirtschaftlicher Betrieb im Sinne des § 35 BauGB vorhanden ist. Schwierig wird es bei kleinen Betrieben oder Hobbypferdehaltungen, wenn ein Pferdehalter mit ein paar Pachtweiden argumentiert, er wäre Landwirt im Nebenerwerb, um so die Privilegierung zum Bauen im Außenbereich zu erhalten. Die Rechtsprechung fordert, daß die Bodennutzung nach der Größe der bewirtschafteten Fläche, dem Umfang des Arbeitsanfalls und ihrer Verkehrsüblichkeit im Hinblick auf die persönliche Eignung des Betriebsführers und seine wirtschaftlichen Verhältnisse die Gewähr für eine ernsthafte, auf Dauer angelegte und lebensfähige Bewirtschaftung bietet. Eine Betätigung ist grundsätzlich nur dann als landwirtschaftlicher Nebenerwerb anzusehen, wenn sie dem Inhaber eine nachhaltige Sicherung seiner Existenz bietet und ihm ein zusätzliches „erhebliches" Einkommen gewährleistet. Ein neueres Bundesverwaltungsgerichtsurteil hat die Bedeutung des Gewinns relativiert, danach ist die Gewinnerzielung für die Betriebseigenschaft einer landwirtschaftlichen Nebenerwerbsstelle nur ein (gewichtiges) Indiz. Andere Indizien können auch für die Nachhaltigkeit der Bewirtschaftung und damit die Betriebseigenschaft sprechen.

Der private Pferdehalter könnte geltend machen, daß seine Bauvorhaben zwar nicht landwirtschaftlich privilegiert seien, wohl aber nach § 35 Abs. 3 BauGB als „sonstige Vorhaben" im Einzelfall zulässig sind, wenn ihre Ausführung oder Benutzung öffentliche Belange nicht beeinträchtigt. Als „öffentliche Belange" werden z. B. betrachtet die Hervorrufung schädlicher Umwelteinwirkungen, die Beeinträchtigung des Natur- und Landschaftsschutzes, die Verunstaltung des Landschaftsbildes sowie die Beeinträchtigung der natürlichen Eigenart der Landschaft oder ihrer Aufgabe als Erholungsgebiet. In einer von Bebauung freien Außenbereichslandschaft werden aber durch Bauvorhaben in der Regel Belange des Naturschutzes beeinträchtigt, so wird eine Baugenehmigung im Außenbereich nur selten möglich sein.

Um die eigene Pferdehaltung realisieren zu können, bietet sich für den Pferdebesitzer die Kooperation mit der Landwirtschaft an. So zählen Nutzungsänderungen dann zu den genehmigungsfreien Vorhaben, wenn für die neue Nutzung keine weitergehenden Vorschriften gelten. Unproblematisch ist damit z.B. die Umwandlung eines bisherigen Rindvieh- oder Schweinestalles in einen Pferdestall. Sofern das Gebäude äußerlich nicht verändert wird und keine Eingriffe in die tragende Bausubstanz erfolgen, ist eine derartige Nutzungsänderung genehmigungsfrei. Anders wäre es, wenn etwa eine bisherige Scheune zu einem Pferdestall werden soll. In allen Landesbauordnungen werden nämlich an Ställe Anforderungen gestellt, die eine Scheune nicht zu erfüllen braucht. So sind Ställe so anzuordnen und zu unterhalten, daß eine gesunde Tierhaltung gewährleistet ist und für die Umgebung keine erheblichen Nachteile, Belästigungen oder Gefahren entstehen, ferner müssen die Stallfußböden wasserundurchlässig sein, der anfallende Dung muß ordnungsgemäß gelagert werden, es muß sichergestellt sein, daß tierische Ausscheidungen nicht im Boden versickern. Doch dürfte die Umwidmung einer Scheune zum Pferdestall problemlos genehmigt werden, da Pferde relativ wenig Gerüche abgeben und damit für die Umgebung in der Regel keine Belästigungen oder Nachteile entstehen.

Sogar dort, wo ein Pferdebesitzer im Sinne des Tierschutzgesetzes seinen Pferden auf einer schutzlosen Weide einen Unterstand errichten will, ist ihm zu einem Zusammenwirken mit der Landwirtschaft zu raten. Die Bauordnungen der Länder haben nämlich an

Tab. 2: Baugesetzliche Anforderungen an genehmigungsfreie Schutzhütten (Quelle: HAGEMANN, ILB der FAL; Stand: 01. 02. 87)

	Zweckbestimmung	Firsthöhe	Grundfläche	ausgeschlossene Einrichtungen	sonstige Voraussetzungen
BADEN-WÜRTTEMBERG § 52(1) Zi. 3 LBO 1984/85	Schuppen muß landw. Betrieb dienen, ausschl. zum vorübergehenden Schutz von Menschen und Tieren bestimmt	max. 5 m	max. 50 m²	kein Keller!	freistehend! eingeschossig! max. 120 m² überdachte Fläche!
BAYERN Art. 66(1) Zi. 2 BayBO 1982	landwirtschaftl. Betriebsgebäude; zum vorübergehenden Schutz von Tieren bestimmt	-	max. 70 m²	kein Keller! keine Feuerstätten!	
BERLIN § 56(1) Zi. 15 BauO Bln 1985	landwirtschaftl. genutzte Gebäude, zum vorübergehenden Schutz von Tieren bestimmt	max. 4 m	-	-	als Anbauten an bestehendes landw. Geb. genehmigungsbedürftig gem. § 55 (1) BauO

Bundesland / Rechtsgrundlage	Gebäude	Höhe	Fläche	Gründung / Feuerstätten	Bemerkungen
BREMEN §1 (1) Zi.24 Freistell.VO zu §109 (4) LBO 1979	landwirtschaftl. Gebäude, nur zum vorübergehenden Schutz vor Tieren bestimmt	max. 4 m	–	keine festen Gründungen!	–
HAMBURG Baufreistll.VO I,1 zu §92 HBauO 1969/81	landw. genutzte Gebäude, nur zum vorübergehenden Schutz vor Tieren bestimmt	max. 4 m	max. 100 m²	keine Feuerstätten! keine asph. oder beton. Böden!	keine Unterstände für Reittiere auf Weideflächen
HESSEN §89 Zi.14 LBO 1986	landwirtschaftl. genutzte Gebäude, nur zum vorübergehenden Schutz von Tieren bestimmt	max. 4 m	–	keine Feuerstätten! keine feste Gründung!	–
NIEDERSACHSEN §69 (1) NBauO + Anhang 1986	einem landw. Betriebe dienende Gebäude, nur zum vorübergehenden Schutz von Tieren bestimmt	max. 4 m	max. 70 m²	keine Feuerstätten!	§17 NatSchG Gen. schließt Baugenehmigung ein; s. §1 (Zi.1) Baufreistell.VO
NORDRHEIN-WESTFALEN §62 (1) Zi.4 BauO NW 1984	landw. Gebäude, nur zum vorübergehenden Schutz von Tieren bestimmt	max. 4 m	–	keine Feuerstätten!	einem landw. Betriebe dienend!
RHEINLAND-PFALZ §61 (1) Zi.2 LBauO 1986	landw. Betriebsgeb. zum vorübergehenden Schutz von Tieren bestimmt	max. 4 m	max. 50 m²	keine Feuerstätten!	freistehend! nicht unterkellert! nicht im Außenbereich!
SAARLAND §89 Zi.15 LBO 1980	landwirtschaftl. genutzte Gebäude, nur zum vorübergehenden Schutz von Tieren bestimmt	max. 4 m	–	keine feste Gründung! keine Feuerstätten!	–
SCHLESWIG-HOLSTEIN §62 (1) Zi.20 LBO 1983	landwirtschaftl. genutzte Gebäude, nur zum vorübergehenden Schutz von Tieren bestimmt	max. 4 m	–	–	als Anbauten an bestehendes landw. Geb. genehmigungsbedürftig gem. §61 (1) LBO

die Genehmigungsfreiheit auch solcher Kleinbauten bestimmte Bedingungen geknüpft. Wie der von HAGEMANN zusammengestellten Tabelle (Tab. 2) zu entnehmen ist, sprechen einige Bauordnungen in ihren Anforderungen von „landwirtschaftlichen Gebäuden", die der Länder Baden-Württemberg, Bayern, Niedersachsen und Rheinland-Pfalz fordern aber, daß die Schutzhütte „einem landwirtschaftlichen Betrieb dienend" sein muß, so daß ohne die Zuordnung zu einem Landwirtschaftsbetrieb keine Weidehütte gebaut werden darf.

Auch für genehmigungsfreie Anlagen gelten natürlich die generellen materiellen Vorschriften für ein ordnungsgemäßes Bauen. Die Anforderungen an die Standsicherheit und den Brandschutz, Baurechts- und Abstandsvorschriften sind einzuhalten, und das Gebäude darf nicht verunstaltet wirken, sonst kann seine Beseitigung verlangt werden. Übrigens können für Natur- und Landschaftsschutzgebiete strengere Vorschriften gelten, weshalb in diesen besonders geschützten Gebieten auch nach der Landesbauordnung genehmigungsfrei zu errichtende Vorhaben unzulässig sein können (jeweilige Naturschutz- und Landschaftsschutzverordnung beachten!).

4.5 ... Zumutbare Entfernung Wohnort–Stall

Die Entfernung zwischen dem Standort der Pferde und dem Wohnort des Halters spielt eine ganz wichtige Rolle, wenn sich die Lust am Pferd nicht zur Last verkehren soll. Entscheidend ist dabei nicht so sehr die exakte Entfernung, sondern der zum Überwinden der Entfernung erforderliche Zeitaufwand. Bei der Pensionspferdehaltung würde ich eine Fahrzeit von einer halben bis dreiviertel Stunde für die zumutbare Grenze für einen Berufstätigen halten. Bei der Pferdehaltung in Eigenregie, die in der Regel zweimaliges, mindestens aber einmal tägliches Aufsuchen des Stalles erfordert, falls nicht Dritte die täglichen Stallarbeiten übernehmen, wird diese Zeitgrenze wesentlich niedriger anzusetzen sein und vielleicht bei 10 bis 15 Minuten liegen können. Im Randbereich von Großstädten wird dieses Problem wesentlich schwieriger zu lösen sein als in ländlichen Gebieten, wie es grundsätzlich in Ballungsräumen sehr viel schwerer sein wird, den Traum von der eigenen Pferdehaltung zu realisieren.

Wer ökonomisch rechnet, wird zu den vorher genannten Haltungskosten seine Fahrtkosten hinzuaddieren müssen. Unterstellt man eine Wohnort-Stall-Entfernung von nur 10 km, regelmäßiges tägliches Aufsuchen des Pferdes und Kilometerkosten von 0,42 DM bei PKW-Benutzung, so kommt man auf über 3000 DM Fahrtkosten im Jahr – Überlegungen, die bei der Wahl von Stall und Haltungsbedingungen mit berücksichtigt werden müssen.

5. Stalltypen/Haltungsformen

5.1 Einfluß der Pferdenutzung auf die Aufstallungs-/Haltungsform

Diente das Pferd vor wenigen Jahrzehnten noch fast ausschließlich als Arbeitstier, so finden wir heute unter den Pferden Spezialisten für die verschiedensten Nutzungen. Es leuchtet ein, daß sich daraus unterschiedliche Anforderungen an die Aufstallung, Pflege, Fütterung, Ausbildung, fachliches Können des Reiters usw. ergeben. Die Ansprüche sind zum Teil von der Rasse beeinflußt und steigen mit zunehmenden Leistungserwartungen durch den Menschen. Aber auch die Forderungen und Vorstellungen des Pferdebesitzers spielen eine gewichtige Rolle. Zur Verdeutlichung seien die unterschiedlichen Ansprüche des Sportrei-

Tab. 3: **Typische Haltungsbedingungen bei unterschiedlicher Pferdenutzung**

	Turnierreiter mit Leistungspferd	Freizeitreiter mit Robustpferd
Haltung	Stallhaltung	Weide/Auslauf
Aufstallung	Einzelbox im wärmegedämmten Stall	Gruppenhaltung im Laufstall mit Auslauf
Fütterung	hoher Kraftfutteranteil (Futterkosten um 2000 DM/Jahr)	wenig oder kein Kraftfutter (Futterkosten 500–1000 DM/Jahr)
Betreuung	hoher Arbeitsaufwand (über 100 AKh/Jahr)	relativ geringer Arbeitsaufwand (30–50 AKh/Jahr)
Reitausübung	Reitplatz/Reithalle	Gelände/Reitwegenetz
Kostenbelastung	hoch	relativ niedrig

Tab. 4: **Gewählter Stalltyp in Abhängigkeit von Nutzungsintensität**

Nutzung/ Betriebsart	Stalltyp Aufstallung	Kriterien
täglich mehrstündig genutzte Pferde (z.B. Reitpferd im Schulbetrieb, Dienstpferd der Polizei usw.)	Boxenstall Anbindestall vertretbar	Pferde ständig im Einsatz, daher schnelle Verfügbarkeit erforderlich. Geringe Bewegungsmöglichkeit im Stall durch tägliche Arbeit kompensiert.
regelmäßig genutzte Pferde (z.B. im Sport/Training)	Boxenstall, Außenboxenstall	für häufigen Einsatz gute Verfügbarkeit wichtig. Beengte Bewegungsmöglichkeit im Stall durch regelmäßige Arbeit ausgeglichen.
Privatpferde (Freizeitpferde) zur gelegentlichen Nutzung	Auslaufhaltung mit Schutzhütte Laufstall Außenboxenstall vertretbar	ständige Zugriffmöglichkeit nicht erforderlich. Unregelmäßige Arbeit durch Bewegungsmöglichkeit des Pferdes nach eigener Wahl kompensiert.
Zuchtstuten, Jungpferde, keine oder geringe Nutzung	Auslaufhaltung mit Schutzhütte, Laufstall	Verfügbarkeit nicht erforderlich. Da keine Arbeitsleistung verlangt, muß natürliche Bewegungsmöglichkeit geboten werden.

ters mit Leistungspferd denen des Freizeitreiters mit Robustpferd gegenübergestellt (selbstverständlich ist die Tabellendarstellung stark verallgemeinernd, tatsächlich gibt es fließende Übergänge).

Differenziert man nach dem Bewegungsraum, der dem Pferd bei verschiedenen Haltungsformen geboten wird, so reicht die Palette von der Haltung im Freigehege bis zum Anbindestall. Abb. 1 zeigt einige der Vor- und Nachteile dieser Haltungsformen.

Grundsätzlich widerspricht die artspezifische Lebensweise des Pferdes jeder Form von Stallhaltung, da es von Natur aus kein Höhlenbewohner ist. Erst im Dienst des Menschen muß mit dem Stall eine Kompromißlösung zwischen den Lebensbedürfnissen des Tiers und den Ansprüchen des Halters hinsichtlich Arbeitserledigung, Haltungstechnik und Kosten gefunden werden. Schon im 19. Jahrhundert definiert man das Ideal eines Stalles so: „Ein überdachter Raum, der dem Vieh alle sanitären Vorteile des Aufenthaltes in freier Luft ohne die damit verbundenen Nachteile, den Menschen aber alle den Zwecken und Bedingungen der Viehhaltung entsprechenden Vorteile bietet" (A. WOLFF).

5.2 Standortwahl

Die Planung der Stallanlage beginnt mit der Standortwahl. Früher sprach man vom prä-

Abb. 1: Kriterien zur Wahl der Aufstallung

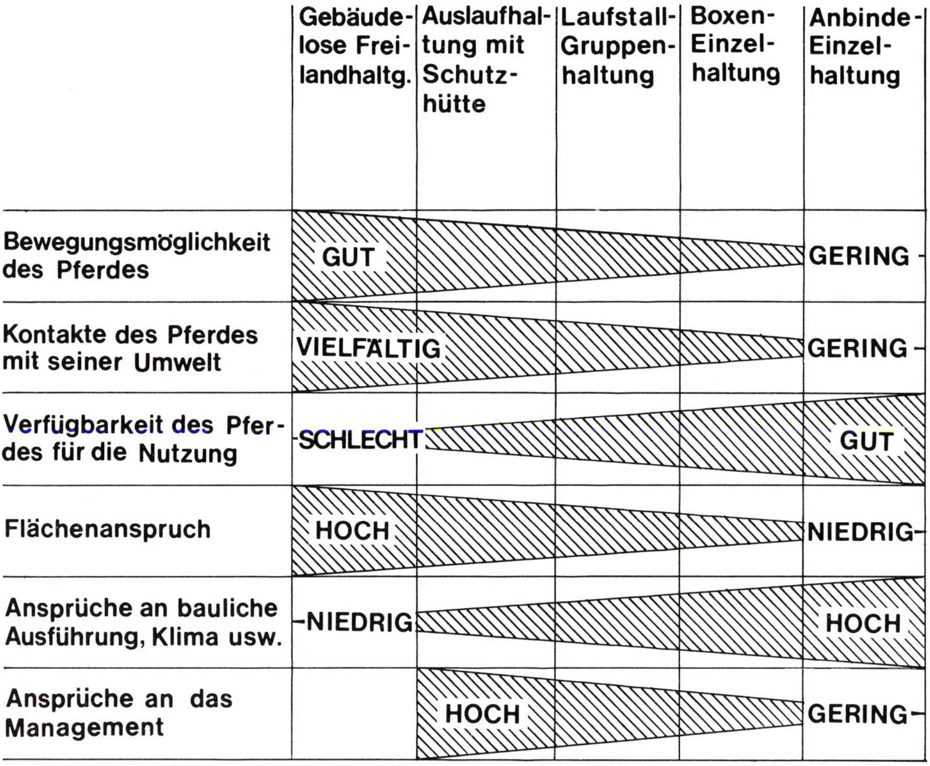

	Gebäudelose Freilandhaltg.	Auslaufhaltung mit Schutzhütte	Laufstall-Gruppenhaltung	Boxen-Einzelhaltung	Anbinde-Einzelhaltung
Bewegungsmöglichkeit des Pferdes	GUT				GERING
Kontakte des Pferdes mit seiner Umwelt	VIELFÄLTIG				GERING
Verfügbarkeit des Pferdes für die Nutzung	SCHLECHT				GUT
Flächenanspruch	HOCH				NIEDRIG
Ansprüche an bauliche Ausführung, Klima usw.	NIEDRIG				HOCH
Ansprüche an das Management		HOCH			GERING

genden Einfluß der „Scholle" und meinte damit, daß Klima, Boden und Vegetationsbedingungen eines Landstriches einem bestimmten Pferdetyp besonders entgegenkamen. Je mehr die vom Halter gewählte Rasse dem ursprünglich in einer Region heimischen Pferdetyp entspricht, desto problemloser und erfolgreicher wird sich ihre Haltung erweisen. Beispielsweise ist man sich einig, daß die Verlegung der Araber der Könige von Württemberg aus dem milden Weinbauklima des Neckartals nach Marbach auf die rauhe Schwäbische Alb sich vorteilhaft und fördernd für die Zucht auswirkte, während andererseits die erfolgreichsten Vollblutzuchten in der Normandie, Irland, England, also in milden Klimazonen mit geringen jahreszeitlichen Temperaturdifferenzen, einer langdauernden Vegetationsperiode und damit fast ganzjährigem Weidegang, liegen. Ähnliche Verhältnisse bietet in Deutschland das Rheinland, wo deshalb die Mehrzahl der deutschen Vollblutzuchten zu finden ist.

Nun wird der private Pferdehalter seinen Wohnsitz selten nach der für sein Pferd geeigneten „Scholle" wählen können, doch sollte er diesen Aspekt vielleicht bei der Wahl seines Pferdes nicht unberücksichtigt lassen. Während jedoch Gunst oder Ungunst des Großklimas meist hingenommen werden müssen, sollten die kleinklimatischen Faktoren wie Geländeform, Besonnung, Windeinfall, Boden-, Bewuchs- und Siedlungsverhältnisse bei der Entscheidung für den Bauplatz beachtet werden.

Ideal ist ein trockener, durchlässiger Baugrund, Böden mit stauender Nässe oder hohem Grundwasserstand sind wenig geeignet. Ein Standort am Hang oder auf einer Bodenerhebung ist grundsätzlich der Tallage vorzuziehen. Eine Geländeerhebung ist Wind und Sonne länger ausgesetzt, damit ist der Untergrund hier trockener. Trotz Windanfalls bleibt es hier wärmer als in der Talsenke. Nachts kühlt nämlich die Bodenoberfläche durch Wärmeabstrahlung ab, unmittelbar über dem Erdboden bildet sich eine Kaltluftschicht, die in geneigtem Gelände hangabwärts fließt und sich in Tälern und Senken sowie hangseitig vor Hindernissen wie Waldstreifen, Hecken, Dämmen oder langgestreckten Gebäudezeilen zu Kaltluftseen staut. Über feuchtem Gelände wird durch die Verdunstungskälte mit Bodennebel die einsetzende Bodenabkühlung noch verstärkt.

Im Bereich einer Kaltluftzone gibt es nur geringe oder gar keine Luftbewegung, damit wird auch der Luftwechsel im Stallgebäude begrenzt, der Abtransport von Schadgasen eingeschränkt. So hat man beobachtet, daß Pferdehaltungen in feuchten Tallagen stärker durch Seuchen, Husten, Erkrankungen der Atmungsorgane gefährdet sind – durch häufigere Nebelbildung ist hier die UV-Einstrahlung geringer, die Aktivität von Viren und Schadbakterien größer als in sonnigerer Höhenlage. Deshalb sind Kaltluftzonen als Standort der Pferdehaltung möglichst zu meiden.

Auch die Ausrichtung des Gebäudes zur Himmelsrichtung beeinflußt den Wärmehaushalt des Stalles und seine Versorgung mit Sonnenlicht. Die keimtötende Wirkung der Sonneneinstrahlung hilft dabei, die Gefahr von Infektionskrankheiten zu begrenzen. Kalt und sonnenarm sind Nord- und Nordosthänge, zu bevorzugen sind dementsprechend Süd- und Südwestlagen. Die Gebäudeachsen werden möglichst so ausgerichtet, daß sie von West nach Ost oder noch besser von Nordwest nach Südost zeigen. Hier kann im Winter die tiefstehende Südsonne weit in den Stall eindringen, während in den Sommermonaten der steile Einfallswinkel der Strahlen eine unerwünschte starke Aufheizung des Stallraums verhindert. Zweireihige Ställe mit mittlerer Erschließung werden besser in Nord-Süd-Richtung orientiert, damit jede Stallseite wenigstens von der Morgen- bzw. Nachmittagssonne beschienen wird. Auch auf die Windverhältnisse sollte der Planer Rücksicht nehmen. So wie freilebende Pferde windausgesetzte Ruheplätze bevorzugen, sollte auch die Stallanlage möglichst in einer Zone bewegter Luftströmungen errichtet werden. Die Luftbewegung sorgt für den Abtransport von Staub, Schadgasen und Krankheitserregern, unverbrauchte Frischluft wird den Pferden zugeführt. In windausgesetzten Zonen ist auch die Belästigung durch Insekten (Fliegen, Bremsen usw.) geringer. Damit die Stallräume genügend durch den Wind „gespült" werden, ist die Gebäudelängsachse möglichst parallel zur Hauptwindrichtung zu legen. Bei den bei uns vorherrschenden West- bis Nordwestwinden entspricht das in der Regel einer Ost-West- bzw. Südost-Nordwest-Orientierung. Aus lüftungstechnischer Sicht sind Stallanlagen, die sich um einen geschlossenen Innenhof gruppieren, eine schlechtere Lösung als Stallgebäude in parallelen Reihen. Im letzteren Fall soll die Entfernung zwischen den einzelnen Gebäuden mindestens das Doppelte der Höhe des nächstgelegenen Gebäudes betragen.

5.3 Geschlossener Stall, Einzelhaltung

5.3.1 Klima im geschlossenen Stall

Für eine erfolgreiche Stallhaltung von Pferden sind gute Stallklimabedingungen unabhängig von der Aufstallungsform die wichtigste Voraussetzung; leider zeigt die Praxis, daß in den meisten geschlossenen Ställen die Stallüftung und damit das Stallklima eher schlecht sind. Zwangsläufig ist in einem geschlossenen Stallraum der freie Luftaustausch eingeschränkt, was die Qualität der Atemluft beeinträchtigt. Um Gesundheitsschäden und Leistungsabfall zu verhindern, müssen gewisse Mindestanforderungen an die Güte der Stalluft erfüllt werden. Die Qualität des Stallklimas wird bestimmt von der Stallufttemperatur, der relativen Luftfeuchtigkeit, der Gaskonzentration, der Intensität der Luftbewegung im Stall und dem Staubgehalt.
Wie bereits dargestellt spielt die Stallufttemperatur für die Gesundheit des Pferdes eine untergeordnete Rolle, da es als ehemaliger Bewohner des Steppenraums über ein ausgeprägtes Thermoregulationsvermögen verfügt. Der nach DIN 18910 – „Klima in geschlossenen Ställen" – angegebene optimale Temperaturbereich von 10–15 °C für Arbeitspferde und 15–17 °C für Reit- und Rennpferde entspricht physiologisch der „Behaglichkeits- oder Komfortzone", also jenem Temperaturbereich, in dem das Thermoregulationsvermögen des Pferdes nicht oder nur wenig gefordert wird. Dauernder Aufenthalt in dieser „Komforttemperatur" führt zu Erschlaffung, da der Thermoregulationsmechanismus nicht anspringen muß und also untrainiert bleibt. Dem dauernden Stallaufenthalt im „idealen" Bereich von +10 bis 15 °C könnte etwa bei einem winterlichen Ausritt ein abrupter Wechsel zu Außentemperaturen von –10 bis –15 °C folgen. Hier träfe eine Klimaschwankung, wie sie in dieser Plötzlichkeit in freier Natur kaum auftreten kann, mit einem untrainierten Thermoregulationsvermögen zusammen. Empfehlenswert ist deshalb die Führung der Stalltemperatur parallel zur Außentemperatur, wobei die Innentemperatur, lediglich um einige Grade gemildert, dem Außenklima folgt. Bei einer zugfreien Lüftung, die das sich in den Haaren des Fells gebildete Warmluftpolster erhält, bei reichlicher, trockener Einstreu und energiereicher Fütterung kann auch bei hoch im Blut stehenden Pferden die Stalltemperatur schadlos für längere Zeit unter den Gefrierpunkt absinken.

Die relative Luftfeuchtigkeit gibt das Verhältnis der in einem Kubikmeter Luft bei gleicher Temperatur enthaltenen Feuchtigkeit zur größtmöglichen Wasserdampfmenge an. (So kann 1 m³ Luft von 15 °C maximal 13 g dampfförmiges Wasser aufnehmen; enthält die Luft aber nur 9,1 g Wasserdampf je m³, so herrscht eine relative Luftfeuchtigkeit von 70 %). Das Aufnahmevermögen der Luft für Feuchtigkeit ist temperaturabhängig, warme Luft ist aufnahmefähiger als kalte. In unseren Klimazonen liegt bei gutem Wetter die relative Feuchtigkeit der Außenluft bei 60 bis 65 %. Dieser Feuchtigkeitsbereich gilt für das Pferd als optimal. Zu trockene Luft von weniger als 50 % trocknet auf Dauer die Atemwege aus und reizt die Schleimhäute, andauernde Stalluftfeuchten über 80 % führen, wie die Praxis zeigt, zu Atemwegs- und Lungenerkrankungen und zu rheumatischen Schäden.

Allein über die Ausatemluft und die Hautverdunstung gibt ein durchschnittlich großes Pferd stündlich 300 g Wasser ab – in 24 Stunden sind das über 7 Liter Wasser –, mit denen die Stalluft angereichert wird. Um also den Anstieg der relativen Luftfeuchtigkeit im geschlossenen Stall zu begrenzen, muß über die Lüftung die feuchtigkeitsangereicherte Stalluft ab- und trockenere Frischluft zugeführt werden. Unterstellt man im Winter eine Außenluft von $-12\,°C$ und 100% relativer Feuchtigkeit, so enthält $1\,m^3$ Außenluft rund $1{,}8\,g$ Wasser. Erwärmt sich durch die Tierwärme diese in den Stall eingetretene Luft auf $+15\,°C$, so kann sie bei einer angestrebten Luftfeuchte von 70% noch $3\,g$ Wasser je m^3 Luft aufnehmen. Um unter den genannten Konditionen jene $300\,g$ Wasser pro Stunde und Pferd mit der Lüftung abzuführen, wäre ein stündlicher Luftdurchsatz von $100\,m^3$ erforderlich.

Die Luftfeuchtigkeit allein ist kein ausreichendes Kriterium zur Qualitätsbeurteilung des Stallklimas, sicherer ist die Messung der Gaskonzentrationen, besonders von CO_2 (Kohlendioxid). Mit $20{,}9\%$ O (Sauerstoff) und $0{,}03\%$ CO_2 (Kohlendioxid) besitzt die Außenluft ein $O:CO_2$-Verhältnis von $700:1$. Durch die intensive Aufnahme von Sauerstoff während der Atmung verschlechtert sich in der ausgeatmeten Luft das $O:CO_2$-Verhältnis auf $4:1$; entsprechend reichert sich durch die Atemvorgänge die Stalluft im geschlossenen Stall ständig mit CO_2 an. Bei steigendem CO_2-Gehalt der Atemluft wird es für den Organismus zunehmend schwerer, Sauerstoff aufzunehmen und CO_2 abzugeben. Puls- und Atemfrequenz steigen, der Stoffwechsel wird beeinträchtigt, der für den Sauerstofftransport im Blut so wichtige Hämoglobingehalt sinkt, die Freßlust nimmt ab, die Pferde wirken müde.

Die Angaben über die Toleranzgrenze für den CO_2-Gehalt der Stalluft schwanken zwischen $0{,}1$ bis $0{,}4\%$. Die Stallklima-Norm DIN 18910 nennt unterschiedslos für Ställe $0{,}35\%$ als Toleranzschwelle. Dieser Wert wird für die Pferdehaltung allgemein als zu hoch angesehen. Die CO_2-Konzentration sollte $0{,}1$ bis $0{,}2\%$ nicht überschreiten. Bei einer stündlichen Abgabe von $150\,l\,CO_2$ pro Pferd (nach DIN 18910) ist für einen tolerierten CO_2-Gehalt von $0{,}2\%$ eine stündliche Luftrate von knapp $90\,m^3$ zu fahren.

Ein für den Pferdestall typisches Gas ist das Ammoniak (NH_3), das durch die Zersetzung des im Pferdeharn enthaltenen Harnstoffs an der Luft entsteht. Ammoniak ist ein Reizgas, das in hoher Konzentration zu Schäden an den Atmungsorganen führen kann und Ernährungsvorgänge und die Vitalität im allgemeinen beeinträchtigt. Die Schadensschwelle liegt bei einem NH_3-Gehalt von $0{,}003\%$ (entsprechend 30 ppm), NH_3 sollte deshalb in der Stalluft höchstens mit 10, besser 5 ppm enthalten sein. Der NH_3-Gehalt der Stalluft ist allerdings nicht allein von der Stallüftung, sondern in erster Linie von der Stallhygiene (Entmistung, Pflege der Einstreu) abhängig. Schwefelwasserstoff (H_2S) beeinträchtigt die Sauerstoffaufnahme im Blut und führt bei Konzentrationen von mehr als $0{,}05\%$ in der Atemluft zur Lebensgefahr für Mensch und Tier. Zu beachten ist übrigens, daß die meisten Schadgase schwerer als Luft sind, sich also über dem Stallfußboden konzentrieren. (Eine subjektive Beurteilung der Stalluft in Kopfhöhe des stehenden Menschen ist also nicht unbedingt zutreffend, sicherere Angaben gibt die Messung der Gaskonzentrationen mittels Drägerröhrchen.) Besonders Fohlen, die einen Großteil des Tages im Liegen ruhen, sind hohen Schadgaskonzentrationen fast schutzlos ausgesetzt.

Ohne Luftbewegung keine Lüftung! Ständige Luftbewegung ist nötig, um Schadgase abzuführen, Frischluft zuzuführen bzw. Frischluft und Stalluft zu vermischen. DIN 18910 nennt als maximal zulässige Luftgeschwindigkeit im Stall $0{,}2\,m/sec$. Doch darf dieser Wert nicht absolut gesehen werden, da die Wirkung der Luftbewegung nicht nur von ihrer Geschwindigkeit, sondern auch von ihrer Temperatur und Feuchtigkeit abhängt.

So gilt die Luftgeschwindigkeit von 0,2 m/sec im Pferdestall für den Winter, während die Luftbewegung im Sommer bei hohen Temperaturen schadlos 0,4 bis 0,8 m/sec betragen kann.

Hohe Luftgeschwindigkeit bei großem Temperaturunterschied zwischen Außen- und Stalluft, verbunden mit hoher Luftfeuchtigkeit, wird als Zugluft empfunden. Nach SCHNITZER ist Zugluft bewegte Luft, deren Temperatur unter der allgemeinen Raumtemperatur liegt und innerhalb der Raumluft besondere Strömungen bildet. Wird die gesamte Körperseite eines Pferdes von bewegter Luft – etwa von Wind im Freien – getroffen, so schalten sich die natürlichen Thermoregulationsmechanismen ein, die Haare richten sich auf, die Haut wird stärker durchblutet, durch Zittern des Panniculusmuskels kann die Oberflächentemperatur der Haut erhöht werden, oder aber das Pferd bewegt sich mehr. Dagegen löst die nur partiell den Körper treffende Zugluft lediglich einen kleinflächigen Kältereiz aus, ohne daß die Thermoregulation anspringt; dieser vom Körper nicht regulierte Wärmeentzug soll Erkältungskrankheiten begünstigen. Die Praxiserfahrungen haben aber gezeigt, daß abgehärtete Pferde mit trainierter Thermoregulation auch auf Zugluft weitaus unempfindlicher reagieren als permanent in „Wohnzimmerklima" gehaltene Tiere. Die geradezu panische Angst vieler Pferdebesitzer vor Zugluft, die folglich jeglichen Luftaustausch unterbanden, hat sicherlich mehr der Pferdegesundheit geschadet als die Zugluft selber.

Zunehmend erweist sich der Staubgehalt der Stalluft als Problem in der Pferdehaltung. Staub- und Keimgehalt der Stalluft stehen in enger Beziehung zueinander. Staub im Tierstall besteht zu 70 bis 85% aus organischer Substanz und dient den Mikroorganismen als Nährmedium, in dem sie wachsen und sich vermehren. Trockener Staub bildet eine Art von Schutzschild für Mikroorganismen, außerdem dienen die Staubpartikel (neben kleinsten Flüssigkeitströpfchen) als Transportmittel für Keime.

Die wichtigste Staub- und Keimquelle ist das Tier selbst über seine Ausscheidungen, Fell und Haut. Weitere Quellen sind das Futter – besonders gefährlich ist angeschimmeltes Heu, das durch große Mengen von Actinomyceten- und Schimmelpilzsporen allergische Atemwegserkrankungen beim Pferd auslöst –, die Einstreu, ferner Immissionen von draußen, die mit der Frischluft eingetragen werden; auch das Stallpersonal, Insekten, Vögel, Nagetiere im Stall sowie Abrieb von den Baustoffen kommen als Staubquellen hinzu.

Der Staubanteil im Pferdestall liegt mit 0,4–0,8 mg/m^3 Luft relativ niedrig gegenüber anderen Nutztierstallungen, doch ist der Anfall zeitlich unterschiedlich; während der Stallarbeiten kann der Gehalt auf 2,5 mg/m^3 ansteigen. Wichtig ist die Partikelgröße. Grobstaub ($> 10 \mu m$) ist relativ ungefährlich; Feinstaub ($< 10 \mu m$) und besonders dessen lungengängige Fraktion ($< 5 \mu m$), die in der Pferdehaltung 30–40% des Gesamtstaubs ausmacht, kann Gesundheitsprobleme bereiten. Hohe Staub- und Keimmengen überfordern die Abwehrmechanismen in den Atemwegen und vermindern die Krankheitsresistenz der Pferde. Neben dieser mehr unspezifischen Wirkung können Keime und Staubpartikel eine allergisierende, infektiöse oder toxische Wirkung ausüben. Besonders Bakterien und Pilze bzw. deren Sporen können lokale asthmaartige Überempfindlichkeitsreaktionen in den Atmungsorganen auslösen, wie sie leider in der Pferdehaltung zunehmend festzustellen sind.

Der Staubgehalt der Stalluft kann durch bauliche, technische und Managementmaßnahmen begrenzt werden. So sollen Heu- und Strohballen nicht durch offene Luken in den Stall geworfen oder zum Füttern auf der Stallgasse zerteilt und aufgeschüttet werden. Statt mit einem Besen beim Fegen der Stallgasse den Staub aufzuwirbeln, wird er besser mit einem Industriestaubsauger aufgesaugt. Ferner sollten die Pferde nicht auf der Stallgasse, sondern auf einem separaten Putzplatz außerhalb des Stalles gereinigt werden. Beim Rauhfutter ist nur beste staubfreie, unverschimmelte Qualität zu wählen, notfalls sind die Heurationen vor dem Verfüttern in Wasser einzutauchen.

Ein gesundes Stallklima im geschlossenen Stall setzt in der Regel eine funktionsfähige, ausreichend dimensionierte und zweckmäßig angeordnete Lüftungsanlage voraus. Da bei der Abführung von Wasserdampf und Schadgasen mit der Lüftung im Winter auch ein Großteil der von den Pferden erzeugten Wärme (ca. 3200 J/h je 500 kg Lebendgewicht) abgeführt wird, muß man bei unbeheizten Ställen im Winter mit einem Kompromiß hinsichtlich Stalltemperatur und Luftfeuchtigkeit leben. Als eiserner Grundsatz muß aber gelten, daß im Pferdestall saubere Frischluft unter allen Umständen Vorrang hat vor warmer Stalltemperatur. Als Faustregel gilt: Auch im Winter muß mindestens ein zweifacher Luftwechsel pro Stunde sichergestellt sein. Bei einer Boxengrundfläche plus Ganganteil von rund 13 m^2 ergibt sich bei einer Stallhöhe von 2,5 m ein Stallvolumen von 32,5 m^3/Pferd und damit eine stündliche Mindestwinterluftrate von 65 m^3. Bei hohen Außentemperaturen ist im Sommer zur Aufrechterhaltung einer erträglichen Stalltemperatur und Luftbewegung sogar ein achtfacher Luftwechsel anzustreben, was damit einer stündlichen Sommerluftrate von bis zu 260 m^3/Pferd entspricht. Je nach Antrieb unterscheidet man zwischen „Freier Lüftung" (Schwerkraftlüftung) und „Zwangslüftung". Die Wirksamkeit der freien Lüftung ist bei Stallhaltung mit niedrigen Raumtemperaturen begrenzt.

In der Praxis werden immer noch die meisten Pferdeställe mit Fensterlüftung betrieben. Diese einfachste Form der Schwerkraftlüftung funktioniert nur bei größeren Temperaturunterschieden zwischen Innen- und Außenluft. Bei geringen Temperaturdifferenzen ist die Lüftung von äußerer Luftbewegung abhängig, d. h. sie funktioniert einigermaßen sicher nur bei freistehenden, windausgesetzten Stallgebäuden mit Fensterbändern auf beiden Längsseiten. Die Fensterbrüstung soll in Anbindeställen mehr als 2 m hoch liegen, damit Augen und Nierenpartie der Pferde vor Zugluft geschützt sind. In Boxenställen spielt das keine so große Rolle, weil die Pferde ja möglichem Windzug ausweichen können.

In Ställen mit deckenlastigem Rauhfutterlager sind Schachtlüftungen eine funktionssichere Form der Schwerkraftlüftung. Für einen wirksamen Auftrieb soll die Schachthöhe ab Unterkante Decke mindestens 4 m betragen, der Schacht soll mindestens 0,5 m über den Dachfirst in den freien Luftstrom hinausragen. Jeweils für rund 100 m^2 Stallfläche – das entspricht etwa 2 x 3 Boxen mit mittlerer Stallgasse – wird ein Schacht angeordnet. Um eine gleichmäßige Luftführung zu erreichen, müssen Schächte von jeweils gleichem Querschnitt und gleicher Höhe in gleichmäßiger Verteilung eingebaut werden. Die Luftrate wird durch verstellbare Regelklappen in den Schächten gesteuert, die Größe der Zuluftöffnung – meistens sind es die Fenster – muß dem Gesamtquerschnitt aller Abluftschächte entsprechen. Für ausreichenden Auftrieb und gegen Kondenswasseranfall müssen die Schächte wärmegedämmt sein. Da die Schächte in Gebäudemitte entlang der Firstlinie angeordnet sein sollen, können sie für die Nutzung des Dachraums bei der Heu- und Strohlagerung hinderlich sein.

Die Trauf-First-Lüftung nutzt wie jede Schwerkraftlüftung den Gewichtsunterschied zwischen kälterer und wärmerer Luft. Voraussetzung ist eine Dach-Decken-Konstruktion mit einer Dachneigung von 20° oder steiler. Die Zuluft tritt durch Schlitze im Traufbereich ein, deren Breite durch verstellbare Luftleitplatten reguliert werden

Tab. 5: Lichter Schachtquerschnitt in cm^2 je 500 kg Lebendgewicht in Abhängigkeit von der nutzbaren Schachthöhe in m

Schachthöhe	4	6	8	10	12	14
Schachtquerschnitt	676	553	484	441	400	361

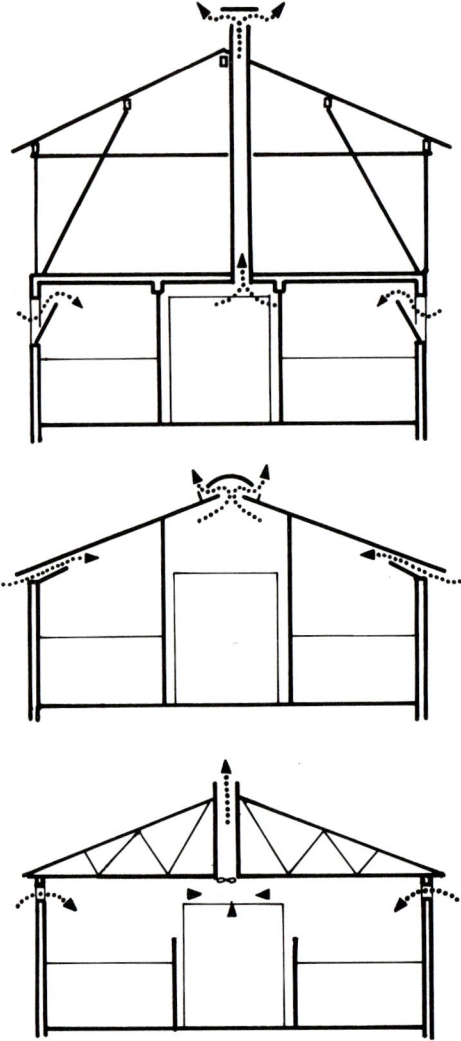

Abb. 2: Die wichtigsten Arten der Stallüftung: Von oben Schwerkraftlüftung – Schachtlüftung, Mitte Schwerkraftlüftung – Traufen-First-Lüftung, unten Zwangslüftung – Unterdruck-Lüftung.

kann. Die Abluft entweicht durch einen offenen Firstschlitz, der zur Abwehr von Regen oder Schnee offen mit seitlichen Windabweisern oder mit einer transparenten Kunststoffhaube ausgeführt werden kann;

letztere dient gleichzeitig der Belichtung des Stallraums.

Die freie Lüftung kann durch Windeinfluß, Standortverhältnisse, benachbarte Gebäude so stark beeinflußt werden, daß ihre Funktionssicherheit nicht immer gegeben ist. Funktionssicherer ist grundsätzlich eine richtig geplante Zwangslüftung.

Am häufigsten wird im geschlossenen Pferdestall die Unterdrucklüftung eingesetzt; der Abluftventilator treibt das Lüftungssystem an, die Zuluftführung bestimmt das Strömungsbild im Stallraum. Es ist zu beachten, daß nur in einem dichten Stall ein gleichmäßiges Strömungsbild entsteht, da die Zuluft immer den Weg des geringsten Widerstands wählt (undichte Fenster, schlecht schließende Tore usw.) und die Zuluftschlitze umgeht. Diese werden in den Außenwänden eingebaut, in der Regel knapp unter der Stalldecke, damit die kalte Frischluft weit in den Stall eintritt und sich unter Bildung von Luftwalzen intensiv mit der warmen Stalluft vermischt, ohne daß im Tierbereich unerwünschte Zugluft entsteht.

Um die erforderliche Eindringtiefe in den Stall zu erreichen, muß die Luftgeschwindigkeit beim Eintritt zwischen 3 und 5 m/sec liegen. Aus der erforderlichen Luftrate (in m^3/h), der erforderlichen Eintrittsgeschwindigkeit und der Stallänge ergeben sich die Abmessungen der Zuluftschlitze (im Winter schmaler, im Sommer breiter). Vorteilhaft sind funktionssichere Pendelklappen oder verstellbare Leitplatten in Zuluftboxen, damit die Zuluftgeschwindigkeit auch bei wechselnder Ventilatorleistung gleich bleibt und somit ein gleichmäßiges Strömungsbild im Stall erhalten bleibt.

Wegen der Windanfälligkeit des Lüftungssystems sollten die Ventilatoren nicht in der Wand eingebaut werden. Am besten ist ihr Einbau in senkrechten, wärmegedämmten Abluftschächten im höchsten Teil der Stalldecke (First). Die Ventilatorleistung wird hier zusätzlich durch den natürlichen Auftrieb und die Windeinwirkung unterstützt. Bei der Festlegung der erforderlichen Ventilatorleistung sind neben den geforderten

Sommer- und Winterluftraten die Widerstände sowohl auf der Zuluft- wie auf der Abluftseite zu berücksichtigen.

Bei der Überdrucklüftung drücken die Ventilatoren die Außenluft in den Stall. Durch den leichten Überdruck entweicht die Stallluft durch gleichmäßig verteilte und passend dimensionierte Abluftöffnungen. Nachteilig ist, daß die Stalluft mit ihren Gerüchen, Feuchtigkeit und Gasen bei offenstehenden Türen auch in angrenzende Räume (Futterlager, Sattelkammer) gedrückt wird, was zum Verderb von Futtermitteln oder Sattelzeug führen kann.

Bei großen, breiten Ställen kann die technisch aufwendigere Gleichdrucklüftung sinnvoll sein. Hier werden beide Luftströme, Zu- und Abluft, mittels Ventilatoren gefördert. Dieses Lüftungskonzept ist aufwendiger und teurer in Konstruktion und Betrieb, dafür aber auch besonders funktionssicher.

In der Regel werden Ventilatoren halbautomatisch über Thermostaten und Drehzahlschalter geregelt. Grundsätzlich sollten alle Lüftungsanlagen zentral von einem Verantwortlichen eingestellt werden. Das gilt besonders für Vereinsställe, wo sonst jeder Pferdebesitzer geneigt ist, an den Schaltern zu spielen, um für sein Pferd nach seinen Vorstellungen die ihm richtig erscheinende Luftrate zu fahren.

5.3.2 Baumaterialien, Bauteile, Sanierung

Der Lebensraum des Pferdes im geschlossenen Stall wird durch die Stallhülle – Wände, Decke, Boden – begrenzt. Stallklima und Ausführung der *raumumschließenden Bauteile* stehen in enger Wechselwirkung; besonders dort, wo alte, vorhandene Gebäude für die Pferdehaltung umgenutzt werden, bedarf es baulicher Verbesserungsmaßnahmen.

Alte Stallgebäude sind oft dauerhaft und massiv aus Naturstein oder Ziegeln errichtet; diese schweren Baustoffe besitzen ein großes Wärmespeichervermögen und puffern durch ihre thermische Trägheit Temperatursprünge gut ab; an heißen Sommertagen sind solche Ställe angenehm kühl. Da aber Pferdeställe im Vergleich zu anderen Viehställen relativ schwach belegt sind, reicht in der kalten Jahreszeit die von den Tieren abgegebene Körperwärme oft nicht aus, die Wände und Decken zu erwärmen. Die niedrige Oberflächentemperatur der raumumschließenden Bauteile führt bei ungenügender Lüftung zu Kondenswasserniederschlag. Oft findet man in alten Ställen weiße Ausblühungen, sog. Mauersalpeter, an Putzflächen und Mörtelfugen, entstanden aus der Verbindung von Feuchtigkeit und hohem Ammoniakgehalt der Stalluft, ein Beweis für unzureichende Lüftung und ungenügende Wärmedämmung der Raumumschließungen.

Ein ausgeglichener Wärmehaushalt im Stall ist gegeben, wenn die Wärmeverluste über die Abluft und die raumumschließenden Bauteile nicht größer sind als die vorhandene Wärmeabgabe der Tiere. Ein ausreichender Wärmeschutz der Bauteile ist also auch die Voraussetzung für eine regulierende Lüftung zur ausreichenden Verminderung des Feuchtigkeitsgehaltes der Stalluft unter Einhaltung der gewählten Stalltemperatur. Kühlt sich dagegen die Stalluft an Wänden oder Decken soweit ab, daß der Taupunkt (= 100% relative Luftfeuchte) erreicht wird, kondensiert der Wasserdampf zu Wasser, es tritt Oberflächenkondensat auf.

Zum Schutz der Bauteile vor Durchfeuchtungsschäden ist eine Verbesserung der Wärmedämmung und evtl. der Einbau einer Feuchtigkeitssperre (Sperrputz, Folie, undurchlässiger Anstrich) auf der Stallinnenseite erforderlich. Grundsätzlich gilt: Die Wärmedämmfähigkeit soll von innen nach außen hin zunehmen, die Dampfdichtigkeit der Bauteile soll von innen nach außen hin abnehmen.

Ein Maßstab für den Wärmedämmwert eines Bauteils oder Gebäudes ist der k-Wert, angegeben in $W/m^2 \cdot K$ (Watt pro Quadratmeter mal Kelvin); je kleiner der k-Wert, desto besser ist der Wärmedämmwert. Je höher die Stalltemperatur bzw. je tiefer die Außentemperatur, desto niedriger muß der k-Wert sein. Um Kondenswasserfreiheit der Bauteile sicherzustellen, sind beispielsweise folgende k-Werte erforderlich:

Stall-temperatur	rel. Stallluft-feuchtigkeit	−10°	Außentemperatur −12° −14° erforderlicher k-Wert		−16°
+10°	80%	1,02	0,93	0,85	0,78
+14°	80%	0,87	0,80	0,74	0,70

Unzureichend gedämmte *Wände* werden durch Vorsetzen einer äußeren Dämmschicht (Mineralwollplatten, Kunststoffhartschaum o. ä.) verbessert. Die erforderliche Dämmstoffdicke liegt im allgemeinen zwischen 2 und 5 cm.

Besonders häufig anzutreffende Kondensatflächen, auf denen dunkle Verfärbungen und Schimmel auftreten, sind in Ställen unzureichend gedämmte Betonbauteile wie Fensterstürze, Ringanker oder Pfeiler. Wurde Leichtmauerwerk (Poroton, Gasbetonsteine o. ä.) mit Zementmörtel verarbeitet, so zeichnen sich durch Feuchtigkeit als Folge von Kältebrücken diese Fugen später ab. Eine dauerhafte Sanierung ist auch hier nur die nachträgliche Dämmung auf der Außenseite der Stallwand. Bei ausreichendem baulichem Wärmeschutz dürfen die inneren Oberflächentemperaturen der Bauteile um nicht mehr als 3 K von der Stallufttemperatur abweichen. Besonders im Bereich der Gebäudeecken kann wegen der größeren Abkühlungsfläche die innere Oberflächentemperatur um 4–5 K unter der der normalen geraden Wandfläche liegen. Der Wärmeschutz der Gebäudeaußenecken muß also größer sein, damit es innen nicht zu Tauwasserniederschlag kommt.

Hohlblocksteine aus Leichtbeton, wie sie oft zum Ausmauern von Ställen verwendet wurden, können eine weitere Schadensquelle sein. Ihre äußeren Wandschalen sind nur 4–6 cm dick, bei fehlendem oder mangelhaftem Außenputz kann Schlagregen eindringen, der dann als Nässe bis zur Wandinnenseite durchschlagen kann. Hohlblockmauerwerk braucht also bei der Sanierung einen genügenden Feuchtigkeitsschutz von innen und außen, es ist unbedingt vollfugig zu mauern, ein dreischichtiger Außenputz muß aufgebracht werden; alternativ können Außenwände durch eine hinterlüftete Schale (hölzerne Stulpschalung, Schindeln, Faserzementplatten, Metalltafeln o. ä.) vor Schlagregen geschützt werden.

Ähnlich wie Gebäudeecken sind die Fensterleibungen in ungedämmten, massiven Außenwänden innen tauwassergefährdet. Deshalb ist es empfehlenswert, bei einschichtigen Außenwänden die inneren Fensterleibungen zu dämmen.

Wasserleitungen unter Putz in dünnen Außenwänden können eine weitere Schadensquelle darstellen. Selbst wenn sie nicht einfrieren, wird sich bei ungenügender Dämmung der Leitungen in den Rohrschlitzen Kondenswasser bilden, das nicht nur die Wand durchfeuchtet, sondern verzinkte Rohrleitungen im Laufe der Jahre durchrosten läßt.

Neben den massiven Baustoffen ist Holz ein sehr geeignetes Material für den Stallbau. Wo nicht bauphysikalische Anforderungen den Einsatz anderer Baustoffe gebieten, ist dieser natürliche Baustoff anderen Materialien vorzuziehen. Holz hat nicht nur eine relativ gute Wärmedämmung (fünfmal besser als Vollziegel), es ist auch feuchtigkeitsregulierend und wird von den aggressiven Medien in der Stallluft nicht angegriffen. Es läßt sich einfach verarbeiten und eignet sich gut für die Vorfertigung bzw. für die bauliche Selbsthilfe. Durch chemischen Holzschutz lassen sich seine Nachteile, wie Anfälligkeit für Pilz- und Schädlingsbefall, ausschalten. Als Bauholz werden meist Nadelhölzer eingesetzt. In feuchtigkeitsgefährdeten Zonen, z. B. für eingebaute Holzstützen, Boxenschwellen usw., sind feuchtigkeitsbeständige Hölzer wie Eiche oder ausländische Holzsorten zu wählen. Für Wand- und Deckenverkleidungen, zum Bau von Türen, Toren, Inneneinrichtungen, haben sich Sperrholztafeln in wetterfest verleimten Qualitäten

(AW 100) für den Stallbau bewährt. Schwerer und etwas weniger beanspruchbar sind für großflächige Verkleidungen auch Spanplatten in pilz- und feuchtigkeitssicherer Verleimung (V 100 G) einsetzbar.

Ställe mit Vollholzwänden in Balkenstärken von 10–14 cm werden meist von Fertigstallherstellern angeboten. Da Holz arbeitet und Spalten zwischen den Balken zu Zugluft führen, ist auf eine einwandfreie Fugenausbildung durch entsprechende Balkenprofilierung, eingelegte Holzfedern oder Dichtungsstreifen zu achten. Wo bei einer Vollholzbauweise Stahlstützen die tragende Funktion übernehmen, ist darauf zu achten, daß die Stahlprofile keine Kältebrücken mit Kondenswasserniederschlag im Innern bilden. Soweit keine Vollhölzer verarbeitet werden, bieten die meisten Fertigstallproduzenten leichte Konstruktionen mit Stahl- oder Holzstützen an, die mit mehrschichtigen Wandelementen auf Holzrahmen ausgefacht werden. Als Qualitätsnachweise gelten hier eine schlagfeste Innenschale (z. B. > 40 mm Bohlenstärke), ausreichende Dämmung (etwa 6 cm Schichtdicke), bauphysikalisch richtige Schichtenfolge (Innenschale, Dampfbremse, Dämmschicht, Hinterlüftung, Außenschale).

Immer noch werden neue Pferdeställe mit deckenlastigem Heu- und Strohlager gebaut. Wegen der guten Wärmedämmung durch den Futterstock meint man vielfach, auf die Dämmung der tragenden *Stalldecke* verzichten zu können. Ist aber der Heu- und Strohvorrat gegen Winterende soweit verbraucht, daß die Decke ganz oder teilweise unbedeckt bleibt, kann es an diesen ungeschützten Flächen zu Feuchtigkeitsniederschlag kommen, in ungünstigsten Fällen tropft das Wasser auf die Tiere herab. Deshalb ist die Unterseite der Stalldecke zu dämmen, bei Ortbetondecken z. B. durch in die Schalung eingelegte Holzwolle-Leichtbauplatten, bei Holzbalkendecken durch Mineralfaser- oder Kunststoffhartschaumplatten, evtl. in Verbindung mit einer stallseitigen Dampfbremse (Kunststoff- oder Alufolie).

Abb. 3: Wandkonstruktion in Vollholz-Ausführung mit eingelegten Holzfedern.

Verzichtet man auf deckenlastige Lagerung, so stellt die Dachfläche gleichzeitig die Stalldecke dar. Bei stützenfreien Ställen wird der Stallraum meist von einem Fachwerkbinder überspannt; hier wird eine wärmedämmende Zwischendecke an die Untergurte der Binder gehängt. Hierfür haben sich z. B. Platten aus extrudiertem Polystyrol bewährt, die direkt als Sichtplatten ohne zusätzliche Dampfbremse oder Unterkonstruktion an den Bindern abgehängt werden. Der Raum zwischen Dachhaut und gedämmter Zwischendecke ist als Kaltdach gut zu belüften, um evtl. diffundierende Feuchtigkeit sicher abzuführen. Bei Verzicht auf eine freitragende Dachkonstruktion tragen etwa die Standpfosten der Boxenabtrennungen als Innenstützen die Bindersparren des Daches. Bei dieser Dach-Decken-Konstruktion muß die Unterseite des Daches gedämmt werden, die Hohlräume zwischen Dachhaut und Dämmung sind gut zu belüften.

Als Richtwert für die Dämmung von Dach

oder Decke wird ein k-Wert um $0,5\,W/m^2 \cdot K$ empfohlen, niedrige k-Werte im Dach-Dekken-Bereich wirken sich auch im Sommer positiv auf das Stallklima aus.

Selbst dort, wo Stalldecken vor Jahren mit Dämmplatten ordentlich gedämmt wurden, kann es inzwischen zur Zerstörung der Dämmung durch Nagetiere gekommen sein. Versuche haben gezeigt, daß lediglich Schaumglas sicher vor Mäusen ist; da Mäuse aber in losen Schüttungen (Perlite, Styroperl u. a.) keine Gänge anlegen können, sind auch Dämmschüttungen auf einer Unterschalung relativ nagetiersicher. Vorbeugend sind alle Nahrungsquellen und Schlupfwinkel für derartiges Ungeziefer zu beseitigen, außerdem sind möglichst Katzen zu halten.

Vom *Stallfußboden* des Pferdestalls werden folgende Eigenschaften gefordert: griffig und rutschsicher, verschleißfest, dicht gegen Harn und Reinigungswasser sowie gegen aufsteigende Bodenfeuchtigkeit, dabei ausreichend wärmedämmend, luftdurchlässig und atmungsaktiv. Alle Landesbauordnungen fordern für Stallbauten dichte Fußböden, die das Eindringen von Jauche in den Untergrund und damit die Verunreinigung des Grundwassers sicher verhindern. Die Anforderungen an den Stallgassenbelag beschränken sich auf trittsicher, eben, leicht zu reinigen. Hier haben sich fugenlose, rauh abgezogene Betonböden, Hartbrandziegel, Klinker oder Betonverbundsteine bewährt. Die letzteren, kleinteiligen Materialien sind wegen des Fugenanteils besonders rutschsicher; auch kann man sie ohne Zerstörung der ganzen Stallgasse wieder aufnehmen, wenn z. B. nachträglich eine Wasserleitung oder ein Kabel verlegt oder ausgewechselt werden muß.

Den idealen Fußboden im Aufenthaltsbereich der Pferde gibt es leider noch nicht. Der Hufbeschlag stellt eine hohe mechanische Belastung dar, die nur von harten Materialien wie Beton, Gußasphalt mit grober Körnung, Klinkern oder Betonverbundstei-

Abb. 4: Stallgasse mit Holzstöckel-Pflaster in einem alten Gestütsstall.

nen vertragen wird. Auf diesen unelastischen, kalten Bodenbelägen muß gut und reichlich eingestreut werden, um den Wärmeentzug zu beschränken, ein weiches Lager zu bieten und den anfallenden Harn zu binden.

Holzpflaster wurde schon früher in alten Anbindeställen eingesetzt; es ist wärmer und elastischer als die vorgenannten Baustoffe, allerdings wird es bei Nässe leicht glatt und kann zum Ausrutschen der Pferde führen. Wichtig ist die sachgemäße Verlegung. Das möglichst harte Holz, mit ungiftigen Holzschutzmitteln konserviert, wird mit der verschleißfesten Hirnholzfläche nach oben verlegt, die Fugen zwischen den Holzstöckeln werden mit Sand verfüllt oder mit säurefestem Bitumen vergossen.

Ein einfacher, preiswerter und dabei tierfreundlicher Belag ist der Stallboden aus gestampftem Lehm. Er ist elastisch, feuchtigkeitsregulierend, gleichzeitig dicht und atmend. Stampflehm eignet sich hervorragend als Boden in Laufställen oder in Schutzhütten bei Auslaufhaltung. Auf dem engen Raum einer Boxe besteht die Gefahr, daß beschlagene Pferde bei geringer Einstreu tiefe Löcher in den Boden scharren. Im Neubaufalle dürfte Stampflehm von der Baubehörde nicht als wasserdichter Stallfußboden akzeptiert werden.

Viele Pferdehalter suchen aus arbeitswirtschaftlichen Überlegungen nach Lösungen, die Einstreumengen zu reduzieren. Die Industrie bietet hierfür elastische Matten aus Gummi oder Kunststoffen an. Was aber im einstreulosen Rindviehstall ganz gut funktioniert, eignet sich noch lange nicht für die Pferdehaltung. Einige Stallmatten scheiterten daran, daß sie dem starken Verschleiß durch den beschlagenen Huf nicht gewachsen waren. Eine weitere Schwachstelle vieler Matten ist die Verbindung mit dem Unterboden. Wo diese Verbindung nicht wirklich nahtlos und vollständig hergestellt werden kann, werden mit Sicherheit Fäkalien in

Abb. 5: Stallgasse mit Beton-Formsteinen in einem vorbildlich hellen, gut durchlüfteten Boxen-Stall.

die unkontrollierbaren Hohlräume zwischen Boden und Matte eindringen. Bei Verzicht auf eine Einstreu bilden Mistpartikel, Harn und Futterreste eine Schmierschicht auf der Matte, ältere und sensible Pferde haben Schwierigkeiten bei der Eingewöhnung, auch nach Akzeptieren des Bodens zeigten sich verminderte Liegezeiten und -häufigkeiten. Durch die Schmierschicht nahm die Fellverschmutzung so stark zu, daß die Arbeitszeitersparnis beim Einstreuen und Misten mit erhöhtem Arbeitsaufwand beim Putzen ausgeglichen wurde. Solange die Funktionsfähigkeit der Pferdestallmatten nicht besser ist, erscheint der hohe Investitionsaufwand für derartige Bodenbeläge noch nicht gerechtfertigt.

Jaucheabflußöffnungen im Boxenboden sind bei ausreichender Einstreu überflüssig. Das Pferd scheidet täglich nur drei bis sechs Liter Harn aus, diese geringe Menge wird sogar von der Streu des Anbindestandes aufgesaugt. Bodeneinläufe und Kanäle in den Boxen setzen sich bald mit Einstreuteilen zu und sind dann schwer sauberzuhalten; zweckmäßiger ist eine flache Rinne zu beiden Seiten der Stallgasse, die das Reinigungswasser beim gelegentlichen Auswaschen und Desinfizieren der Boxen, beim Abspritzen der Stallgasse, Waschen von Pferden usw. aufnehmen und abführen kann. Die etwa 20 cm breite Rinne besitzt bei rund 3 cm Tiefe ein so flach ausgerundetes Profil, daß sie für die Pferde keine Stolpergefahr darstellt.

Bei dauerndem Aufenthalt im geschlossenen Stall stellt das Pferd an die *Belichtung* seines Stalles höhere Ansprüche als die sonstigen landwirtschaftlichen Nutztiere. Der in der Literatur genannte Richtwert für die Fensterfläche mit $\frac{1}{15}$ bis $\frac{1}{20}$ der Stallgrundfläche ist für Pferdeställe als Mindestwert anzusehen. Er gilt nur, wenn der Stall nicht zusätzlich durch weiten Dachüberstand, hohe Bäume oder Nachbargebäude verschattet wird. Ein Pferdestall kann nie zu hell sein, die Größe der Fensterfläche wird lediglich aus Stallklima-Überlegungen begrenzt, da die Fensterflächen die höchsten baulichen

Wärmeverluste mit sich bringen. Wegen des hohen Wärmedurchgangs werden deshalb auch keine Einfachverglasungen gewählt, trotz höherer Investitionen nimmt man beim Neubau Isolierverglasungen. Beim Einbau von Drahtglasscheiben oder Glasbausteinen ist ihre geringere Lichtdurchlässigkeit bei der Bemessung der Fensterflächen zu beachten. Fensterrahmen aus Metall oder Beton sind gute Wärmeleiter und führen deshalb zu Kondenswasserniederschlag; günstiger sind Holzrahmen, noch besser Kunststoffrahmen, die weder quellen noch verrotten können.

Gute Erfahrungen hat man mit zweischaligen Kunststoff-Lichtplatten, den sog. Stegdoppelplatten, gemacht. Diese Stegdoppelplatten aus Acrylglas, PVC oder Polycarbonat stehen in ihren Isolierwerten Zweischeibenisolierverglasungen nicht nach. Stegdoppelplatten können aber ohne Rahmen verlegt werden, sie sind elastisch, lassen sich sägen und bohren und eignen sich damit besonders für die Selbsthilfe. Fensterflächen im Stall sollten möglichst hoch in der Stallwand eingebaut werden; das verringert einmal die Gefahr, daß die Pferde die Scheiben beschädigen und sich verletzen, zum anderen werden im Sommer durch den Dachüberstand die Strahlen der hochstehenden Mittagssonne abgeschirmt, während sie im Winter bei flachem Sonnenstand ungehindert passieren können.

Zum Einbau in Dachflächen werden einschalige Lichtplatten aus PVC oder glasfaserverstärktem Polyester, passend für alle gängigen Dachprofilplatten, angeboten. Für die Dachflächen geschlossener Ställe sind diese Platten meist nicht geeignet, sie stellen bevorzugte Kondensatflächen dar, auf deren glatter Unterseite die Wassertropfen zusammenlaufen und nach unten abtropfen. Diese Lösung zur Belichtung ist in Offenställen möglich, wo die Stalltemperatur der Außentemperatur entspricht.

Zur *künstlichen Beleuchtung* werden in Ställen fast nur noch Leuchtstofflampen eingesetzt. Weniger grell und unangenehm als Kaltonlampen sind Warmtonlampen mit

Gelbtonanteil. Als Vorteil der Leuchtstofflampe wird das aufflackernde „Starten" der Röhren gewertet, das nach dem Einschalten dem Pferdeauge eine Eingewöhnungsspanne von einigen Sekunden gibt, wie es sie bei der Beleuchtung mit Glühlampen nicht gibt. Der Stall soll möglichst gleichmäßig ausgeleuchtet sein, vor allem Boxen und Stände, weniger die Stallgasse. Die Beleuchtungsstärke soll mindestens 40, besser 100 Lux/m^2 betragen. Alle Leitungen in Feuchtraumausführung sind so in der Wand unter Putz oder in Rohren zu verlegen, daß sie für die Pferde unerreichbar sind. Das gilt auch für Schalter und Steckdosen (ebenfalls in Feuchtraumausführung). Die Elektroinstallation soll genügend hoch ausgelegt werden (Drehstrom, 25 A-Sicherung) und über einen Fehlerschutzschalter abgesichert werden, um beispielsweise ein Schmiedefeuer betreiben oder ein Schweißgerät für Stallreparaturen anschließen zu können.

5.3.3 Anbindestall

Schon der Pferdestall König Salomons war ein Anbindestall, und über viele Jahrhunderte bis in die sechziger Jahre unseres Jahrhunderts stand die Mehrzahl unserer Pferde im Anbindestand. Dagegen war auch nichts einzuwenden, solange das Pferd als Arbeitstier ganztägig im Einsatz war, im Sommer die Nacht auf der Weide verbrachte und nur während der Fütterungszeiten und Winternächte im Stall stand. Für den Pferdehalter zählten die Vorteile dieser Aufstallung: der geringe Stallflächenbedarf, der sparsame Einstreubedarf und die leichte Entmistungsarbeit, dazu der schnelle Zugriff auf ein Pferd, das sich kaum schmutzig machen konnte. Von Nachteil war die bewegungsarme Aufstallung nur, wenn die Pferde ein paar Tage hintereinander nicht gearbeitet wurden; nicht umsonst sprach man von „Feiertagskrankheiten", wenn Kolik und Kreuzverschlag bei unveränderter Fütterung auftraten, weil die Bewegung fehlte. Die fehlende Bewegungsmöglichkeit und das stumpfsinnige „Mit dem Kopf vor der Wand Stehen" sind die schwerwiegenden Nachteile des Anbindestandes für das wenig genutzte Freizeitpferd unserer Tage. Als Kompensation aufgestauten Bewegungstriebs gewöhnen sich angebundene Pferde öfter Untugenden wie Weben, Krippensetzen oder Koppen an, sie legen sich seltener und ruhen also weniger aus. Sie zeigen öfter Schäden an den Vordergliedmaßen (angelaufene Beine); da die Hinterhufe zwangsläufig im Kotbereich stehen müssen, ist die Gefahr von Strahlfäule größer. Angebundene Pferde sind Zugluft durch Fensterundichtigkeiten stärker ausgesetzt als Boxenpferde, da sie ja nicht ausweichen können. Verletzungen durch Losreißen, Verfangen im Anbindestrick, Aufreiten auf dem Flankierbaum und Festliegen sind weitere Gefährdungen.

Der Vorzug der einfacheren Entmistung wird mit dem Nachteil der langen Wege beim Füttern und der Gefährdung hierbei durch Beißer oder Schläger erkauft. Die Versorgung kolikkranker oder festliegender Pferde im Anbindestand kann lebensgefährlich werden. Eine Verbesserung des Anbindestalls wäre die Einplanung eines mindestens 1 m breiten Futtergangs. Hierdurch werden die Fütterungsarbeiten einfacher und schneller, die Pferde stehen nicht mehr direkt vor der Wand, sondern können wenigstens über die Krippe hinweg einen Teil des Stalles beobachten. Allerdings hebt der Futtergang den Vorzug des geringen Flächenbedarfs fast wieder auf.

Wegen seiner vielen schwerwiegenden Nachteile ist die Pferdehaltung im Ständer nur noch dort vertretbar, wo die bewegungsarme Aufstallung durch tägliche mehrstündige Arbeit ausgeglichen wird, wie etwa bei den Pferden einer Polizeireiterstaffel oder den Schulpferden eines Reitvereins. Wo sommerlicher Weidegang und im Winter täglicher Aufenthalt in einem großen Auslauf oder auf einer Matschkoppel geboten werden, gibt es auch kaum Bedenken, wenig arbeitende Freizeitpferde etwa in den alten, vorhandenen Anbindeständen eines Bauernhofes aufzustallen. Als Neubau allerdings ist der Anbindestall nicht mehr zu empfehlen; es kann aber praktisch sein, Boxenställe so zu planen, daß sie sich durch Einhängen von

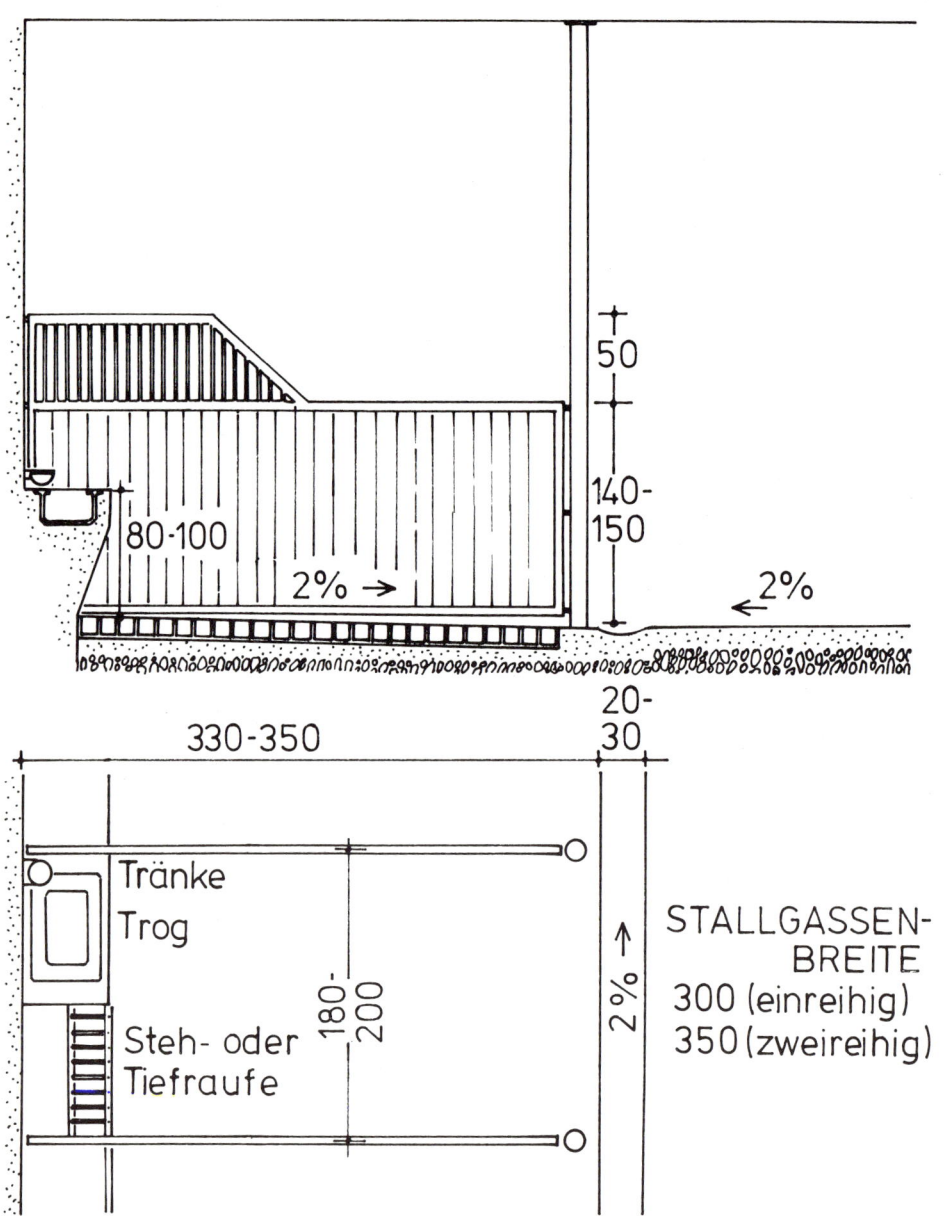

50

140-
150

80-100

2% →

2%
←

20-
30

330-350

Tränke
Trog

180-
200

Steh- oder
Tiefraufe

2% ↑

STALLGASSEN-
BREITE
300 (einreihig)
350 (zweireihig)

FUSSBODEN z B.:
15 cm Holzpflaster in Asphalt
~5 cm Ausgleichbeton
20 cm Rollschicht

Abb. 6 (links): Anbindestall (Kastenstand), Seitenansicht und Draufsicht.

Flankierbäumen zur kurzzeitigen Unterbringung der doppelten Zahl angebundener Pferde eignen.

Wo noch Anbindestände eingesetzt werden, sollten sie die nachfolgenden Abmessungen besitzen: Die Standlänge soll 3,30–3,50 m betragen. Um dem Pferd die artgerechte Tiefschlafstellung mit ausgestreckten Gliedmaßen zu ermöglichen, muß der Kastenstand mit festen seitlichen Begrenzungen etwa 1,8 m breit sein (Widerristhöhe + 20 cm). Bei Ständern mit Flankierbäumen kann die Standbreite bis auf 1,5 m verringert werden, das liegende Pferd streckt dann seine Gliedmaßen in den Nachbarstand. Die geschlos-

sene Seitenbegrenzung des Kastenstandes soll 1,4–1,5 m hoch sein, ein 0,5 m hohes Aufsatzgitter im Kopfbereich ermöglicht Sicht- und Geruchskontakt zu den Nachbarpferden, verhindert aber Auseinandersetzungen. Flankierbäume werden 0,8–1 m hoch an Standsäulen oder von der Decke abgehängt. Sie müssen so befestigt sein, daß sie sich auch unter Belastung, wenn ein Pferd darüberhängt, lösen lassen. Gegen Hufschläge schützen am Flankierbaum hängende Bohlen oder dicke Gummimatten. Die Anbindung darf nicht schlapp durchhängen (sonst könnte ein Pferd hineintreten und zu Schaden kommen), sondern muß durch ein Gegengewicht straff gehalten werden. Hierzu dient entweder eine senkrechte Gleitstange unter der Krippe, auf der ein schwerer Metallring gleitet, oder eine Holzkugel, die an dem durch den Anbindering führenden Anbindestrick hängt.

Um den Stand trocken zu halten, hat der Boden ein Gefälle von etwa 2% zur Stallgasse hin und endet dort in einer flachen Rinne. Da die Stände nach hinten offen sind und die

Abb. 7: Alter Anbindestall mit Kastenständen. Ställe dieser Art sind nur noch dort vertretbar, wo täglich ausreichende Bewegung gesichert ist.

Anbindung dem Pferd einen Schritt rückwärts erlaubt, muß die Stallgasse breiter als im Boxenstall sein, damit geführte Pferde nicht durch ausschlagende angebundene gefährdet werden. Das erfordert im einreihigen Stall 3 m, im zweireihigen 3,5 m Breite.

5.3.4 Boxenstall einschließlich Einrichtung

Die meisten Reitpferde stehen heute in Boxen, bei größeren Stallneubauten ist die Boxenaufstallung die Regel. Gegenüber dem Anbindestand bedeutet das eine eindeutige Verbesserung; die Pferde können sich besser bewegen, bequemer hinlegen, die Ruhezeiten sind signifikant länger, die Gefahr von Verletzungen oder Festliegen ist geringer, die Kontaktmöglichkeit mit Nachbarpferden und der gesamten Stallumwelt verbessert. Für den Pferdebetreuer macht das Entmisten der Box zwar etwas mehr Arbeit, dafür wird das Füttern leichter und gefahrloser. Grundsätzlich ist zu sagen, daß eine Boxe nie zu groß sein kann; ihre Mindestabmessungen richten sich nach der Körpergröße des Pferdes. Nach SCHNITZER gilt als unterer Wert für die *Boxenfläche:* „Doppelte Widerristhöhe zum Quadrat"; für ein Pferd von 1,6 m Stockmaß errechnet sich also (2 x 1,6 m $)^2$ = 10,24 m^2. Wichtig ist dabei auch das Verhältnis von Boxenlänge zu -breite. Damit ein Pferd sich mühelos umdrehen kann, muß die Breite mindestens der 1,5fachen Widerristhöhe entsprechen. Für das genannte Durchschnittspferd von 1,6 m Stockmaß ergibt sich eine Schmalseite von 1,5 x 1,6 m = 2,4 m, woraus sich bei 10,24 m^2 Gesamtfläche eine Boxentiefe von 4,25 m errechnet. Wünscht man eine quadratische Boxe, so hätte sie Abmessungen von 3,2 x 3,2 m. Doch das sind Mindestmaße; wenn, wie in vorhandenen Altgebäuden, nicht mit dem Platz gegeizt werden muß, soll man wenig gearbeiteten Pferden (also den meisten Privatpferden) möglichst viel Bewegungsraum zugestehen. Die Rassezugehörigkeit wirkt sich auch etwas auf die Bewegungsaktivität und damit auf die erforderliche Boxenfläche aus. So wird ein hoch im Blut stehendes Pferd durch Hin- und Her-

Abb. 8 (rechts): Boxenaufstallung, Seitenansicht und Draufsicht einer Stallbox.

wandern in der Boxe die zur Verfügung stehende Fläche voll nutzen, während weniger aktive Pferdetypen (z. B. Kaltblut, schweres Warmblut, Fjord oder Haflinger alten Typs) mit einer Boxe in den Mindestabmessungen zurechtkommen könnten. Boxen für Mutterstuten mit Fohlen sowie Hengstboxen sollen nicht unter 16 m^2 Fläche liegen. Bei mobilen Trennwänden läßt sich durch Herausnehmen der Mittelwand aus zwei normalen Reitpferdeboxen eine doppelt große Abfohl- oder Aufzuchtbox herrichten.

Nicht ohne Bedeutung für das Wohlbefinden der Pferde ist die Ausführung der *Boxenwände.* In den Katalogen der Stalleinrichter dominiert die brusthoch geschlossene Wand aus Holzbohlen in Stahlprofilrahmen, darüber ein Gitteraufsatz von etwa 1 m Höhe. Beim Vergleich verschiedener Angebote ist auf die Ausführungsqualität zu achten. Die Bohlenstärke soll 40 mm betragen; stabil und feuchtigkeitsbeständig sind neben Eiche ausländische Hölzer wie Bongossi, Kambala, Bilinga u. a., alle Hölzer müssen glatt und splitterfrei verarbeitet sein. Stahlprofile sollen feuerverzinkt sein, die Gitterstäbe sollen aus $\frac{5}{8}$- oder $\frac{3}{4}$-Zoll-Rohren bestehen. Damit kein steigendes Pferd mit dem Huf zwischen den Stäben eingeklemmt werden kann, soll der lichte Stababstand maximal 5 cm betragen.

Bevor er derartige Boxenwände bestellt, sollte der Pferdehalter erst darüber nachdenken, ob er sie überhaupt braucht. In einem Stall mit starker Fluktuation und ungeklärter Rangordnung (Verkaufsstall, evtl. Pensionsstall) wird man durch solide Abtrennungen Auseinandersetzungen benachbarter Pferde verhindern müssen. Wo sich aber über Jahre an der Herdenzusammensetzung nichts ändert, die Pferde gemeinsamen Weidegang haben, die Rangordnung geklärt ist, sind tatsächlich einige an Stützen aufgehängte

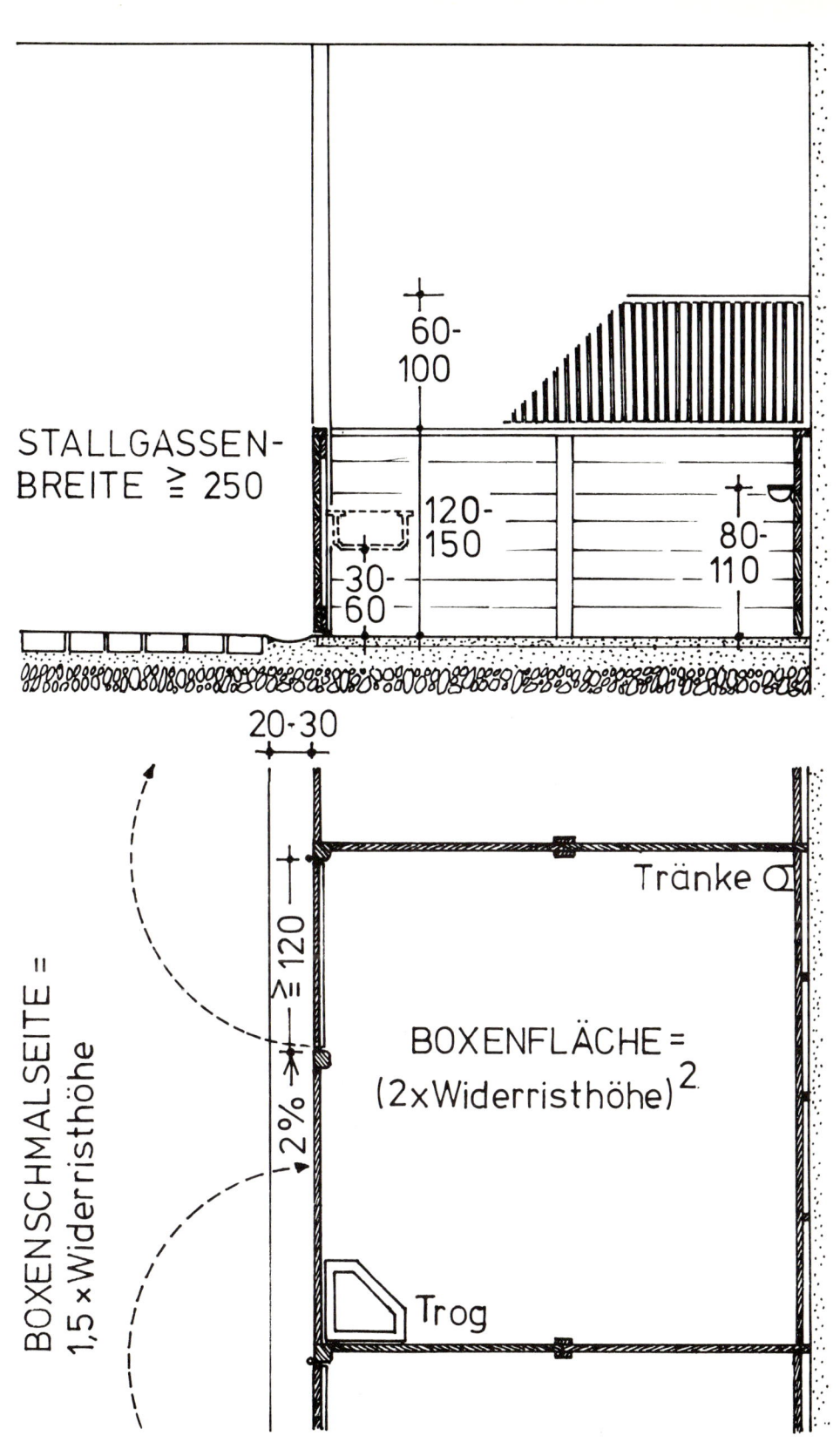

STALLGASSEN-
BREITE ≧ 250

60-100

120-150

30-60

80-110

20-30

≧ 120

2%

Tränke

BOXENFLÄCHE =
$(2 \times \text{Widerristhöhe})^2$

BOXENSCHMALSEITE =
1,5 × Widerristhöhe

Trog

Rundstangen oder Rohre ausreichend, um jedem Pferd seinen individuellen Bereich abzugrenzen. Außer einer erheblichen Kosteneinsparung hat das für die Pferde noch folgende Vorzüge: Die Kontaktmöglichkeit (z. B. soziale Fellpflege) wird gefördert, die Übersicht im Stall für Mensch und Pferd wird besser (die Pferde können selbst im Ruhen ihre Umwelt beobachten), sogar das Stallklima profitiert von den offenen Begrenzungen. Im Gegensatz zu geschlossenen Boxenwänden, wo sich über der Einstreu „Schlechtluftseen" aus stehender Luft bilden können, findet bei offenen Begrenzungen ein stärkerer Luftaustausch und mehr Luftbewegung statt. Übrigens bieten auch die Stalleinrichtungsfirmen Boxenvorderwände mit eingefrästen Belüftungsschlitzen in der Bohlenfüllung an.

Je durchlässiger und kontaktfreundlicher die Stalleinrichtung, desto höhere Anforderungen werden an das Stallmanagement gestellt. Der Halter muß die Rangordnung, individuelle Pferdefreundschaften und -antipathien kennen und seinen Bestand entsprechend gruppieren. Wo im Einzelfall zwei unverträgliche Tiere nebeneinander untergebracht werden müssen, hat die geschlossene Zwischenwand, vor allem im Bereich des Futtertrogs, ihre Berechtigung. Von deckenhoch geschlossenen Seitenwänden oder gar Frontwänden ist aber abzuraten. Die wohlgemeinte Überlegung, seinem Pferd so „mehr Ruhe" zu bieten, läßt die Tatsache außer acht, daß das Pferd als Herdentier mit angeborenem Fluchtinstinkt ständig wachsam seine Umgebung beobachten muß. In der rundum geschlossenen Boxe können unbekannte Geräusche und Vorgänge nicht identifiziert und auf ihre Ungefährlichkeit hin analysiert werden. Die Isoliertheit wirkt als Verschärfung der vermeintlichen Bedrohung. Statt in Ruhe lebt das Pferd in einem Zustand ständiger nervlicher Gespanntheit.

Abb. 9: Boxenwand mit Lüftungsschlitzen und Luke zur Befüllung des Futtertroges.

Jede Tür, durch die ein Pferd geführt werden muß, soll mindestens 1,2 m breit sein, also auch die *Boxentür*. Am preiswertesten und wenig störanfällig sind Drehtüren. Sie müssen zur Stallgasse hin aufschlagen. Um zu verhindern, daß halbgeöffnete Türen in die Stallgasse hineinragen, kann man Drehtüren mit Hebern ausstatten – das sind Rollen, die auf halbkreisförmigen, schräg ansteigenden bzw. fallenden Bahnen laufen. Je nach Öffnungsgrad fällt die Tür zu bzw. öffnet sich auf 180°.

Da der Reiter sein Pferd an seiner rechten Seite führt, kann er rechtsdrehende, links angeschlagene Türen am einfachsten bedienen. Praktisch sind horizontal geteilte Boxentüren. Bei geöffnetem Oberflügel kann das Pferd seinen Kopf auf die Stallgasse herausstrecken, um so intensiver an seiner Stallumwelt teilzunehmen. Beim Boxenentmisten wird der Oberflügel geschlossen, bei geöffnetem Unterflügel läßt sich der Mist in eine auf der Stallgasse stehende Karre werfen, ohne daß das Pferd die Boxe verlassen kann. Schiebetüren haben vor allem bei schmalen Stallgassen Vorteile gegenüber Drehtüren, da sie nicht wie diese in die

Stallgasse hineinragen. Die obere Laufschiene ist möglichst hoch (> 2,3 m) anzuschlagen, damit auch ein sich bäumendes Pferd ohne Kopfverletzung bleibt. Schiebetüren sollen Endanschläge und eine untere Führung besitzen, damit sie nicht klemmen oder herausspringen. Da die Pferde oftmals hektisch und übereilig die Türöffnung passieren wollen, darf es speziell hier keine vorstehenden, scharfen Kanten geben. In alten Ställen findet man manchmal an den Türleibungen angebrachte Rollen. Die Boxentüren müssen sich von innen und außen leicht öffnen lassen. Die Verschlüsse müssen so gestaltet sein, daß sie sich von den Pferden nicht öffnen lassen und daß diese sich nicht an vorstehenden Griffen, Riegeln u. ä. verletzen können.

Die *Boxeneinrichtung* besteht aus Trog (Krippe), Tränkebecken und evtl. Heuraufe. *Pferdekrippen* müssen stabil, korrosionsfest, feuchtigkeitsundurchlässig, ungiftig und verletzungssicher sein. Sie sollten ein großes Fassungsvermögen (um 50 l) haben. Bewährte Abmessungen sind: Länge 60–76 cm, Breite 40 cm, Tiefe 20 cm. Eckkrippen sollen eine Wandlänge von über 50 cm besitzen und Abstand von der Wand aufweisen, um Stoßverletzungen im Bereich der Augen beim Fressen auszuschließen. Pferde sind geruchsempfindlich; neben einwandfreiem Futter brauchen sie daher einen Trog, der leicht sauberzuhalten ist, mit dichter, undurchlässiger Oberfläche und gut ausgerundeten Ecken. Er soll einen ebenen Boden und einen nach innen gewölbten Rand besitzen, damit kein Futter herausgeschleudert oder -geblasen werden kann. Die genannten Forderungen werden durch Tröge aus Steinzeug, Grauguß oder Aluminiumguß, aber nicht von allen Kunststoff- oder Stahlblechtrögen erfüllt; ungeeignet sind hölzerne Krippen.
Als sozial lebende Tiere wollen Pferde ihre Umgebung beobachten. Bei hochgeschlossenen Boxenwänden steigen manche Pferde mit den Vorderbeinen in die Krippe, um über die Boxenwände schauen zu können. Damit es nicht zu Unfällen kommt, sind

Steinzeugkrippen gegen Durchtreten des Krippenbodens zu untermauern, alle Krippen aber stabil an der Wand zu verankern. SCHNITZER empfiehlt, die Krippe so tief einzubauen, daß die Krippensohle nur 30–60 cm über der Standfläche liegt, um so der natürlichen Freßhaltung nahezukommen. Die meisten Fachleute empfehlen eine Höhe der Krippenoberkante zwischen 0,80 und 1,10 m. Da das Pferd für den Verzehr von 1 kg Kraftfutter nur 10 Minuten benötigt, für 1 kg Heu dagegen 40 Minuten, hat die passende Freßhöhe für Krippenfutter nur untergeordnete Bedeutung. Eine kurze Fütterungszeit spart Arbeitskosten und verkürzt die Unruhe im Stall (ungeduldiges Klopfen, Scharren, Schlagen, Drohen). Die Krippe soll deshalb so an der Boxenfrontwand angebracht sein, daß sie ohne Öffnen der Boxentür, ohne Betreten der Box, direkt von der Stallgasse aus befüllt werden kann. Hierzu verzichtet man entweder auf den üblichen Gitteraufsatz und gibt das Futter über die nur brusthoch geschlossene Wand direkt in den Trog, oder bei höherer Frontwand werden schwenkbare Klappen über den Krippen eingebaut. Schwenktröge, die von der Stallgasse um eine senkrechte Achse in die Box hinein gedreht werden, müssen sehr stabil konstruiert sein; bei verbogener Drehachse funktionieren sie nicht mehr. Offene Luken in der Fontwand über den Krippen dürfen nicht höher als 20 cm sein, um auszuschließen, daß Pferde ihre Köpfe durch diese Öffnungen stecken (Verletzungsgefahr). Gelegentlich wird argumentiert, daß das Betreten der Box und das sichtbare Füllen des Troges den Kontakt zwischen Mensch und Pferd verstärken würde. Tatsächlich wirkt diese Form der Kontaktpflege eher negativ, da manche Pferde aus Futterneid beim Füttern im Betreuer eher den Futterkonkurrenten sehen und Aggressionen entwickeln. Ideal ist im größeren Bestand die gleichzeitige Kraftfuttervorlage durch *Futterautomaten*. Die individuellen Portionen je Pferd lassen sich durch Gewichts- oder Volumendosierung einstellen. Durch die gezielte individuelle Fütterung wird Kraftfutter eingespart, vor allem läßt sich ohne Mehrarbeit die Zahl der Fütterungsintervalle erhöhen, was dem Ernährungsverhalten des Pferdes entgegenkommt. Auch für den kleinen Pferdebestand des privaten Halters gibt es passende Formen der Automatisierung, etwa einen Kraftfutterautomaten mit zwei Futterzellen, die sich zu beliebig einstellbaren Futterzeiten öffnen. Ein starker Elektromagnet mit 24 Volt Niederspannung (ungefährlich für Pferde) hält die Futterklappen der Zellen sonst verschlossen. Diese Klappe ist das einzige bewegliche Teil, damit sind Störungen durch Verschleiß weitgehend ausgeschlossen. Folgende Überlegung steht hinter diesem einfachen und preisgünstigen Vorratsfütterungssystem: der berufstätige Pferdehalter versorgt seine Pferde abends mit Rauhfutter für 24 Stunden; er gibt von Hand die Abendrationen an Kraftfutter und füllt die zwei Vorratszellen für die Morgen- und Mittagsration, die dann zur eingestellten Zeit ohne sein Zutun vorgelegt werden. Technisch perfekter, aber teurer sind mikroprozessorgesteuerte Automaten, bei denen bis zu neun Futterzeiten einzustellen sind. Mittels einer Futterschnecke wird das Kraftfutter in eine Dosierkammer gebracht, bei jeder Motorumdrehung gibt die Dosierkammer eine gleichbleibende Futtermenge frei (Volumendosierung). Ein Schaltgerät steuert bis zu sechs Boxen; sollte im Falle einer mechanischen Störung ein Antrieb die gewünschten Umdrehungen nicht ausgeführt haben, meldet die Anzeige den schadhaften Antrieb.

Der tägliche Wasserbedarf des Pferdes schwankt zwischen 15 und 40 l. Nur bei fehlendem Wasseranschluß und kleinem (privatem) Pferdebestand ist die schwere Arbeit des Tränkens aus dem Eimer zumutbar. Sonst hat sich allgemein die Selbsttränke durchgesetzt. *Tränkebecken* mit Deckel sind nicht zu empfehlen, weniger wegen des lästigen Geklappers, das spielende Pferde gern damit erzeugen, als wegen des abgeschlossenen Raums unter dem Deckel, der die Lebensbedingungen von Keimen und Algen begünstigt. Meistens werden einfache Ventilzungentränken eingesetzt, die durch Druck des weichen Pferdemauls betätigt werden müssen, seltener Schwimmertränken

mit konstantem Wasserspiegel. Herkömmliche Tränkebecken liefern meist nur einen Wassernachlauf von 3–10 l/Minute, beim natürlichen Trinkvorgang kann die aufgenommene Wassermenge pro Zeiteinheit wesentlich darüber liegen. Eine vor Jahren von der Landtechnik Weihenstephan entwickelte Tränkebeckenkonstruktion vermeidet diese Nachteile. Eine Tränkeschale mit 3–4 l Wasserinhalt ist in einem Drehpunkt gelagert. In gefülltem Zustand schließt das Gewicht der Tränkeschale das Zulaufventil. Während des Saufens hebt sich bei abnehmendem Gewicht die Schale, das Ventil öffnet sich, Wasser fließt nach. Der Zulauf liegt an der tiefsten Stelle des Beckens. Mit einem entsprechenden Ventil kann die Wasserversorgung auch bei Niederdruck erfolgen, schon ab 0,1 bar Druck spendet die Tränke 10 l Wasser pro Minute. Wenn die Tränkeschale durch Futterreste verschmutzt ist, kann sie durch Lösen des Verschlußstopfens schnell geleert werden.

Tränkebecken sollen möglichst weit vom Trog entfernt sein; sie werden in der dem Trog diagonal entgegengesetzten Boxenecke in einer Höhe von 0,80–1,10 m angebracht. Ohne diese Trennung von Futter und Wasser wird Futter vergeudet: viele Pferde schlingen schneller, als der Speichelfluß erlaubt, und spülen das schlecht zerkaute Futter mit Wasser hinunter. Die Tränken sollten einzeln von der Stallgasse aus absperrbar sein, um bei Beschädigungen des Ventils eingreifen zu können, ohne dem ganzen Stall das Wasser abzusperren. Wo Pferde in das Becken koten, kann man einen Metallrohrbügel anbringen, der das rückwärtige Herantreten ans Becken begrenzt (oft hilft schon eine Wurmkur, da das Koten ins Becken meist einem ausgiebigen Scheuern der After- oder Schweifregion am Beckenrand folgt).

Bei kalter Haltung oder in Offenställen müssen Tränkebecken und Wasserleitungen gegen Einfrieren geschützt werden. Die Zuleitungen werden 0,8 bis 1,0 m tief frostfrei im Boden verlegt, der Steigstrang wird durch Dämmaterialien geschützt, während das Tränkebecken meist mit einer Widerstandsheizung frostfrei gehalten wird. Um elektrische Gefahren auszuschließen, wird die 220-V-Spannung auf 24 V heruntertransformiert. Anstelle beheizter Einzeltränken kann man auch mit einer nach Bedarf beheizten Pumpe das Tränkwasser in einer isolierten Ringleitung zirkulieren lassen. Ist kein Stromanschluß vorhanden, kann eine Tränke mit Doppelventil eingebaut werden. Der Wasserzulauf wird von einem mit der Ventilzunge verbundenen Gestänge betätigt. Wird das Ventil bedient, steht Wasser im Tränkebecken und in der Steigleitung; beim Loslassen der Ventilzunge schließt sich der Zulauf, ein Ablaufventil öffnet sich, das Wasser aus Becken und Steigleitung läuft aus. Von Nachteil ist der etwas höhere Wasserverbrauch und das etwas schwergängige Ventil, das nicht von allen Pferden angenommen wird.

Das *Rauhfutter* kann auf sauberer Einstreu am Boden vorgelegt werden, das entspricht der natürlichen Freßhaltung des Pferdes.

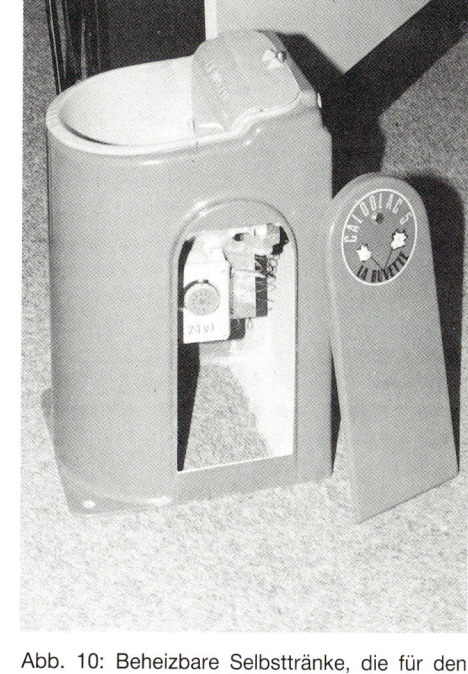

Abb. 11: „Sparraufe" mit beweglichen Gittern.

Abb. 10: Beheizbare Selbsttränke, die für den Offenstall geeignet ist.

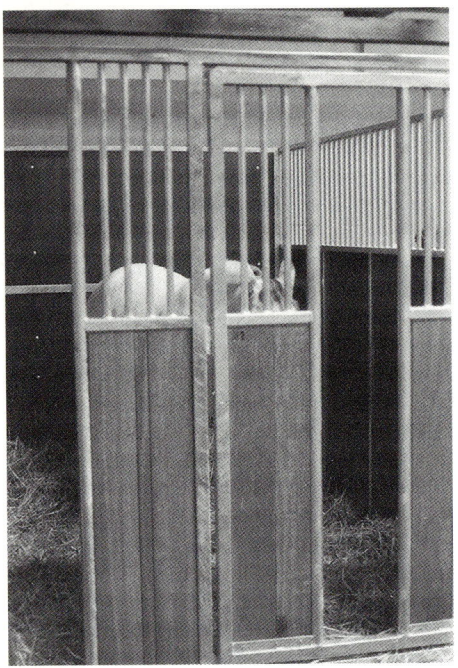

Abb. 12: Ein Freßschlitz in der Boxenfront erlaubt die Rauhfuttervorlage auf der Stallgasse.

Heumengen gestattet, außerdem ermöglicht der geschlossene Heubehälter aus verzinktem Stahlblech ein Anfeuchten der Heuration. Über die Eignung von Heunetzen gehen die Urteile auseinander; einige ziehen sie allen Raufen vor, andere schätzen die Gefahr, daß ein Pferd sich mit dem Huf in den Maschen des herabhängenden, leergefressenen Netzes verfangen könnte, als gravierender ein. Wegen der Mehrarbeit beim Befüllen werden Heunetze in größeren Beständen nicht einzusetzen sein, dagegen eignen sie sich bei staubempfindlichen Pferden gut zum Nässen des Heus, indem ein heugefülltes Netz einfach in einen Wasserbottich getaucht wird und zum Abtropfen vor dem Verfüttern aufgehängt wird.

5.3.5 Die Einstreu

Dieser Abschnitt über Einstreu betrifft nicht nur den Boxenstall, sondern selbstverständlich alle Aufstallungsformen; da aber in der Auslaufhaltung dem Pferde zum Stallaufenthalt doch weitere Alternativen geboten werden (z. B. das Schlafen im Auslauf), kommt der Einstreu im geschlossenen Stall besondere Bedeutung zu.

In freier Natur ruhen die Pferde auf dem grasbewachsenen Boden oder lieber noch auf erhöhten, sandig-trockenen Plätzen. Seit der Mensch das Pferd im Stalle hält, muß er ihm – unabhängig von der gewählten Stallform – einen Liegeplatz aus Streu zurechtmachen. Alle bisherigen Ansätze zu einer einstreulosen Pferdehaltung sind bisher gescheitert. Die Streu erfüllt dabei viele Aufgaben: Sie schützt das Pferd vor Stößen und Verletzungen, schont Hufe und Gliedmaßen, schützt gegen Zugerscheinungen am Boden und hält die unteren Partien der Beine warm. Sie regt das Pferd an, bequem im Liegen auszuruhen (das stehende Dösen ist weniger entspannend), erleichtert ihm das Stallen (Harnen), fängt den Harn auf, wirkt als aufsaugendes oder dränierendes Material und bindet die das Stallklima belastenden Gase. Sie hält also die Stalluft rein, trägt zur Sauberhaltung des Pferdes bei und verleiht gar – wie Graf WRANGEL 1890 schrieb –

Nachteilig ist eine mögliche Futtervergeudung durch Scharren und Verstreuen von Heu. Bei nicht saubergehaltenen Boxen begünstigt die Vorlage am Boden eine mögliche Verwurmung. Diese Gefahr besteht aber bereits bei der Aufnahme von Streustroh. Nicht zu benutzen sind etwa noch vorhandene alte Hochraufen, die das Pferd zwingen, mit hochgerecktem Hals und durchgedrücktem Rücken zu fressen. Herabfallende Staubteilchen können zusätzlichen Reizhusten und Augenentzündungen auslösen. Bei engem Stababstand (< 50 mm), der ein Festklemmen der Hufe ausschließt, sind Tiefraufen vertretbar. Sie werden auf gleicher Höhe wie die Tröge angebracht. Ein Mittelding ist die Stehraufe, die beispielsweise in Anbindeständen neben dem Trog auf einem Futtertisch aufsitzt. Eine praktische Neuentwicklung scheint eine „Sparraufe" zu sein, die über ein bewegliches Gitter dem Pferd nur das Herauszupfen kleiner

„dem Stall einen Anstrich von Komfort und Eleganz". Ihre frühere Aufgabe, den in den tierischen Ausscheidungen enthaltenen Stickstoff für einen hochwertigen, die Bodenfruchtbarkeit fördernden Naturdünger zu binden, hat in der modernen Landwirtschaft an Bedeutung verloren.

Beim 8- bis 12maligen Abkoten fallen pro Pferd täglich 15–20 kg Kot an, die Summe seiner flüssigen Ausscheidungen ist mit 3–6 l Harn nur gering. Freilebende Pferde werden ihren Ruheplatz nicht verunreinigen oder sich in den eigenen Kot legen, auch bei Offenstallhaltung mit Auslauf kann man die Pferde dazu bringen, vorwiegend bestimmte Plätze im Auslauf zum Abkoten aufzusuchen. Auf der begrenzten Fläche einer Boxe ist das natürlich nicht möglich. Zwar gibt es Pferde, die auch in der Boxe nur an bestimmter Stelle misten und die übrige Boxenfläche sauberhalten, doch überwiegt die Zahl derer, die wahllos auf der gesamten Boxenfläche äpfeln und denen es auch nichts (mehr) ausmacht, sich in die eigenen Ausscheidungen zu legen.

Bei Untersuchungen zeigte sich, daß Pferde ohne wesentliche Änderung ihres Ausruhverhaltens noch Feuchtigkeitsgehalte von 60–70% in ihrem Liegebett hinnehmen. Die Saugfähigkeit der Einstreu zum Binden des Harns wird gemessen als Vielfaches des ursprünglichen Eigengewichts (in trockenem Zustand), das bei Feuchtigkeitssättigung ermittelt wurde.

Tab. 6: Saugfähigkeit verschiedener Einstreumaterialien

Häckselstroh (ca. 3 cm lang)	4,0 fache Saugkraft
Mähdrescherstroh	3,5 fache Saugkraft
Hobelspäne	3,0 fache Saugkraft
Sägemehl	4,0 fache Saugkraft
Torfmull	4,0 fache Saugkraft

Wichtigstes Einstreumaterial ist weiterhin das Stroh. Leider kommt durch die moderne Agrartechnik mit Mähdrusch und Großballenpresse vermehrt verdorbenes Stroh in den Handel, das durch feuchtes Pressen Schimmelreste aufweist und dann zu einer

Gefahr für die Pferde werden kann. Am geeignetsten ist Roggenstroh; wegen seiner langen, dünnen Halme und wegen der Unkrautfreiheit ist es im allgemeinen am besten getrocknet und deshalb auch bei Ballenware meist schimmelfrei, außerdem nimmt es als Streu Feuchtigkeit gut auf. Weizenstroh saugt nicht ganz so gut und wird von den Pferden lieber gefressen als Roggenstroh. Haferstroh wird am liebsten gefressen, wegen seines hohen Blatt- und Kräuteranteils kann es auch eine wertvolle Nahrungsergänzung sein. Aus demselben Grund ist Haferstroh aber auch besonders schimmelgefährdet.

Wir unterscheiden *Wechsel- und Matratzenstreu*. Im Idealfall wird bei Wechselstreu täglich das gesamte Streumaterial entfernt. Damit wird die Reinfektionsgefahr für die Pferde an ihren eigenen Exkrementen verringert und eine Fäulnismatratze vermieden. Entscheidender Nachteil ist der gegenüber Matratzenstreu 1,5- bis 2fache Strohaufwand, um bei der lockeren Struktur der frischen Einstreu stets eine ausreichende Bedeckung des Boxenbodens sicherzustellen. Durch den höheren Stroheinsatz wächst natürlich auch die täglich zu beseitigende Strohmistmenge auf 35–45 kg Frischmist pro Pferd und Tag, entsprechend größer müssen Mistplatte und Strohlagerraum dimensioniert werden. So wird man aus praktischen Erwägungen in den meisten Boxen und Laufställen die Matratzenstreu antreffen. Trotz der hygienischen Bedenken ist gegen eine ordentlich gehaltene Matratze wenig einzuwenden; gemeint sind allerdings nicht die Mistmatratzen, bei denen schlicht aufs tägliche Misten verzichtet wird und wo auf das zertretene Stroh-Kot-Gemenge lediglich eine dünne Strohschicht gebreitet wird. Hier sind die Pferde gezwungen, auf einem Misthaufen zu leben.

Grundlage einer ordnungsgemäßen Matratzenstreu ist eine 10 cm hohe, gut saugende Schicht aus Torf und/oder Sägemehl, die etwas angefeuchtet und gut festgetreten wird. Diese Schicht wird einen Großteil des Harns binden. Darauf kommt eine Strohschicht, pro Box anfangs 1–2 Hochdruckballen

Stroh. Täglich wird der Pferdekot aus der Einstreu entfernt, dabei muß die Mistgabel (oder Schaufel) so flach geführt werden, daß der Schichtenaufbau der Einstreumatratze nicht zerstört wird. Die unteren Schichten der Matratze werden nämlich durch die Hufe gut festgetreten, sie nehmen die Feuchtigkeit auf und binden z. B. Ammoniak des Harns. Die untersten Schichten zersetzen sich allmählich in einem anaeroben (anaerob = unter weitgehendem Luftabschluß) Rotteprozeß; jegliches Aufreißen der Matratze ist von Übel, da hierbei Gase durch den Luftzutritt freigesetzt werden. So wird beim Misten nur das durchnäßte Stroh der obersten Schicht ebenso wie die Pferdeäpfel entfernt, das noch saubere Stroh von den Boxenrändern zur Boxenmitte hin aufgeschüttelt und neues Stroh gleichmäßig aufgebracht. Mehrmals im Jahr sollen die Einstreumatratzen komplett ausgemistet werden – wegen der Schadgasbelastung alle Boxen eines Stalles gleichzeitig. Zu dieser Zeit sollten sich die Pferde möglichst außerhalb des Stalles befinden. Am günstigsten geht das bei entsprechenden Boxenabtrennungen mit dem Frontlader oder einem kleinen Stallschlepper. Danach werden die Boxen gründlich gereinigt, am besten mit einem Hochdruck- oder Dampfstrahlreiniger, und nach dem Austrocknen desinfiziert.

Erfahrene Praktiker schwören auf die Stroheinstreu, da sie den Pferden nicht nur ein warmes, trockenes und – sofern gut gepflegt – geruchsfreies Bett bietet, sondern den unausgelasteten Boxenpferden durch das Strohfressen auch eine Beschäftigung während der langen Standzeiten bietet. Wo übrigens das Strohfressen eingeschränkt werden muß, kann man ein Streupulver aus Tierkörpermehl einsetzen (täglich 100 Gramm in die Streu eingebracht). Das verhindert, daß Sportpferde sich Strohbäuche anfressen, vor allem aber schützt es Problempferde mit erhöhter Anfälligkeit für Koliken. Ein weiteres Argument für die Matratzenstreu nannte der Fachtierarzt für Pferde Dr. ENDE: Bei dauerndem Aufenthalt des Pferdes auf sehr trockener Einstreu kommt es zum Austrocknen der Hufe, damit erhöht sich die Gefahr von Hufgeschwüren. Bei der Haltung auf Matratzen tritt seltener Hufgeschwür auf, da diese Unterlage in der Regel genügend Feuchtigkeit für den Huf enthält. Dagegen werde das Hygieneproblem der Matratzenstreu überbewertet.

Husten und weitergehende Erkrankungen des Respirationsapparats werden zunehmend zum Problem unserer Stallpferde. Nicht einwandfreies Heu und Stroh können Träger reizender und Allergie auslösender Staubpartikel sein. Fachtierärzte empfehlen für die Haltung chronisch hustender Pferde die Außenbox und eine strohlose Aufstallung mit einer Einstreu von Torf und/oder Sägespänen. Auch zur Gewichtsreduktion bei zu fetten Pferden wird der Ersatz des Streustrohs durch Torf oder Späne angeraten. Bei der Verwendung von Torf reichen 4–5 Ballen von je 300 l für eine Box, um eine Matratze von etwa 15 cm Stärke aufzubauen. Durchfeuchtete Stellen lassen sich leicht herausstechen und auffüllen. Zweimal in der Woche kann man einen halben Ballen Torf zugeben.

Vorteile der Torfeinstreu sind die gute Bindung der Feuchtigkeit bei trockenem Torf ebenso wie die Bindung der Schadgase. Auch verschmutzte Streu riecht praktisch nicht. Die folienverpackten Ballen lassen sich schadlos im Freien lagern. Besitzer von Schimmeln stellten erfreut fest, daß der Torf die Farbstoffe im Kot stärker absorbiert als das Pferdehaar, es gibt keine gelben Flecken mehr im Fell. Als Nachteile sind zu nennen: Feiner Torfstaub kann Haut und Fell verunreinigen und dem Fell seinen Glanz nehmen. Bei strohloser Haltung muß rohfaserreiches Ballastfutter gereicht werden, sonst benagen die Pferde die Holzteile der Boxenwände. Einzelne Autoren berichten, daß bei längerer Haltung der Pferde auf Torf das Horn der Hufe angegriffen und weich und bröselig wird. Neben dem relativ hohen Preis ist aus der Sicht des Naturschutzes als großer Nachteil anzumerken, daß wir mit anhaltendem Torfverbrauch unsere wenigen Moorflächen weiter ausbeuten.

So spricht vieles dafür, statt Torf Hobel- oder Sägespäne einzusetzen. Sägespäne und

Maschinenhobelspäne aus Sägewerken stammen normalerweise von unbehandeltem Holz. Späne von frischem Holz sind zwar weniger saugfähig, stauben aber auch weniger. Ungeeignet bis schädlich können dagegen Sägemehl und -späne aus Spanplatten- oder Möbelwerken oder sonstigen weiterverarbeitenden Betrieben sein. Hier werden Imprägnierungen, Beizen, Leime und sonstige Holzzusätze verwendet, die Gifte (Formaldehyd, PCP, HCH, polychlorierte Biphenyle usw.) enthalten können. Vorteile der Hobel- und Sägespäne liegen darin, daß die Stalluft einwandfrei bleibt und der Stall besonders im Sommer bei reiner Sägemehleinstreu nahezu fliegenfrei bleibt. Es gibt kein Verklumpen wie bei Torf, der Kot ist aus dem Sägemehl leichter zu entfernen als aus Stroh oder Torf. Nachteilig ist, daß auch Sägemehl dem Pferdefell den Glanz nehmen kann und daß Sägemehlmist als Dünger nicht gern abgenommen wird und außerdem erst über längere Zeiträume kompostiert werden muß.

Es gibt inzwischen Lieferanten, die gereinigte, entstaubte Hobelspan- bzw. Sägemehlware als Preßballen in Folienverpackung liefern. Zum Einstreuen einer Box reichen 3–4 Ballen, wöchentlich wird ein Ballen nachgestreut. Ein Ballen wiegt 32 kg und ergibt ca. 500 l Streuvolumen.

Außer den „klassischen" Einstreumaterialien wie Stroh, Torf, Sägemehl sind in den letzten Jahren einige neue Produkte auf Pferdemessen vorgestellt worden. So wurde auf der Equitana 1981 ein aus Frankreich stammendes Produkt angeboten, das für 4–6 Wochen als Dauereinstreu in der Box belassen werden soll, wobei täglich nur fünf Minuten Arbeitszeit zum Lockern und Einebnen dieser Streu erforderlich seien. Es handelt sich dabei um ein staubfreies und gut saugfähiges Abfallprodukt der entfaserten Hanfpflanze. Wenn der Kot täglich entfernt wird und die Streu mit der Gabel aufgelockert wird, soll man für eine Box mit 5 Sack dieses Produkts zu je 200 l etwa 4–6 Wochen auskommen. Auf der Equitana 1983 zeigten englische Anbieter eine Einstreu aus knapp

fingerlangen Schnitzeln, die eine Zerkleinerungsmaschine aus alten Zeitungen herstellt. Diese Papierschnitzel werden wie Torf- oder Sägemehlballen in Folienverpackung geliefert. Als Ersteinstreu sind drei Sack pro Box erforderlich, als Nachfüllung soll dann ein Sack pro Woche ausreichen. Das Material ist absolut staubfrei, hilft damit allergischen Pferden, hält auch Haut und Fell sauber, da sich keine Streupartikel wie bei Torf oder Spänen ins Haarkleid setzen können. Die Saugfähigkeit soll gut sein, verbrauchte Papierstreu soll sich gut kompostieren lassen. Nachteilig ist das unattraktive Aussehen der grauscheckigen Schnitzel, außerdem kann das Material von den Pferdehufen leicht aus der Box herausgetragen werden und dann fliegt es auf der Stallgasse umher. Vielleicht schmeichelt es aber auch dem einen oder anderen Pferdehalter, seine Tiere auf der gleichen Streu zu betten wie die Pferde des englischen Königshauses, die laut Angabe des Vertreibers auch auf diesem Material stehen.

Der Umfang dieser Ausführungen könnte den Schluß zulassen, daß die Boxenhaltung besonders empfehlenswert und richtig wäre. Tatsache ist, daß die Boxenhaltung sicherlich die bei uns verbreitetste Aufstallungsform ist. Wer als frischgebackener Pferdebesitzer eine Unterkunft für sein Pferd sucht, wird in der Regel im Vereins- oder Pensionsstall beim pferdehaltenden Landwirt einen Boxenplatz angeboten bekommen. Um also Qualitätsunterschiede beurteilen zu lernen, mußten hier die Vorzüge einer reichlichen Fläche gegenüber Mindestabmessungen, einer offenen Abgrenzung gegenüber einem rundum geschlossenen Käfig sowie die verletzungssichere, tiergerechte Boxeneinrichtung und -einstreu dargestellt werden. Es sei aber ausdrücklich betont, daß 10–12 m² „Wohnfläche" und eine Stunde unter dem Sattel oder an der Longe nicht ausreichen, um das Bewegungsbedürfnis des Pferdes zufriedenzustellen. Dem Pferd müssen die verbleibenden 23 Stunden der Untätigkeit durch Weidegang, Aufenthalt in einem Auslauf, Freilaufen auf dem Reitplatz, notfalls

Abb. 13: Außenboxenstall mit vorgelagerten Paddocks.

Rundendrehen an einer Führanlage verkürzt werden.

5.3.6 Außenboxenstall

Schon eine Außenklappe in der Stallwand ist eine wesentliche Boxenverbesserung. Sie bietet dem Pferd Teilnahme am Leben auf dem Hof und verringert so ein wenig die Langeweile des Boxendaseins. Außenklappen sind eine gute Möglichkeit, Stallklimaprobleme in den Griff zu bekommen. Der einreihige Außenboxenstall, bei dem jede Box von einem außenliegenden Bedienungsgang mit einer mittig geteilten Tür erschlossen wird, ist die Standardlösung beim Pferdestallbau in Frankreich und England. Durch den geöffneten Oberflügel haben die Tiere Verbindung mit ihrer Umwelt, Tageslicht und Frischluft haben ungehinderten Zutritt. Nicht umsonst empfehlen Fachtierärzte oft als letzten Ausweg die Unterbrin-

gung chronisch hustender Pferde in Außenboxen. Ein zusätzlicher kleiner Paddock vor der Außenbox braucht nur wenig Fläche, vergrößert aber bereits den Bewegungsraum. Man kann auch mehrere Außenboxen an einen gemeinsamen Auslauf grenzen lassen und befreundete Pferde zusammen stundenweise hinauslassen. Man kann so die Vorzüge der individuellen Versorgung der Pferde mit denen der zeitweisen Gruppenhaltung kombinieren.

Einreihige Außenboxenställe, die nur eine Gebäudetiefe von 3–4 m aufweisen, werden von den meisten Fertigstallherstellern angeboten. Die Gebäudewände sind mit den Boxentrennwänden identisch, hier ist zwischen Inneneinrichtung und tragender Konstruktion nicht mehr zu unterscheiden. Die Boxenwände sind Teil des statischen Gefüges der tragenden Konstruktion, leiten die Dachlasten ab und übernehmen auch die Längs- und Queraussteifung des Gebäudes. Dadurch ist der Einsatz geringer Materialstärken möglich, Wand- und Dachelemente sind von leichtem Gewicht, was für Transport und Montage von Vorteil ist, ebenso wie die Elementabmessungen, die im gewählten Boxenraster zwischen 3 und 4 m liegen. Eine spätere Demontage und ein Wiederaufbau an anderer Stelle sind leicht möglich (wichtig bei kurzzeitig gepachteten Grundstücken). Bei Preisspannen von 6000 bis über 10 000 DM pro Außenbox muß der Kaufinteressent die Angebote sorgfältig vergleichen. So differieren die Boxenabmessungen von weniger als 3 × 3 m bis 4 × 4 m, die Außenwände können lediglich aus 40 mm Fichtenbohlen bestehen, werden aber auch als 160 mm starke Sandwichelemente mit guter Wärmedämmung und starker Schlagwand aus Bongossiholz angeboten. Die Palette der Dacheindeckungen reicht vom nackten Trapezblech bis zum Dachelement mit farbigen Wellplatten aus Faserzement auf starker Dämmung, Dampfbremse und innerer Holzverschalung. Weitere Qualitätsdifferenzen findet man bei Fenstern und Türen (Isolierverglasung, Kerndämmung oder nicht), bei Metallteilen (verzinkt oder nur grundiert), bei Anstrichen und Imprägnierungen, bei Komplett- oder Aufpreisen für Rinnen und Fallrohre, Lüftung, Transport, Montage, Bauunterlagen usw. Dem künftigen Bauherrn kann nur der exakte Vergleich der detaillierten Angebote angeraten werden. Da einige Anbieter primär Hersteller von Wochenendhäusern oder Gartenhütten sind und ihre Erfahrungen im Pferdestallbau gering sind, lasse man sich nicht vom heimeligen oder rustikalen Äußeren allein blenden. Unzureichende Wärmedämmung und kleiner Luftraum produzieren das typische Barackenklima – unerträglich heiß an Sommertagen und im Winter so kalt, daß die Tränke einfriert und sich Feuchtigkeit als Reif an der Dachunterseite niederschlägt. So prüfe man das Angebot, lasse sich Referenzadressen bestehender Stallanlagen nennen und informiere sich bei deren Besitzern über ihre Erfahrungen.

Sozusagen das „Schlüsselfertigangebot" stellen die Containerställe für Pferde dar, die komplett mit dem LKW angeliefert und am Bestimmungsort fix und fertig aufgestellt werden. Ihr Nachteil war bisher, daß entsprechend den Bestimmungen der StVO für

Abb. 14: Die um 90° geöffneten Boxen- und Paddocktüren erlauben den Zugang zum Paddock.

Straßentransporte ihre maximale Stalltiefe auf 2,45 m beschränkt bleiben mußte, was als Boxentiefe für ein Großpferd die untere Grenze darstellt. Ein deutscher Hersteller hat sich die Idee patentieren lassen, den Containerstall um 90° gedreht zu transportieren; damit hat lediglich die spätere Boxenrückwand in Transportlage (= Ladeflächenbreite) das Maß von 2,45 m aufzuweisen, während die Grundfläche der zwei Boxen eines Containerstalls jeweils 3 × 3 m beträgt. Beim Aufstellen des Containers wird das Pultdach aus der Transportstellung hochgeklappt, die Wandteile oberhalb 2,45 m sind als Lichtplatten (Kunststoff-Stegdoppelplatten) ausgeführt. Statt der üblichen Containerwände aus Stahlblech ist dieser Stall mit Wandfüllungen aus wetterfestem Stabsperrholz oder 40 mm Holzbohlen in U-Stahlprofilen gefertigt. Durch Gegenüberstellen von zwei Containern mit ihren auskragenden

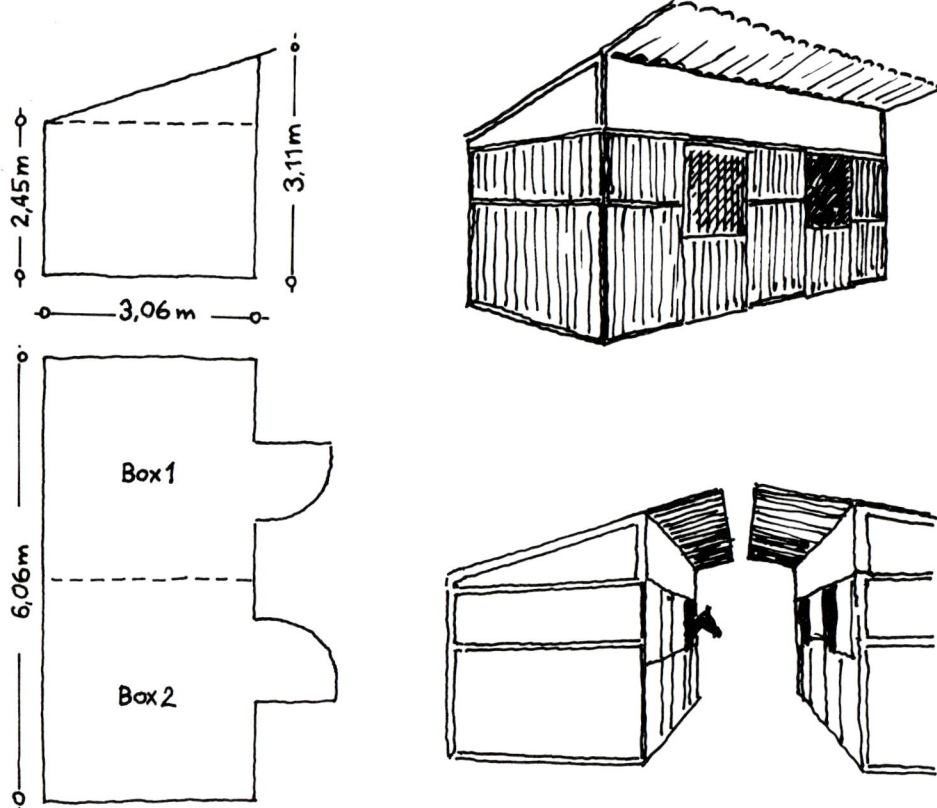

Abb. 15: Containerstall mit zwei bzw. vier Boxen; bei Zusammenstellung von zwei Containern ergibt sich ein mittiger, überdachter Arbeitsgang.

Pultdächern erhält man eine gedeckte mittlere Stallgasse mit offenem Lüftungsfirst. Bei einer Kostenbetrachtung müssen die Investitionen für eine bauseits zu erstellende Bodenplatte hinzugerechnet werden, denn der Container wird ohne Boden geliefert. Unter dem Aspekt der Mobilität eine überlegenswerte Alternative.

Wem die Fütterungs- und Entmistungsarbeiten unter den knappen Vordächern der außenliegenden Bedienungsgänge zu wenig komfortabel sind, der kann auch Außenboxenställe mit innenliegender Stallgasse erwerben. Diese Variante bietet den Pferden die Annehmlichkeit der Außenbox – Licht, Luft, Außenkontakt – und dem Betreuer den Vorteil eines geschützten Arbeitsplatzes, wo außerdem bei schlechtem Wetter Pferde geputzt und gesattelt werden können oder ein kleiner Futtervorrat zwischengelagert werden kann. Diese Stallvariante kommt natürlich auch für Massivbauten in Frage, etwa wenn an die Längswand einer vorhandenen Reithalle ein einreihiger Boxenstall angeschleppt werden soll.

Wo in zweireihigen Boxenställen mit mittlerer Stallgasse Außenklappen in beiden Längswänden eingebaut wurden, muß man sie mit Geschick bedienen, damit es nicht im Stall zu einer zugigen Querlüftung kommt. So könnte man z. B. am Vormittag die Klappen aller Boxen auf der Ostwand des Stalles öffnen, während im Wechsel am Nachmittag die Außenluken auf der Westseite offenstehen.

5.3.7 Laufstall

Für nichtgerittene Zuchtstuten, Jungpferde und abgesetzte Fohlen war die gruppenweise Laufstallhaltung schon immer üblich, ihr Herdenleben wird nicht dauernd durch Eingriffe des Menschen gestört. Bei Reitpferden, die für den Dienst des Menschen verfügbar sein müssen, wird diese Haltung bisher noch selten praktiziert. Dabei hat die Gruppenhaltung eine Reihe von Vorteilen: die größere Bewegungsfreiheit der Tiere, Sozialkontakt zu Artgenossen, niedrigere Investitionen für Bau und Einrichtung, Arbeitsersparnis. Schwierigkeiten können auftreten, wenn einzelne Tiere nicht gut im Herdenverband integriert sind, vor allem wenn ein neues Pferd in die festgefügte Gruppe eingegliedert werden soll; Probleme treten vor

Abb. 16: Insbesondere für Zuchtstuten und Jungpferde ist die Haltung im Laufstall eine sehr pferdefreundliche Lösung.

allem während der Fütterungszeiten auf. Doch läßt sich gerade der kleinere Pferdebestand des Freizeitreiters, der selten drei bis sechs Tiere übersteigen wird, gut als Herde halten, wenn die Pferde nach Typ und Charakter zueinander passen.

Als abgeschlossene Laufställe lassen sich ohne großen Bauaufwand vorhandene Altgebäude wie Scheunen, ehemalige Kuhställe und andere Gebäude mit Wandhöhen ab 2,50 m nutzen. Ein festgelegter Bautyp wie beim Anbinde- oder Boxenstall hat sich beim Laufstall nicht entwickelt; es gibt keine baulichen Rezepte, man wird in jedem Einzelfall zu einer maßgeschneiderten Lösung kommen müssen. In größeren Gestüten findet man stützenfreie rechteckige Hallen mit großen stirnseitigen Toren sowie Krippen mit Anbinderingen entlang der Längswände, wo die Pferde zu den Futterzeiten einzeln angebunden werden. Der private Halter wird den Laufstall den gegebenen Gebäudeverhältnissen anpassen. Die Lauffläche muß so groß sein, daß bei Auseinandersetzungen unterlegenen Pferden genügend Fluchtraum bleibt, auch soll die Einstreu –

in der Regel als Stroh-Mistmatratze – hinreichend sauber und trocken bleiben. So muß pro Pferd als Lauf- und Liegefläche mindestens die einer Boxe vergleichbare Fläche vorhanden sein, pro Großpferd also etwa 10 m^2; ein Mehr an Platz ist stets von Vorteil. Da die Stroh-Mistmatratze nur in größeren Zeitabständen geräumt wird und also in der Höhe anwächst, sind ausreichende Wandhöhen ab 2,5 m erforderlich. Über die gesamte Winterperiode wächst das Stroh-Mistpaket auf etwa 80 cm Stärke an. Besser ist es, einmal während der Stallperiode auszumisten, um die Matratze nicht dicker als 35–40 cm werden zu lassen. Für die schwere Entmistungsarbeit wird im allgemeinen ein Schlepper mit Front- oder Hecklader eingesetzt; so sind außer der genannten Raumhöhe ausreichend weite Stützenstellungen, möglichst gerade Entmistungsachsen und große Tore erwünscht. Stützen im Lauf- und Liegebereich mögen beim Entmisten stören, als optische Barrieren zwischen aggressiven Herdenmitgliedern sind sie durchaus willkommen.

Wenn möglich, sollte man den Laufstall in einen eingestreuten Lauf- und Liegebereich und einen Freßbereich mit festem Boden ohne Einstreu aufgliedern. Der feste Boden sorgt für die natürliche Abnutzung des Hufhorns unbeschlagener Pferde, ferner sind die Pferde nicht mehr gezwungen, sich ständig auf der weichen Matratzenstreu aufzuhalten.

Wie in allen geschlossenen Ställen spielt auch im geschlossenen Laufstall die Gestaltung des Stallklimas die entscheidende Rolle. Die in den folgenden Abschnitten zur Gruppenhaltung von Pferden beschriebenen Einrichtungen für die Kraftfutter- und Rauhfuttervorlage bewähren sich auch bei Pferdehaltung im geschlossenen Laufstall und können entsprechend eingesetzt werden.

5.4 Gruppenauslaufhaltung

Eine ganzjährige Freilandhaltung von Pferden ist auch unter unseren Klimabedingungen theoretisch möglich, wie die „Wildpferde" im Merfelder Bruch und verschiedene Isländer-Freigehege beweisen. Für Pferde und Ponys, die Arbeitsleistung unter dem Sattel oder im Geschirr erbringen sollen, ist sie kaum zu realisieren. Selbst dort, wo große Flächen und natürlicher Witterungsschutz zur Verfügung stehen, wäre es einfach unpraktisch, sein Reittier erst im Gelände suchen zu müssen, der Zugriff für den Arbeitsgebrauch ist nicht mehr gegeben. Außerdem wären Gesundheitsgefahren nicht auszuschließen, wenn nach der Arbeit Freilandpferde mit naßgeschwitztem, dickem Winterpelz einfach auf die Weide entlassen würden.

Der brauchbarste Kompromiß zwischen den Bedürfnissen des wenig arbeitenden Freizeitpferdes und denen seines Besitzers dürfte die Pferdegruppenauslaufhaltung in Verbindung mit einer Schutzhütte sein. Charakteristisch hierfür ist, daß das Pferd sich in Herdengesellschaft befindet, daß es sein Bewegungsbedürfnis im Auslauf selbst befriedigen kann, daß es nach Belieben seinen Aufenthaltsort unter Dach oder im Freien selbst wählen kann. Für den Pferdebesitzer bedeutet das eine große Entlastung. Er ist aus der Verpflichtung entlassen, sein Pferd reiten zu müssen, um ihm das erforderliche Mindestmaß an Bewegung zu verschaffen; bei Auslaufhaltung *darf* er reiten, *muß* es aber nicht. Die Auslaufhaltung lockert auch die Bindung an feste Versorgungszeiten seiner Pferde. Bei geschicktem Management kann man die Betreuung auf einen Arbeitsgang pro Tag – etwa nach der Berufstätigkeit am Feierabend – konzentrieren. Damit wird eine Pferdehaltung in Eigenregie möglich, auch wenn Wohnsitz und Standort der Pferde nicht direkt nebeneinander liegen. Bei entsprechender technischer Ausstattung läßt sich die Pferdeversorgung kurzzeitig auf Kontrollgänge reduzieren, die von Dritten übernommen werden können. Der Pferdebesitzer muß nicht mehr von Gewissensbissen gepeinigt werden, wenn Krankheit oder berufliche Inanspruchnahme ihm zeitweise das Aufsuchen seiner Tiere verwehren.

Abb. 17: Bei der Gruppen-Auslaufhaltung leben die Pferde in einer kleinen Herde und können sich nach Belieben im Stall oder im Auslauf bewegen.

5.4.1. Der Auslauf

Kernstück der Auslaufhaltung ist natürlich der Auslauf. Der ideale Auslauf ist die Weide mit ihrem natürlichen Grasbewuchs, gleichzeitig federnd und haltgebend. Einer starken Beanspruchung ist der Naturboden jedoch nicht gewachsen: Auf kleiner Fläche ist die Grasnarbe bald bis zur Wurzel abgefressen; das Pferdegewicht von 500–600 kg wird von den Hufen wie mit einem Stempel auf den Boden übertragen, auf kleiner Fläche wird sich nach längeren Niederschlägen die Weide in fesseltiefen Morast verwandeln. Daß der Aufenthalt auf derartigen „Matschkoppeln" zu Mauke oder Strahlfäule führen muß, stimmt wohl nicht; es gibt einige Pferdehalter, die im Winter ihre Pferde auf solchen Schlammflächen laufen lassen, ohne daß die Tiere sichtbaren Schaden nehmen.

Die Tierärztin Dr. STRASSER, die den Verzicht auf Hufbeschlag propagiert und ihre unbeschlagenen Reitpferde schon jahrelang auf unbefestigter Auslauffläche mit tiefem Lehmboden hält, schreibt dazu: „Bei herkömmlicher Pferdehaltung wird den Pferden nicht das tägliche Hufbaden ermöglicht ... ist das Hufhorn mit speziellem Feinaufbau auf die Wasseraufnahme eingerichtet und erhöht damit die Abriebfestigkeit.. Aus diesem Grund muß man Auslaufhaltung mit Matsch durchaus positiv einschätzen ... weil dem Hufhorn hier die Wasseraufnahme möglich ist." Selbstverständlich müssen daneben trockene, befestigte Flächen – etwa vor und im Stall – angeboten werden. Die „Matschkoppeln" werden im Frühjahr, wenn der Weidegang beginnt, gegen Parasiten (Wurmeier, Larven) mit Kalkstickstoff abgestreut, abgeschleppt und gewalzt. Danach erholen sie sich dann erstaunlich rasch.

In Kombination mit größeren Rindviehbeständen mag es vertretbar sein, einige wenige Pensionspferde ganzjährig zusammenhängende große Weideflächen abgrasen zu lassen. Die Schäden durch Tritt, Verbiß und

57

Geilstellen werden sich in Grenzen halten und sich durch Schnittnutzung und Beweidung mit Rindvieh im Sommer wieder ausgleichen lassen. Wem aber nur kleinere Koppeln zur Verfügung stehen, die als Weidefläche geschont werden sollen, oder wem im Winter schlammbedeckte Pferde als Dauerzustand nicht gefallen, wird dem Pferdeauslauf in der Regel einen „künstlichen Boden" geben müssen. Die Schwierigkeit liegt darin, zahlreiche fast unvereinbare Anforderungen zu vereinigen, um die geforderten Eigenschaften zu kombinieren. Man wünscht sich einen Auslaufboden,

– der eine lockere Oberfläche besitzt, nach dem Auffußen unter Belastung aber trittfest ist; der also Elastizität besitzt, ohne tiefgründig zu sein,

– der hinreichend weich ist, um Sehnen und Gelenke zu schonen,

– der schnell die Niederschläge abführt und auch in nassem Zustand seine Trittfestigkeit nicht verliert,

– der möglichst nicht verrottet oder durch die Hufe zermahlen wird,

– der bei Trockenheit möglichst nicht staubt und bei Nässe keine Stollen unter dem Huf bzw. im Hufstrahl bildet,

– der mit vertretbaren Investitionskosten geschaffen und mit geringem Arbeits- und Kostenaufwand unterhalten werden kann.

Nur wenige natürliche Böden wie gewachsene Sand-, Kies- oder Schotterböden kommen diesen Bedingungen nahe, sonst muß man wie im Straßen- oder Reitplatzbau durch verschiedene Funktionsschichten die gewünschten Eigenschaften kombinieren. Kleine Paddocks mit kaum 30 bis 40 m² pro Pferd wird man unter Verzicht auf eine elastische Oberfläche befestigen müssen. Auf derart kleinen Flächen fällt soviel Pferdekot an, daß eine Sandschüttung einfach nicht sauberzuhalten wäre. Eine feste Oberfläche läßt sich dagegen leicht mit Besen und Schaufel reinigen.

Auf den meisten Untergründen wird man nach dem Abschieben des Mutterbodens erst eine Tragschicht aufbringen müssen. Etwa 30 cm Kies oder Schotter werden lagen-

weise eingebracht und verdichtet. Darauf folgt eine 5–10 cm starke Sandschicht mit leichtem Gefälle, in diesem Sandbett wird eine Pflasterung aus Hartbrandziegeln, Klinkern oder Betonformsteinen verlegt. Der Fugenanteil macht diese Beläge griffig, Niederschlagswasser läuft von der leicht geneigten Fläche ab. Wer noch preisgünstig an gebrauchte Bahnschwellen oder ausgemusterte Freileitungsmasten kommt, kann diese zu einem Holzstöckelpflaster zersägen und mit dem Hirnholz nach oben im Sandbett verlegen. Durch die Fugen, in die reichlich Sand eingekehrt wird, bleibt das Holzpflaster auch bei Nässe einigermaßen gleitsicher. Gegenüber mineralischen Belägen wie Ziegel- oder Betonpflaster ist es elastischer und schont bei unbeschlagenen Pferden das Hufhorn vor allzu starkem Abrieb. Wichtig ist eine Kantenbegrenzung entlang des Paddockrandes aus Bordsteinen, Bahnschwellen oder kesseldruckimprägnierten Holzbohlen, die das Pflaster so zusammenhalten, daß es nicht nach außen weggetreten werden kann.

Größere Ausläufe, die der Bewegung dienen sollen, brauchen eine nachgiebige Tret-

Abb. 18: Partielle Bodenbefestigung im Auslauf mit Gitterblöcken aus Kunststoff-Regenerat.

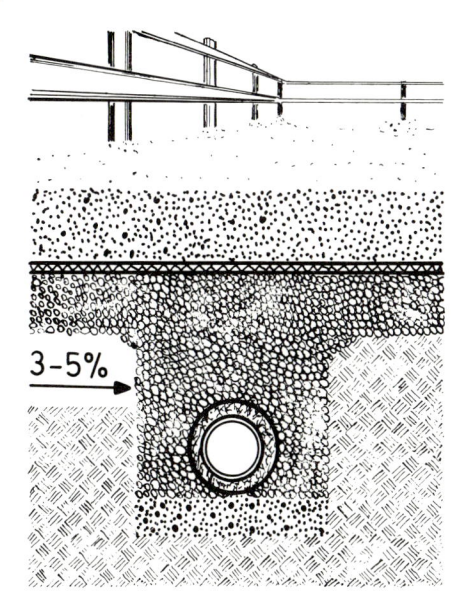

15 cm Sandschüttung
Vlies aus Kunststoff-Fasern
10 - 25 cm Grobkies, Schotter, Schlacke o. ä.

Ummanteltes Dränrohr

Sandbett
Gewachsener Boden

3-5%

Abb. 19: Querschnitt durch einen befestigten Auslauf mit Sandschüttung.

schicht; in Aufbau und Schichtenfolge ähneln sie einem Reitplatzaufbau. Auch hier beginnen die Arbeiten mit dem Abschieben der Humusschicht; wo der Untergrund keine ausreichende Wasserdurchlässigkeit besitzt, muß der Boden dräniert werden. Um das Niederschlagswasser den Dränagegräben sicher zuzuleiten, wird der Baugrund in der Mitte der Fläche sattel- oder walmdachförmig überhöht, mit einem schwachen Gefälle von 0,5–1% fällt der Baugrund von der Mitte zu den Seiten ab. Liegt der Auslauf auf geneigtem Gelände, wählt man eine pultdachförmige Ausführung, bei der das Gefälle einseitig von der einen zur gegenüberliegenden Längsseite verläuft. Der Aufwand für die Dränage richtet sich nach den örtlichen Gegebenheiten.
Heute werden fast ausschließlich Kunststoffdränrohre eingesetzt, die in einem Durchmesser von 60–100 mm in 50 m langen Ringbunden angeliefert werden. Die Rohre werden im Abstand von 5–10 m in Drängräben verlegt. Diese Gräben werden so bemessen, daß das Dränrohr seitlich und von oben her mit etwa 10 cm Schotter umgeben werden kann. Die Einbautiefe der Dränleitungen soll möglichst gering sein, zwischen 10 cm Anfangstiefe bis 40 cm Endtiefe unter Baugrundplanum, doch muß ihr Gefälle mindestens 0,3% betragen. Wo bei lehmigen oder tonigen Böden die Dränrohre verschlämmen könnten, setzt man mit einer Filterschicht ummantelte Rohre ein oder kleidet die Drängräben mit einem Filtervlies (Geotextil) aus. Bewährt hat sich auch eine sogenannte Flächendränage in Form einer wasserdurchlässigen Schicht aus 30–40 cm Schlacken. Die grobe Schlacke wird aufgebracht, verteilt und mit einer schweren Walze verdichtet. Nachdem der Wasserhaushalt des Auslaufs geregelt ist, wird auf dem Baugrund (evtl. auf einem zusätzlichen Filtervlies als druckverteilender und filternder Trennschicht) eine Tragschicht – z.B. ein Schotter-Splittgemisch 5/45 – aufgebracht,

Von links oben nach rechts unten:
Abb. 20: Anlegen eines befestigten Auslaufs.
a) der Mutterboden wurde abgehoben, Dränagegräben sind gezogen, in denen Dränagerohre
verlegt werden. b) eine Schotterschicht wird aufgebracht, die auch ein eventuelles Gefälle aus-
gleicht. c) auf diese Schotterschicht wird als
Trennlage ein Kunststoffvlies verlegt; die Bahnen
überlappen sich. d) das ausgerollte Vlies wird im
Randbereich an Bohlen entlang der Auslaufein-
zäunung befestigt. e) auf dem Vlies wird als
Tretschicht eine Lage Sand verteilt, anschließend
können die Pferde ihren Auslauf in Besitz
nehmen.

planiert und verdichtet. Wie schon der Name sagt, soll diese Schicht die tragende Unterlage für die Tretschicht bilden. Die Tragschicht muß so porös und wasserdurchlässig sein, daß überschüssiges Niederschlagswasser zur Dränage abgeführt wird.

Mit Geotextilien – Vliesen aus Kunststofffasern wie Polyester, Polypropylen, Polyamid – werden Trag- und Tretschicht voneinander getrennt. Geotextilien wirken druckverteilend dem Stempeleffekt der Hufe entgegen, aber auch als Filter. Sie halten die Feinbestandteile der Tretschicht zurück, halten damit die Hohlräume der Tragschicht offen und wasserführend, lassen aber das Niederschlagswasser passieren. Die Vliesqualitäten werden nach Gewicht pro Quadratmeter unterschieden. Für die relativ hohe Beanspruchung in einem Auslauf würde sich eine Vliesqualität von 400–500 g/m^2 empfehlen. Die einzelnen, bis zu 6 m breiten Bahnen werden an den Stößen mit 30–50 cm Überlappung verlegt, besser aber vernäht oder mit einer Lötlampe thermisch verschweißt. Wichtig ist die Verankerung der Bahnen im Randbereich des Auslaufs, um das Hochwandern des Vlieses im Bereich des Hufschlags entlang des Auslaufzauns auszuschließen. Faservliese zeigten sich der mechanischen Belastung durch die Hufe nicht immer gewachsen. Waren sie teilweise aufgerubbelt, konnten Pferde mit den Hufeisen an lockeren Fasern hängenbleiben und ganze Vliesfetzen durch die Tretschicht ziehen. Bessere Haltbarkeit zeigten Gewebevliese, deren Struktur fester ist. So ist es auch wichtig, daß die Oberfläche der Tragschicht waagerecht eingebracht wird. Andernfalls würde der Sand der Tretschicht fortgespült, das Vlies läge frei und würde von den Hufen zerstört werden können.

Auf der Vliesschicht wird die Tretschicht verteilt, z.B. eine 15–20 cm starke Sandschicht aus natürlich gerundetem, gewaschenem Flußsand der Körnung 0,1–3 mm. Ungeeignet sind Quetsch- oder Brechsande, die sich wegen ihres hohen Feinkornanteils zu stark verdichten. Sandschüttungen ergeben zwangsläufig einen „tiefen" Boden. Wer also den Auslauf auch als Longierplatz oder Reitbahn nützen will, sollte ein Gemisch von Sand und groben Holzspänen (Gatterspäne, Langhobelspäne oder Schälspäne von Nadelhölzern) im Volumenverhältnis von 5 Teilen Sand auf 4 Teile Späne wählen. Bei einer Auslaufgröße von 20 x 40 m, die also als Reitplatz zu nutzen ist, benötigt man bei 12–15 cm Tretschichtdicke 125–150 t Sand und 13–16 t Späne. Bei den Erstellungskosten wirken sich nicht so sehr die Materialkosten, sondern mehr die Transportkosten aus. Man sollte deshalb möglichst auf örtlich verfügbare Baustoffe zurückgreifen.

Für die kombinierte Auslauf- und Reitplatznutzung, besonders in Winterzeiten, haben Tretschichten aus Hartholzschnitzeln ohne Sandzusatz gute Eigenschaften bewiesen. Das Schnitzelmaterial, 20 cm stark auf einem Faservlies über der Tragschicht aufgebracht, ist fest, aber federnd, es besitzt eine hohe Saugfähigkeit und ist wegen der lockeren Schichtung der Holzschnitzel auch noch bei Frost bis –7°C bereitbar. Es zeigt fast keine Hufschlagbildung, wird nicht vom Wind verweht und ist damit sehr pflegeleicht. Sein großer Nachteil ist der hohe Materialpreis und die Tatsache, daß das Material nach 2–3 Jahren aufgefüllt und nach 5–6 Jahren ausgewechselt werden muß, da sich das Holz als organisches Material allmählich zersetzt. Schlechte Erfahrungen machte man mit Schälrinden, die sich unter den Hufen rasch zerkleinerten, vermulmten und zu nassen, schmierigen Laufflächen wurden.

In den letzten Jahren werden für Reitplätze auch Tretschichten aus einer Mischung von Sand und PVC-Partikeln (aus dem Kabelrecycling) angeboten. Wegen ihrer Unverrottbarkeit und Glätte haben die PVC-Partikel sicherlich Vorteile, andererseits enthalten PVC-Kabelisolierungen Zusätze wie Farben und Weichmacher, deren exakte Inhaltsstoffe der Recyclingbetrieb nicht kennt. Was passiert, wenn eines Tages die Tretschicht doch einmal abgeräumt werden muß? Sind dann über 100 t Material evtl. als Sondermüll zu behandeln? Mangels Praxiserfahrungen kann hier noch keine Einsatzempfehlung gegeben werden.

Wie groß muß ein Pferdeauslauf sein? Hier gilt das zur Boxe Gesagte: je größer desto besser, doch ist ein kleiner Paddock besser als gar keiner. Schon eine befestigte Fläche von 3 × 4 m, wie eine Terrasse vor einer Außenboxe angelegt, wird zwar nicht den Bewegungstrieb des Pferdes stillen können, aber doch Sonnenlicht, Klimareize und Umweltkontakt bieten.

ZEEB und SCHNITZER nennen als Maß der unteren Größe die dreifache Boxenfläche, also 30–40 m^2, betonen aber ausdrücklich den Faustzahlcharakter dieser Angabe. Ein Gutachten des Bundeslandwirtschaftsministeriums über tierschutzgerechte Haltung von Säugetieren nennt unter Punkt 12c „Pferdeartige" (nicht Haus- und Versuchstiere) für Außengehege (in Tierparks und Zoos) 300 m^2 für bis zu fünf Equiden, für

jedes weitere Tier 30 m^2 mehr. Dieses Maß um 300 m^2 wird in der Fachliteratur häufiger empfohlen. In der unter Punkt 3.4 erwähnten Befragung nannten die Mehrzahl der Antwortenden Auslaufgrößen von 200–600 m^2. Allgemein ist man sich einig, daß der Auslauf eher lang und schmal sein sollte, um mehr Bewegungsanreiz zu bieten und auch einige Galoppsprünge zu gestatten, daher die Empfehlung, die 300 m^2 mit 10 × 30 m zu erreichen. Andererseits hat ein quadratischer Auslauf mit einer Mindestbreite von 15 m den Vorteil, daß er auch als Zirkel genutzt werden kann, um zu longieren, junge Pferde an Sattel und Reitergewicht zu gewöhnen, Cavalettiarbeit zu betreiben usw. Noch angenehmer, aber auch teurer sind Ausläufe in Reitplatzabmessungen von 15 × 30 bis 20 × 40 m, die Doppelnutzen versprechen.

Eine interessante Lösung fand der Karolinenhof in Bad Waldsee, der sich auf die Aufzucht von Araberfohlen spezialisierte. Außen um die arrondierten Koppeln wurde ein etwa 3 m breiter Treibweg angelegt, der

Abb. 21: Wenn die trennende Vliesschicht freiliegt, weil die Sandtretschicht zur Seite geschleudert wurde, können die Pferde mit ihren Hufen das Vlies zerstören und darin hängenbleiben.

Abb. 22: Paddock mit Tretschicht aus Hartholz-schnitzeln vor einem Außenboxen-Stall.

am Ausgangspunkt wieder endet. Dieser knapp 2 km lange Rundweg bietet hohen Bewegungsanreiz, erlaubt lange Galoppa-den, schont die Weiden und dient gleichzei-tig während der Weidezeit als interner Er-schließungsweg der Koppeln; er bedeutet natürlich auch doppelten Zaunaufwand.

Innerhalb ausgedehnter Ausläufe für größere Pferdegruppen kann es vorteilhaft sein, „In-seln" mit eingezäunten Bäumen und Büschen zu schaffen. Diese spenden zum einen Schatten, zum anderen haben unterlegene Pferde bei Streitereien diese „Inseln" gern zwischen sich und dem Angreifer.

Ein Auslauf muß durch tägliches Mistable-sen gepflegt werden, wenn er hygienisch und geruchlos bleiben soll. Pferde bevorzu-gen im allgemeinen bestimmte Abkotplätze, doch bleibt das Entmisten aufwendig, wenn die Kothaufen schon zertreten und im Sand des Auslaufs vermischt wurden. Ein Prakti-ker gab den Tip, an der Hauptabkotstelle im

Auslauf erhöht eine Gummimatte auszule-gen und darauf anfangs einen frischen Kot-haufen hinzutragen. Dieser würde dann an-schließend interessiert berochen werden, worauf nach einer halben Drehung von den Pferden ebenfalls auf die Mitte der Matte geäpfelt würde. Bei Hengsten und Wallachen mag das zutreffen, ob bei Stuten, ist schon fraglicher.

Ein anderer interessanter Hinweis stammt von einem Pferdebesitzer, der seine zwei Wallache in einem befestigten Auslauf im Wohngebiet hält. Um Geruchsprobleme und Beschwerden der Nachbarn zu vermeiden, hat er im Auslauf ein etwa ¾ m² großes „Sägemehlbeet" eingerichtet. Schon nach kurzer Zeit hatten die Wallache den Vorteil dieses „Kissens" beim Stallen begriffen und verließen zu diesem Zweck sogar den Stall, um draußen zu harnen. Die kleine Säge-mehlfläche wird regelmäßig dünn mit Kalk abgestreut, was den Geruch vollkommen bindet.

Der bauliche und finanzielle Aufwand für

die Anlage eines Auslaufs ist also nicht gering, doch bringen halbe Lösungen wenig Nutzen. Es hilft nichts, auf einen durchgetretenen, schlammigen Boden ein paar Kubikmeter Sand abzukippen, ohne vorher den Wasserhaushalt des Untergrundes zu regulieren. Der Huftritt der Pferde wird binnen kurzem Morast und Sand zu erneutem Matsch vermischen. Wer also nicht soviel Weidefläche besitzt, daß er einen Teil davon für den Winter zur „Matschkoppel" machen kann, darf die Mühe nicht scheuen, einen perfekten Auslauf herzurichten.

Die relativ kleine Fläche des Auslaufs braucht eine sichere, verletzungsfreie Einzäunung. Während man sich bei Weidezäunen für Großpferde mit 1,2 m Zaunhöhe zufrieden gibt, sollte der Auslaufzaun besser 1,5 m hoch sein. Wo es bei benachbarten Paddocks zu Auseinandersetzungen kommen kann, sollte man sicherheitshalber sogar 1,8 m Höhe wählen. Wie die Einzäunung errichtet wird, welche Materialien eingesetzt werden, ist im Kapitel über die Weide (Punkt 7.2) nachzulesen.

Neben einem 3–4 m breiten Tor zum Befahren des Auslaufs (etwa wenn der Sand der Tretschicht aufgefüllt oder ausgetauscht werden muß) braucht man eine praktische Tür, um Pferde herein- oder herauszuführen. Im täglichen Gebrauch sollte auch ein schmaler Personendurchlaß, der für Pferde unpassierbar ist, nicht fehlen. Praktisch sind Drehkreuze oder V-förmige Durchlässe, da man sie zum Passieren nicht erst öffnen muß, man also keine freie Hand braucht.

5.4.2 Der Offenstall

Zum Auslauf gehört als Schutz gegen Witterungsunbilden eine Schutzhütte, ein Offenstall. Auch hier gibt es kein „Baurezept", die Ausführung richtet sich nach der Pferdezahl, den Ansprüchen des Halters, dem Grad der angestrebten Perfektion. Die Palette der Möglichkeiten reicht von der einfachen, dreiseitig geschlossenen Weidehütte bis zur kompletten Anlage mit getrennten Freß- und Liegebereichen, Isolierbox und allen Neben- und Serviceräumen einer Reitanlage. Durch die Freibeweglichkeit des Pferdes gelingt es, fast jedes vorhandene Altgebäude zum passenden „Dach über dem Kopf" für Pferde umzufunktionieren. Die Bandbreite reicht vom Erdgeschoßzimmer in einer Berliner Villa über Autogaragen bis zu landwirtschaftlichen Betriebsgebäuden wie Scheunen oder Kuhställen.

Der Offenstall soll vor heftigem Wind, Schlagregen und Schneetreiben schützen, seine Zugänge werden deshalb möglichst entgegen der Hauptwindrichtung angelegt (also nach Süd-Ost). Ist das nicht machbar, so bietet ein Vorhang aus ca. 40 cm breiten, am Rande überlappenden, transparenten PVC-Streifen zusätzlichen Witterungsschutz. Dank ihres Eigengewichts und ihrer Steifigkeit hängen die etwa 3 mm starken Streifen senkrecht nach unten. Die Pferde gewöhnen sich schnell daran und gehen später ohne Schwierigkeiten „durch die Wand". Zusätzlichen Schutz im Eingangsbereich bieten auskragende Vordächer, sie spenden Schatten und halten Schlagregen ab. In sturmgefährdeten Lagen sollte man zur Windsicherheit der Dachhaut Vordächer und Dachvorsprünge unterseitig verschalen. Die Zugangsöffnung soll so breit sein, daß kein ranghohes Pferd dem rangniederen den Durchgang nach drinnen oder draußen blockieren kann. Besser schafft man zwei getrennte, möglichst weit voneinander entfernt liegende Öffnungen von 1,5 m Breite, sofern man nicht die ganze Süd-Ost-Wand offenläßt. Grundsätzlich soll der Stallraum immer so erschlossen sein, daß bei Auseinandersetzungen unterlegene Pferde nicht in tote Ecken abgedrängt werden können, sondern stets Fluchtraum zu einem Ausgang behalten.

Wenn man etwas größer bauen kann oder ein vorhandenes Altgebäude ohnehin Raumreserven bietet, sollte man die Bereiche für Fressen und Ruhen räumlich voneinander trennen. Als Anhalt für die Bemessung des Liegebereichs kann man pro Großpferd ca. 8 m², je Pony ca. 6 m² ansetzen, also die um 10–20% verringerte vergleichbare Boxenfläche. Doch ist diese Zahl nur ein Richtwert, die erforderlichen Individualdistanzen sind

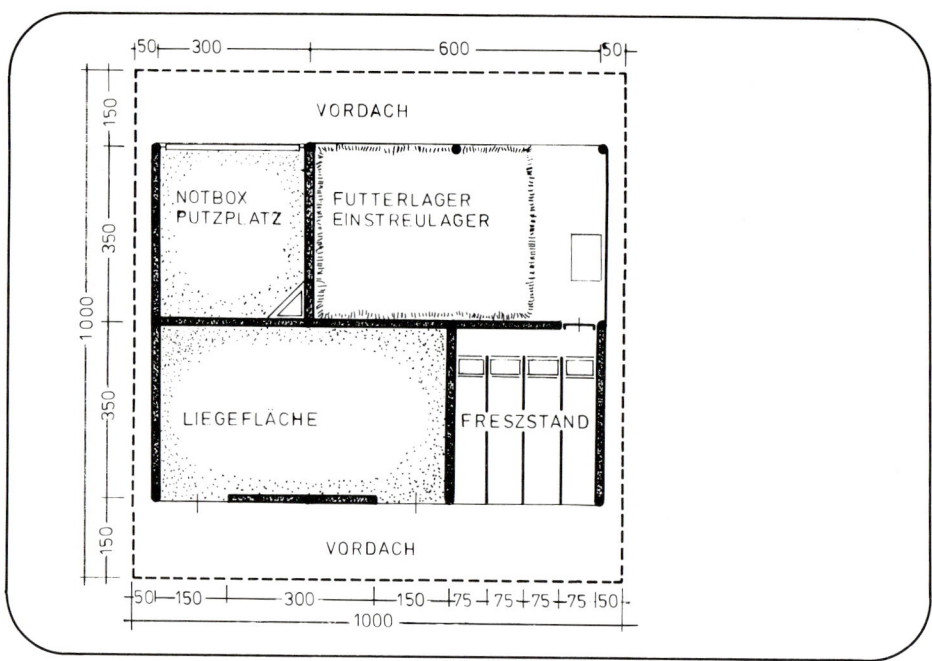

Abb. 23: Offenstall für vier Pferde mit Freßständen. Der Liegebereich ist über zwei Tore zugänglich, so daß auch rangniedere Tiere ständig Zugang haben.

Abb. 24: Ein breites Vordach schützt den Eingangsbereich.

nach Rasse, Typ, Intensität der Fütterung usw. unterschiedlich. Ein Mehr an Fläche ist immer zu begrüßen, ebenfalls die Strukturierung der Liegefläche durch Stützen, Wandscheiben usw. Häufig werden es die Tiere ohnehin vorziehen, im Sand des Auslaufs zu ruhen.

Als Schutz vor Feuchtigkeit soll das Niveau der Liegefläche 15–25 cm über dem umgebenden Terrain liegen. Um die Einstreu länger sauber und trocken zu halten, empfiehlt es sich, außer den erwähnten Vordächern oder Dachüberständen vor den Eingängen etwa 2 m breite befestigte Fußbodenstreifen zu schaffen und in die Zugänge ca. 20 cm hohe, oben abgerundete Bohlen als Streuschwellen einzubauen; diese zwingen die Pferde, die Beine zu heben, es wird weniger Streu nach draußen verschleppt.

Weidepferde sind täglich rund 12 Stunden mit dem Grasen beschäftigt. Entsprechend lange halten sich Pferde in Auslaufhaltung, denen Rauhfutter meist auf Vorrat vorgelegt wird, am Freßplatz auf. Deshalb muß der Freßbereich auch so groß sein, daß alle Pferde gleichzeitig einen Freßplatz finden. Hier halten sich die Pferde nur im Stehen auf, die Freßplatzfläche wird deshalb nicht eingestreut; auf dem befestigten Boden kann anfallender Mist problemlos mit Schaufel und Besen entfernt werden. Leider haben viele Pferde die lästige Angewohnheit, zum Koten und Harnen den Freßbereich zu verlassen und für diese Zwecke die weiche eingestreute Liegefläche aufzusuchen. Deshalb ist es vorteilhaft, wenn beide Bereiche nicht nur getrennt, sondern auch von der Distanz her möglichst weit voneinander entfernt sind, etwa durch die Länge des Auslaufs geschieden, in zwei getrennten Gebäuden untergebracht. Wie Beobachtungen des Instituts für Landwirtschaftliche Bauforschung bei einer kleinen Haflingergruppe in Auslaufhaltung beweisen, gelingt es durch geschickte Anordnung der Bereiche für Fressen, Ruhen und Laufen, den Kotanfall auf den Auslauf zu konzentrieren. Die einfachste Einrichtung zur Vorlage des Rauhfutters ist das Freßgitter, in Form einer

Abb. 25: Bei diesem Offenstall sind die Freßstände an das Stallgebäude angebaut.

Tab. 7: Verteilung der Abkotplätze in verschiedenen Funktionsbereichen der Pferde-Auslaufhaltung

Bereich	%-Anteil	Streuung
Freßboxe	0	0%
Liegeboxe	13	3–23%
Auslauf	87	77–97%

(Durchschnittswerte aus 26 Beobachtungstagen; tägl. Abkoten je Pferd 10,02, Streuung 9,33–10,67)
Quelle: PIOTROWSKI, ILB-FAL

Palisadenwand aus 50–60 cm breiten, 1–1,4 m hohen Holzbohlen mit 20–25 cm breiten Zwischenräumen, durch die die Pferde ihre Köpfe fädeln oder als Metallkonstruktion aus 40 mm breiten, verzinkten Stahlrohren, die mit Klemmen auf etwa 35 cm Abstand voneinander montiert werden. Wichtig ist, daß die hinter dem Freßgitter liegende Freßfläche gegenüber der Standfläche der Pferde um etwa 30–40 cm angehoben wird. Das weidende Pferd macht beim Fressen vom Boden eine Diagonalgrätschstellung (Weideschritt), ohne angehobene Freßebene würden sich die Pferde mit den Schultern an die Barriere lehnen, die Vorderbeine hinter dem Schwerpunkt und die Hinterbeine weit nach vorn unter den Körper stellen. Diese Stellung belastet die Sehnen der Vorderbeine, um so mehr, je größer das Pferd und je weiter das Futter vom Freßgitter weggeschoben wurde.

Eine praktische Fortentwicklung des Freßgitters ist die „Rollraufe" des ILB der FAL, die es sogar erlauben soll, den Pferden Rauhfutter für bis zu drei Tage auf Vorrat vorzulegen. Das an zwei Schienen pendelnd aufgehängte Gitter ist so geformt, daß die Pferde zum einen den Weideschritt ausführen können, mit den Schultern schieben sie im Vorwärtsfressen das Rollraufengitter vor sich her, wobei eine schneeschieberartig geformte Kante das Futter zusammenschiebt und dabei gleichzeitig eine leicht angehobe-

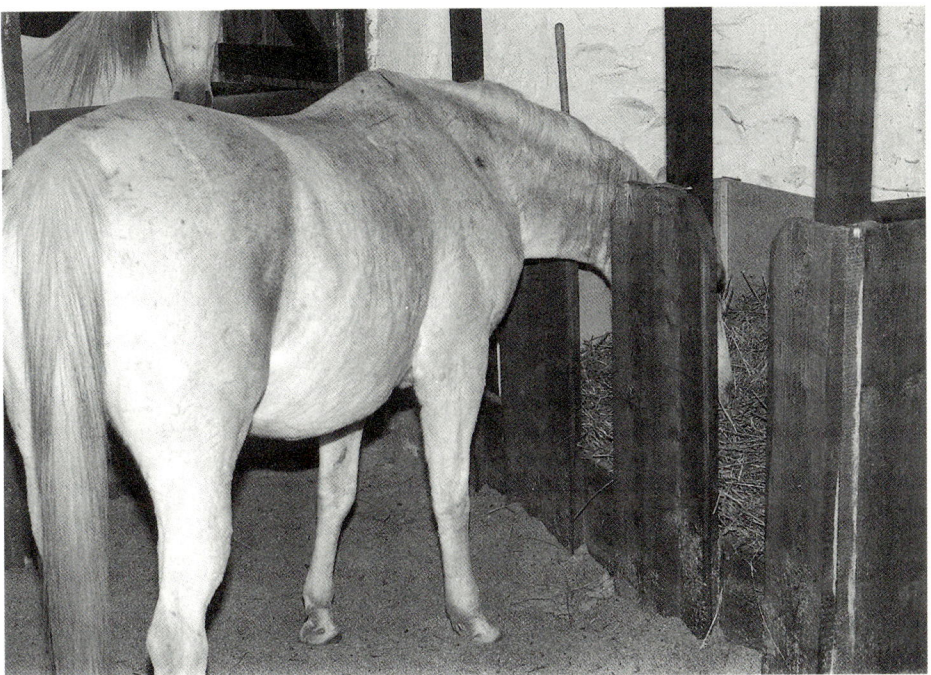

Abb. 26: Rauhfutterkasten mit angehobener Freßebene, Palisaden und Freßschlitzen.

ne Freßebene bildet. Ohne Futtervergeudung fressen die Tiere sich also langsam in den vorgelegten Futtervorrat hinein. In einem homogenen Pferdebestand wird das funktionieren. Wo beispielsweise anspruchslose Ponys schon bei ad-libitum-Fütterung von gutem Heu zur Verfettung neigen, läßt sich die Schmackhaftigkeit und damit die Freßlust durch Beigeben von Futterstroh verringern. Was macht man aber im gemischten Bestand, wo anspruchsvollere, auf energiereicheres Futter angewiesene Pferde gemeinsam mit bedürfnisloseren Ponys gehalten werden?

Runde Vorratsraufen, um die die Tiere sich im Kreise gruppieren können, sind unter dem Aspekt der Ausschaltung von Aggressionen noch besser zu bewerten als Freßgitter.

Während man also Heu und Stroh in der Regel auf Vorrat vorlegen kann, muß man im allgemeinen das Kraftfutter individuell zuteilen, da die ranghohen die rangniederen Herdenmitglieder sonst durch Drohen vom Kraftfuttertrog vertreiben könnten. Man kann also jedes Pferd einzeln vor einer langen Krippe anbinden, jedem sein Futter vorlegen und, nachdem alle ihre Ration verzehrt haben, alle wieder losbinden. Weniger Platz und Arbeitsaufwand erfordert die Kraftfuttervorlage mit Futtereimern. Wie die Hafersäcke früherer Zeiten wird jedem Pferd ein Kunststoffeimer an einer festen Kordel über den Kopf gehängt. Solange der Kopf im Eimer steckt, kann auch der Herdenchef dem Rangniederen das Futter nicht streitig machen. Der Halter muß also nach „Hierarchie" füttern, der Chef wird als erster bedient, aber als letzter vom Eimer befreit.

Recht praktisch finde ich Freßstände, die jedem Pferd einen separaten Freßplatz bieten, wo schwache Tiere auch bei der Rauhfutteraufnahme geschützt stehen. Freßstände sind mit 70–80 cm nur so breit, daß ein

Pferd hineinpaßt, und, je nach Rasse 2,5–3 m lang, durch geschlossene 2–2,2 m hohe Seitenwände voneinander getrennt. So wie die nach der Stallgasse gekehrte offene Hinterhand, wie sie sich im Anbindestand präsentiert, das vorübergeführte Pferd weit weniger beeindruckt als die Nähe von Kopf und Hals eines Pferdes im Boxenstall, dessen Drohmimik ungleich stärker anspricht, so scheint dieser Effekt auch beim Freßstand wirksam zu sein. Durch die geschlossenen Seitenwände können rangniedere Tiere nicht durch Drohgesten der Nachbarn eingeschüchtert und vertrieben werden. Nebenbei lernen die Pferde das Hinein- und rückwärts Herausgehen in engen Passagen – ein Gewöhnungseffekt, der sich beim Transport im Pferdeanhänger positiv bemerkbar macht. Nun nehmen lange geschlossene Freßstände relativ viel Platz weg. Kurze, geschlossene Freßstände mit nur 80 cm Sichtblende haben sich nach Erfahrungen von ZEEB und KOLTER nicht bewährt, es kam

Abb. 27: Runde Vorratsraufe für Rauhfutter.

zu Bissen in Bauch und Rücken. Da die Pferde sich nur schlecht über Aktivität und Standort von Herdengenossen informieren konnten, waren wenig geduldete Tiere sehr unruhig und verließen ca. zweimal pro Minute den Freßstand. Als durch Herausnehmen von Brettern die seitlichen Abtrennungen optisches Erkunden wieder möglich machten, waren diese Probleme behoben. Nach KOLTER traten die meisten und heftigsten Auseinandersetzungen übrigens nicht während der Futteraufnahme auf, sondern in der Zeit der Fütterungsvorbereitungen, während die Tiere ungeduldig die Vorlage des Futters erwarteten.

Eine technische Lösung, die die individuelle Fütterung trotz Gruppenhaltung ohne Arbeitsaufwand möglich macht, entwickelte das Institut für landwirtschaftliche Bauforschung in Braunschweig. In einer Pferdegruppe von bis zu fünf Tieren wird jedem Pferd ein Einzelfreßplatz zugewiesen, der für die übrigen Herdenmitglieder versperrt bleibt. Den Zugang zum jeweiligen Freßplatz öffnet ein „Schlüssel" – ein Metallstück,

das jedes Pferd an anderer Stelle an einem Halsriemen trägt. Tritt das Pferd mit dem passenden „Schlüssel" an den entsprechenden Freßplatz, öffnet durch elektromagnetische Induktionsschaltung ein kleiner Elektromotor die Verriegelung einer nach unten verschiebbaren Palisade. Das Pferd drückt mit dem Hals den Palisadenverschluß nach unten und kann nach Belieben das an seinem Platz vorgelegte Rauhfutter aufnehmen. Hier ist es also möglich, die Rauhfuttergabe tierindividuell hinsichtlich Qualität und Quantität zu steuern. Seitlich am Freßgitter befindet sich ein Kraftfuttervorratsbehälter, der über Zeitschaltung, Elektromotor und Austragsschnecke zu vorgegebener Zeit in vorgewählter Menge das Kraftfutter individuell zuteilt (ähnlich wie unter Punkt 5.3.4 beschrieben). Bei Auseinandersetzungen am Freßplatz wird der Aggressor nicht auch

noch dadurch „belohnt", daß er dem Unterlegenen seine Ration wegfressen kann. Durch fortdauernde Negativerfahrungen lernen die Pferde, daß das Vertreiben nicht „lohnt", in jedem Falle aber bleibt dem rangniederen Tier die vorbestimmte Futtermenge erhalten. Diese Anlage, bisher erst als Prototyp getestet, soll in Kürze auf den Markt kommen.

Während diese Lösung angesichts ihrer Begrenzung der Gruppengröße auf maximal fünf Tiere mehr für den kleinen, privaten Pferdehalter interessant ist, zielt die computergesteuerte Abruffütterung auf Großbestände, etwa in einer Pensionspferdehaltung. Derartige Anlagen sind in der Milchviehhaltung heute schon Stand der Technik und werden in der Sauenfütterung seit etwa 3–4 Jahren eingesetzt. Ein deutscher Hersteller hat das Prinzip jetzt für die Pferdefütterung modifiziert. Die jedem Pferd zugedachte Futterration wird einem Computer eingegeben. Die Freßstände – getrennt für Rauhfutter und Kraftfutter – sind mit je einer Sender/Empfängereinheit ausgerüstet. Jedes Pferd trägt an einem Halfter einen soge-

Abb. 28: Individuelle Kraftfuttervorlage im Futtereimer. Um Streitigkeiten zu vermeiden, sollte stets dem ranghöheren Tier der Futtereimer zuerst umgehängt werden.

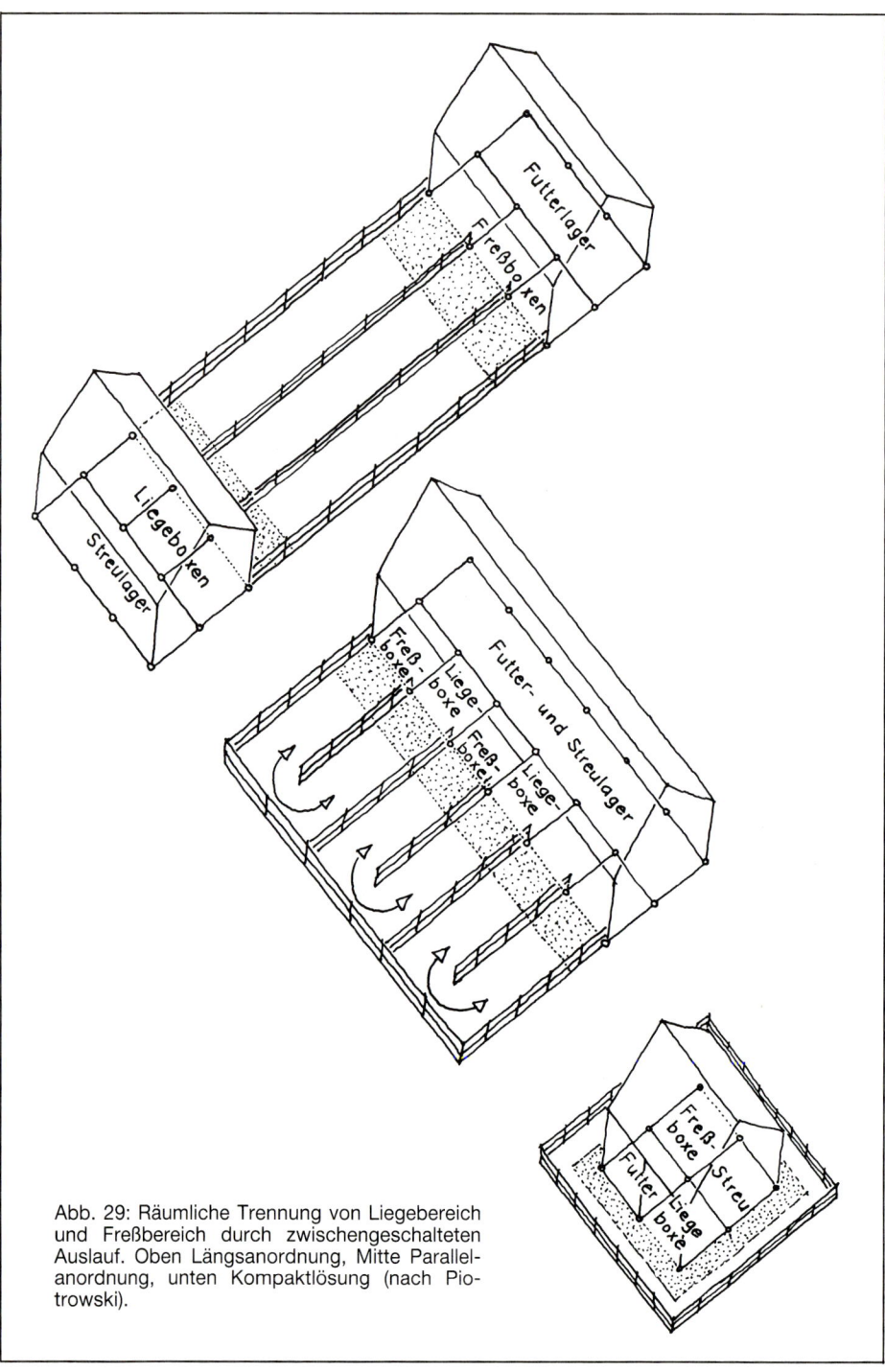

Abb. 29: Räumliche Trennung von Liegebereich und Freßbereich durch zwischengeschalteten Auslauf. Oben Längsanordnung, Mitte Parallelanordnung, unten Kompaktlösung (nach Piotrowski).

nannten Responder; betritt das Pferd einen Freßstand, wird es anhand des Responders von der Sender/Empfängereinheit blitzschnell identifiziert, der Computer überprüft sein Futteranrecht (zustehende Menge pro Zeiteinheit) und gibt gegebenenfalls die Futterzuteilung frei. Der große Vorteil dieser Anlage liegt darin, daß die Tagesration gleichmäßig über den ganzen Tag verteilt wird, das Pferd sich also nicht überfressen kann, daß ihm seine Gruppengenossen seine Ration nicht streitig machen können, daß der Halter auf dem Bildschirm des Computers oder mittels Ausdruck kontrollieren kann, welche Futtermenge jedes einzelne Pferd abgerufen hat (so daß geringe Freßlust als Indiz für eine Erkrankung schnell festzustellen ist). Während im Kraftfutterstand die Rationen mengengesteuert abgegeben werden, wird die Abgabe des Rauhfutters über die Zeit gesteuert, d. h. für eine festgelegte Zeitdauer pro Freßperiode senkt sich das Freßgitter im Rauhfutterfreßstand, und das Pferd kann ungehindert sein Heu aufnehmen. Aus der unterschiedlichen Verzehrgeschwindigkeit für Kraftfutter und Rauhfutter erklärt es sich, daß einem Rauhfutterstand nur 4–5 Pferde zugeteilt werden können, während ein Kraftfutterstand für ca. 20 Tiere ausreicht.

Die Investitionskosten für eine Komplettausstattung für 20 Pferde (20 Responder, 4–5 Rauhfutterstände, 1 Kraftfutterstand, Computer, evtl. Drucker) sind recht erheblich; diesen Investitionskosten stehen jedoch Einsparungen im Stallbau gegenüber, ferner Arbeitszeitersparnis, Unabhängigkeit von festen Fütterungszeiten durch die Vorratsfütterung sowie die physiologisch anzustrebende Futterzuteilung in kleinen, verteilten Portionen, die den Einsatz der computergesteuerten Abruffütterung für größere Herden interessant machen.

Der kleine, private Halter wird sicher weiterhin Technik durch Arbeitskraft ersetzen müssen; in den meisten Fällen wird er das nicht einmal bedauern, sondern freudig begrüßen. Wenn er lediglich den Reitsport ausüben wollte, wäre es sicher wirtschaftlicher, auf Verleihpferden zu reiten. Es ist ja gerade der tägliche intensive Umgang, das Betreuen der eigenen Pferde, die Bindung an sie und die Sorge für ihr Wohlergehen, die weit über die eigentliche Nutzung hinaus die Freude an der eigenen Freizeitpferdehaltung ausmacht.

Die Einrichtung der Tränke bedarf bei Auslaufhaltung oft technischer Phantasie, wenn am Stall kein Wasser- und Elektroanschluß vorhanden sind. Wo beide Netze vorhanden sind, wird man, wie unter Punkt 5.3.4 beschrieben, eine der beheizbaren Selbsttränken installieren. Wenn das nicht der Fall ist, kann man im Sommer einen Wasserwagen oder einen Tank mit angebauter Selbsttränke aufstellen. Der Tankinhalt sollte nicht zu groß sein, damit das Wasser nicht zu warm oder algig wird, d. h. der Wasservorrat soll alle 3–4 Tage erneuert werden. Steht die Stallanlage nicht zu weit vom Wohnhaus des Pferdehalters entfernt, läßt sich die Selbsttränke mit einer preiswerten Kunststoffrohrleitung speisen. Im allgemeinen reicht ein ½"-Rohr aus, das in einer Pflugfurche oder in Spatenstichtiefe verlegt wird. Steigt die Druckbelastung von 6 auf 10 atü, muß man ein Rohr mit doppelter Wandstärke und entsprechend doppeltem Preis wählen. Je 10 m Höhenunterschied zwischen Wohnhaus und Tränke mindern den Leitungsdruck um ca. 1 atü, auch läßt sich der Eingangsdruck durch Einbau eines Druckminderers senken. Schwieriger ist es, im Winter das Einfrieren der Tränke zu verhindern. Hier haben Praktiker für ihren kleinen Pferdebestand allerlei Bastellösungen erarbeitet. So kann man einen mit temperiertem Wasser gefüllten Tränkebottich eine Zeitlang vor dem Einfrieren bewahren, wenn man ihn mit einem Holzkasten ummantelt und diesen Hohlraum mit Glas- oder Mineralwolle oder Styroporflocken füllt. Ein ausgebauter ehemaliger Waschkessel, wie er ungenutzt noch in manchen alten Waschküchen zu finden ist, tut gute Dienste, wenn man den Kessel als Tränke mit Wasser füllt und dieses auf kleinster Stufe mit ein paar Briketts erwärmt. Man hat auch schon in einen flachliegenden (natürlich sauberen) Öltank als Trinköffnung an

Abb. 30: Beheizbare Selbsttränke im Offenlaufstall.

der Oberseite ein Loch von 50 x 50 cm eingeschweißt, die Ränder gegen Verletzungen sorgfältig eingefaßt, den Tank dann auf zwei Eisenbahnschwellen aufgebockt und unterhalb des Tanks unter der Trinköffnung einen kleinen Propangaskocher aufgestellt; die ihn speisende Flüssiggasflasche (und der Zuleitungsschlauch) muß natürlich unzugänglich für die Pferde aufgestellt werden. Wo nur 1–2 Pferde zu tränken sind, kann man unter einen großen Zinkeimer im Eimerhalter eine brennende Petroleumlampe aufstellen, deren Abwärme, von einem Asbesttuch zusammengehalten, ausreicht, das Wasser frostfrei zu halten. Notfalls muß der Halter bei seinen täglichen Kontrollen in Kanistern heißes Wasser zum Auftauen eines vereisten Tränkebottichs mitbringen. Grundsätzlich gilt auch bei der Auslaufhaltung wie bei der Boxenhaltung, daß die Tränke nicht direkt benachbart zur Krippe und Raufe aufgestellt sein sollte.

Zu der baulichen Konzeption des Offenstalls gibt es nicht viel zu sagen. Als Schutzhütte für den kleinen Pferdebestand des privaten Halters werden nur kleine Gebäudeabmessungen mit geringen Spannweiten verlangt, somit sind alle gängigen Konstruktionen geeignet. Auch dort, wo größere Pferdebestände unterzubringen sind, wird man diese schon aus Tierverhaltensgründen in kleinere Gruppen von 5 bis maximal 10 zueinander passenden Pferden aufteilen, deren gleichartige kleine Stallabteile lediglich additiv zu einem größeren Gebäude zusammengefügt werden. Wo vorhandene Altgebäude genutzt werden können, wird man bei der großen Flexibilität des Aufstallungssystems „Pferdegruppen-Auslaufhaltung" fast immer eine „maßgeschneiderte" Lösung finden können.

Hinsichtlich des Stallklimas werden an Wand- und Dachausführung kaum Ansprüche gestellt, die Innentemperatur entspricht nahezu der Außentemperatur, der Luftaustausch erfolgt in der Regel über die ständig offene Tür oder Wandöffnungen. Wichtig ist eine ausreichende Stabilität und Verletzungssicherheit aller Bauteile, mit denen Pferde in Berührung kommen können.

Viele Pferdebesitzer beginnen mit ein oder zwei Pferden und planen und bauen für diese Zahl ihre Stallanlage. Die Erfahrung lehrt aber, daß Pferdehaltungen die Tendenz haben, zu wachsen. Meist entdecken nach einiger Zeit weitere Familienmitglieder ihren Spaß an den Tieren und wollen ihr eigenes Pferd, Kinder wachsen heran, das bisherige Pony wird zu klein, ein größeres Pferd soll hinzukommen, man will sich aber nicht von seinem alten treuen Pony trennen, eine eigene Stute wird zur Zucht eingesetzt und bringt ein Fohlen, das man behalten will – kurz, die Stallanlage ist zu klein, der Platz reicht nicht aus, man hat die Wachstumstendenz bei der Planung nicht berücksichtigt. Von daher der Rat an alle Bauwilligen: Auch wenn Sie sich jetzt noch nicht vorstellen können, jemals mehr Pferde zu besitzen als heute, sehen Sie Erweiterungsmöglichkeiten vor, denken Sie in Bauabschnitten, um spätere häßliche, nachträglich ungeschickt angebaute Provisorien zu vermeiden. Das gilt sowohl für Freß- und Liegebereich als auch für die erforderlichen Nebenräume.

5.4.3 Managementfragen bei der Gruppenhaltung

Die gruppenweise Haltung von Zuchtpferden auf der Weide und im gemeinsamen Laufstall stammt nicht erst aus diesem Jahrhundert, doch die Gruppenauslaufhaltung von Reitpferden und -ponys in unserem Land begann erst in den 50er Jahren und ist das Verdienst von experimentfreudigen privaten Pferdehaltern, besonders von Ursula BRUNS, die sich seit bald 40 Jahren zur Anwältin einer naturnäheren, artgerechten Pferdehaltung macht.

Seit einigen Jahren kümmert sich nun auch die Wissenschaft um die Gruppenauslaufhaltung. So hat beispielsweise das Institut für landwirtschaftliche Bauforschung (ILB) mit Hilfe von Videokameras den Tagesablauf einer kleinen Haflingergruppe (Wallach, Stute mit Fohlen) in der Zeit zwischen Januar und April 1984 registriert und nach Akti-

vitäten ausgewertet. Die Anlage besteht aus einem Sandauslauf und zwei räumlich voneinander getrennten Bereichen zum Fressen und Ruhen. Dabei zeigte sich, daß sich die Pferde mit 38% ihrer Zeit fast ebenso lange auch im Winter im Auslauf aufhalten wie im Freßbereich, der zu 41% der Zeit belegt war. Die restlichen 19% entfielen auf den Aufenthalt im Ruhebereich (davon 12% Liegen, 7% Stehen). Im Tagesverlauf wechselten sie durchschnittlich 83mal ihren Aufenthaltsort und legten dabei rund 3 km zurück. Soweit also die Tiere sich nicht zum Fressen oder Liegen unter Dach aufhielten, wählten sie auch bei Regen, Schnee oder Wind den Aufenthalt unter freiem Himmel im Auslauf. Wie überall in der Praxis stellte man auch beim ILB fest, daß die Pferde bei trockenem Wetter sehr gern im Sand des Auslaufs ruhen. Auch das Abkotverhalten wurde registriert. Hier zeigte sich, daß durch die weite räumliche Trennung von Fressen und Ruhen diese Bereiche weitgehend saubergehalten wurden und in 87% der Fälle im Auslauf abgekotet wurde.

In meiner eigenen kleinen Pferdehaltung habe ich für Fressen und Ruhen zwar zwei Bereiche ausgewiesen, diese grenzen aber aneinander. Auch meine Pferde halten ihren Freßplatz sauber, wechseln zum Abkoten aber auf die eingestreute Liegefläche und bewegen sich danach wieder ans Heunetz. Innerhalb des Auslaufs gibt es eine weitere bevorzugte Abkotstelle, die dann benutzt wird, wenn sich die Pferde im Auslauf aufhalten.

Den Einfluß des Haltungssystems auf die Pferdeaktivitäten untersuchte ZEEB 1980 an fünf Pferden. Sie wurden nacheinander jeweils 5 Tage im Ständer angebunden, in Einzelboxen bzw. in Gruppen-Auslaufhaltung gehalten. Täglich wurden sie für die Dauer von zwei Stunden in einen gesonderten Auslauf geführt und ihre Verhaltensweisen während dieser Zeit registriert. Dabei zeigte sich, daß sich der Zeitanteil für Fortbewegung entsprechend der Haltung vom Anbindestand über die Einzelbox zur Auslaufhaltung hin reduziert. So bewegten sich die Pferde in Schritt, Trab, Galopp nach Anbindehaltung 36 Minuten, nach Boxenhaltung 27 Minuten, nach Auslaufhaltung nur 14 Minuten – einleuchtend, da bei Auslaufhaltung kein Bewegungsdefizit auszugleichen war. Ähnlich sah es bei sozialen Auseinandersetzungen aus, die nach Anbindehaltung 13, dagegen nach Gruppenhaltung nur 5 Minuten einnahmen. Die Beobachtung bewies mit konkreten Zahlen, was man in der Praxis schon immer wußte, daß nämlich der Bewegungs- und Sozialbedarf von Pferden im Ständer am schlechtesten, in der Einzelbox je nach Ausführung etwas weniger schlecht, im Auslauf bei Gruppenhaltung aber am besten gedeckt werden kann.

Auch bei ernsthafter Prüfung finde ich kaum wirklich entscheidende Nachteile, die gegen die Auslaufhaltung sprechen. Bei entsprechender Konditionierung ist jede Pferderasse – vom Shetland bis zum Vollblut – für die Auslaufhaltung geeignet. Über den Sommerweidegang ist der einfachste Übergang zur ganzjährigen Auslaufhaltung zu finden. Physiologisch gibt es rassespezifische Unterschiede, die bei der Haltung zu berücksichtigen sind. So besitzen die nordischen Rassen wie Isländer, Fjord, Shetland, aber auch Kaltblutpferde, ein ausgeprägtes Unterhautfettgewebe, das den Körper vor Auskühlung schützt und somit den Energiebedarf reduziert. Wenig vorhanden ist das Unterhautfettgewebe dagegen etwa beim Englischen Vollblut oder Vollblutaraber.

Bei Auslaufhaltung besteht ein erhöhter Energiebedarf, einmal durch die Bewegungsleistung, zum anderen durch die Auskühlung in Abhängigkeit von Hautisolationstyp und Außentemperatur. Bei gemischtrassigen Beständen hat der Halter bei der Fütterung diese Unterschiede zu beachten: höher im Blut stehende Pferde haben bei kalter Haltung einen höheren Energiebedarf. Mit höherer Energieversorgung ist aber in der Regel auch eine höhere Eiweißversorgung verbunden, deshalb Vorsicht, da zuviel Eiweiß zu Leberbelastung oder sogar zum Risiko der Hufrehe führen kann.

Auch bei der Wahl des Aufenthaltsortes muß der Halter eines gemischtrassigen Bestandes manchmal regulierend eingreifen,

so etwa, wenn ein robuster, an feuchtkaltes Klima angepaßter Nordpferdtyp als Herdenboß sich entscheidet, trotz Schneeregen oder Sturm im Auslauf zu verweilen. Die empfindlicheren, höher im Blut stehenden Pferde werden, dem Herdentrieb folgend, bei ihm unter freiem Himmel bleiben, statt sich unter dem schützenden Dach aufzuhalten.

Die Gefahr, daß sich die Pferde bei Gruppenhaltung nicht vertragen, sich beißen oder schlagen könnten, wird überschätzt. Es gehört zur Kunst des Managements, die Tiere so zu gruppieren, daß alle Pferde in ihrer Gruppe integriert sind. Es ist wichtig, daß auch die Rangniederen von mindestens einem Pferd in beherrschender Position geduldet werden. Schlecht integrierte Gruppenmitglieder haben eine Reihe von Nachteilen, nicht nur am Freßplatz, zu erdulden. Probleme kann es eigentlich nur mit kontaktarmen, durch lange „Einzelhaft" in ihrem Verhalten gestörten Pferden geben. Schwierig sind auch spät kastrierte Wallache; mit ihrem zu starken Besitzer/Beschützertrieb gegenüber den Stuten verhalten sie sich unleidlich gegenüber anderen Wallachen.

Für die kleine Gruppe der Turnierpferde, die einem leistungsorientierten Trainingsplan unterworfen sind, wird man die Auslaufhaltung modifizieren müssen, beispielsweise wird eine Einzelhaltung kaum zu umgehen sein. Auch in einer verträglichen Pferdegruppe kann es einmal Schrammen oder harmlose Verletzungen geben. Ein geschwollenes Bein nach einem leichten Tritt oder eine Bißwunde in der Sattellage werden aber das Aus für das Turnier am folgenden Wochenende bedeuten. Doch auch diesen, nur individuell zu haltenden Pferden kann man mit geöffneten Halbtüren in der Außenwand ihrer Boxen und Bewegung im Paddock oder auf der Weide ihr Leben abwechslungsreich gestalten. Auch das Sportpferd kann so an seiner Umwelt mehr Anteil nehmen und wird durch diese kontrollierte stundenweise Freilufthaltung weniger anfällig. Selbst geschorene Pferde können sich, ohne Schaden zu nehmen, mit einer wetterfesten, gut sitzenden Decke an frischer Luft aufhalten.

Mit dem Wort „Scheren" ist das Stichwort für die Bedenken gefallen, daß die Auslaufhaltung zu langem Winterhaar, zu Schwitzen bei der Arbeit und damit zu erhöhter Erkältungsgefahr führt. Sicher haben Pferde bei Auslaufhaltung ein längeres Winterfell als im warmen Stall gehaltene Tiere. Zum Ausgleich besitzen sie aber ein wesentlich besser trainiertes Thermoregulationsvermögen und reagieren auch weniger anfällig auf Zugerscheinungen. Über längere Zeiträume kalt gehaltene, gut konditionierte Pferde entwickeln ein Fettgewebe in der Unterhaut; sie müssen sich den Wärmeschutz nicht nur über das Winterhaar schaffen.

Da nur gut 5% aller Reiter Turnierreiter sind, wird die weitaus überwiegende Zahl unserer Pferde ohne große sportliche Ambitionen, etwa zum Reiten in der Abteilung oder für Ausritte am Feierabend oder Wochenende, genutzt. Der denkende Reiter kann aber im Winter so disponieren, daß er die schnelleren Gangarten in die erste Hälfte seines Rittes legt, um dann im ruhigen Schritt auf einem relativ trockenen Pferd zurückzukehren. Starkes Schwitzen entsteht auch nicht nur als Folge körperlicher Belastung, häufiger ist Verspannung die Ursache. Angst und Erregung und durch Verspannung beeinträchtigte Atmung führen bereits zu heftigem Schwitzen. Auslaufpferde sind dagegen entspannte Pferde.

Naßgeschwitzte Pferde sind im Freien an der Hand trockenzuführen. Im geschlossenen Stall herrschen höhere Luftfeuchte und geringere Luftbewegung, die das Trocknen erschweren. Erregte Pferde werden im Stall nervös nachschwitzen, diese sind dann besonders erkältungsgefährdet. Ein robust gehaltenes, leicht verschwitztes Pferd wird man nach dem Trockenreiten oder -führen sich im Sand des Auslaufs oder in reichlich trockener Einstreu wälzen lassen, dann wird es im Offenstall zugfrei unter Dach aufgestallt, bevor es in den Auslauf entlassen wird.

Praktiker empfehlen, trockenes Sägemehl dick auf den Rücken des verschwitzten Tie-

res zu streuen. Das saugfähige Sägemehl nimmt schnell die Feuchtigkeit auf, verhindert aber das Auskühlen, vor allem der Nierenpartie. Bei wirklich nassen Pferden kommt über die Sägemehlschicht eine dünne, atmende Decke (z. B. altes Biberbettuch). Nach einer Stunde wird das leicht feuchte Tuch abgenommen, das Sägemehl kann auf dem Pferderücken liegenbleiben, bis es abgeschüttelt wird.

Die Grenzen der Robusthaltung liegen also wohl nicht in der Erkältungsgefahr, sondern eher im Schönheitsempfinden des Menschen, der mit Scheren des Winterhaars, Abschneiden des Fesselbehangs, Verziehen der Mähne oder Beschneiden der Haare am Schweifansatz der Natur ins Handwerk pfuscht. Das aber geht nicht bei Auslaufhaltung. So dienen die Haare am Schweifansatz, die sich glockenförmig anlegen, dem Schutz der empfindlichen Weichteile, die Kötenhaare des Fesselbehangs lassen das Regenwasser von der Fesselbeuge schadlos abtropfen. Das Winterfell besteht aus dichtem Unterpelz und langem Oberhaar; Niederschläge dringen nicht bis auf die Haut, sondern laufen am glatten Oberhaar ab. Diese sinnreichen Funktionen dürfen nicht zerstört werden.

Ein Problem der Auslaufhaltung, das besonders Isländer betreffen kann, ist das Sommerekzem. Es äußert sich in starkem Juckreiz, vor allem an Mähnenkamm und Schweifansatz, was bis zu Blutigscheuern führen kann. Das Sommerekzem wird wohl vorwiegend durch eine allergische Reaktion gegen die Stiche winziger Fluginsekten, Gnitzen, ausgelöst. Dieses Sommerekzem setzt mit dem Auftreten dieser Insekten Anfang April ein, hat seinen Höhepunkt im August und heilt ab Oktober ab. Erforderlich ist eine insektenfreie Aufstallung unter Dach der Sommerekzem-gefährdeten Pferde von April bis Oktober etwa zwischen 16 und 7 Uhr, um besonders während der Hauptflugzeiten der Gnitzen in der Abend- und Morgendämmerung die Tiere vor Stichen zu schützen. In der übrigen Zeit können die Pferde Auslauf und Weide benutzen.

Für den Züchter kann die Auslaufhaltung

seiner Stuten bestimmte Einschränkungen bringen. Grundsätzlich ist die Auslaufhaltung natürlich gut für die Zuchtstute. Ganzjähriger Auslauf bei feuchtkaltem Wetter verzögert aber den Zyklusbeginn, das Einsetzen der Rosse. Für die heute angestrebten Frühbedeckungen, durch die man auf den Fohlenschauen schon weit entwickelte Fohlen zeigen kann, ist das ein Nachteil. Unter diesen Bedingungen soll man die Stute in der kalten Jahreszeit nur über Mittag während der größten Helligkeit nach draußen bringen. Wer aber nicht gegen die Natur, sondern im Einklang mit der Natur seine Stuten ab Mai bis Juli decken läßt, der bekommt Fohlen, die zum optimalen Termin geboren werden und mit ihren Müttern direkt auf die Weide gehen können.

Ein Argument, das gelegentlich gegen die Auslaufhaltung angebracht wird, ist die Befürchtung, daß die Pferde verwildern. Alle Haustiere, die aus der Betreuung des Menschen in die Freiheit entlassen werden, verwildern schnell, werden wieder zum Wildtier. So können z. B. Jungpferde, die auf weitläufigen Koppeln den ganzen Sommer über draußen gehalten werden, ohne den Menschen zu Gesicht zu bekommen, verwildern. Diese Gefahr besteht aber nicht bei der Auslaufhaltung. Hier findet ja weiterhin der tägliche Kontakt des Halters mit seinen Pferden statt, die Pflegemaßnahmen unterscheiden sich ja nicht von denen der Stallhaltung. Diese halbfreie Haltung – Offenstall mit Auslauf oder Weide mit Unterstand – ist für Freizeit- und Wanderpferde nahezu ideal. Der Gegensatz zwischen „Privatleben" und „Arbeit" des Pferdes ist nicht so nervenaufreibend, die Pferde sind nie ganz passiv, sie nehmen ihre Umwelt wahr, verlieren die Angst vor furchterregenden Gegenständen, da sie sich täglich von der Harmlosigkeit überzeugen können.

Eine letzte Anmerkung zu den Grenzen der Robusthaltung – diese Grenze ist dort überschritten, wo die Pferde nicht robust gehalten, sondern ganz einfach vernachlässigt werden, wenn die Tiere ohne Unterstand, ohne Wind- und Wetterschutz sind, wenn sie dauernd auf nassen Weiden gehalten werden, wo sie bis zu den Fesseln im Morast stehen müssen, wenn sie keine Ecke finden, wo sie trocken und windgeschützt ruhen können, wenn sie auf kleinen, abgefressenen Koppeln kein Futter mehr finden, wenn das Heu in der Raufe schimmelig ist, wenn die Tränke im Winter einfriert, so daß sie ihren Durst nicht löschen können. Das alles kann kein Robustpferd aushalten, ganz gleich um welche Rasse es sich handelt. Keine Pferdehaltung ist ohne Kenntnisse, ohne Nachdenken, ohne Einsatz an Arbeit und Geld möglich, das gilt gleichermaßen für die Boxenhaltung wie für die Auslaufhaltung.

6. Erforderliche Nebenräume

Außer dem Pferdestall und einem evtl. Auslauf kommen je nach der Bestandsgröße einige Nebenräume hinzu, die für die Funktion der Gesamtanlage von Bedeutung sind. Es bestehen enge Raumbeziehungen zwischen dem Stall, der Reitanlage und den erforderlichen oder wünschenswerten Nebenräumen.

6.1 Futter- und Einstreulager

Heu und Hafer sind traditionell immer noch die Hauptfuttermittel unserer Pferde. Hinzu kommen Ergänzungsfuttermittel wie Trokkenschnitzel, Kleie, Mineral- und Vitaminzusätze oder industrielle Mischfuttermittel, die den Hafer ersetzen oder ergänzen, teilweise auch die Heuration substituieren. Stroh dient vorwiegend als Einstreu, deckt aber auch einen Teil des Rohfaserbedarfs. Ausgangspunkte für die Bemessung des Futter- und Einstreulagers sind die Zahl der zu versorgenden Pferde, die tägliche Futterration und die Zahl der Winterstalltage; in den Sommermonaten wird der private Halter seine Pferde vorzugsweise durch Weidegang – evtl. mit Zufütterung – ernähren. Bei leichter bis mittlerer Beanspruchung, wie man sie für ein Freizeitpferd in der Regel unterstellen darf, kann man mit einer Durchschnittsration von täglich 3–4 kg Hafer und 5–6 kg Heu rechnen, als Streu- und Futterstroh kommen täglich je nach Einstreu (Matratzen- oder Wechselstreu) 5–10 kg Stroh hinzu. Für die leichtfuttrigen Pony-

rassen ist der Haferanteil stark zu reduzieren oder entfällt ganz.

Auch wer das Heu für seine Pferde nicht auf eigenen Wiesen oder Mähweiden produziert, sollte soviel Lagerraum für Heu schaffen, daß er seinen ganzen Jahresbedarf auf einmal kaufen und einlagern kann. Die Erfahrung hat gelehrt, daß die Heupreise direkt nach der Heuernte am niedrigsten liegen und dann über den Winter bis zur Zeit des Weideaustriebs im Frühjahr kontinuierlich ansteigen. Stroh ist während der Getreideernte günstig ungepreßt oder gepreßt ab Feld zu beziehen. Bei Strohkauf ab Feld mit eigener Transportmöglichkeit wird man möglichst den ganzen Jahresstrohbedarf einkaufen und einlagern. Muß man das Stroh ohnehin von Dritten pressen und anliefern lassen, reicht es meistens, einen Vierteljahresvorrat einzukaufen und zu lagern und jeweils nach Bedarf nachzuordern, da sich die Strohpreise auch über Winter nicht wesentlich nach oben bewegen. Als Faustzahl kann man pro Pferd einen Lagerraumbedarf für Heu und Stroh von 25 m^3 annehmen – das entspricht einer Fläche von 3 x 4 m, die knapp 3 m hoch mit Heu- und Strohballen bepackt ist.

Im einzelnen unterscheidet sich der Raumbedarf je nach Aufbereitung und Einlagerung ganz erheblich. Für 200 Winterfuttertage errechnet sich einschließlich eines nicht nutzbaren Leerraumanteils von 20–30% für eine Heuration von 5–6 kg pro Pferd und Tag grob gerechnet folgender Raumbedarf:

Tab. 8: Raumbedarf für die Heulagerung von 10–12 dt

Aufbereitung / Einlagerung	Raumgewicht in dt/m^3	Lagerraum in m^3
Heu, lang, lose	0,75	16–20
HD-Ballen ungeschichtet	1,5	8–10
HD-Ballen gestapelt	1,8	7– 9

Tab. 9: Gewichte von Heu- und Strohballen unterschiedlicher Abmessungen

HD-Ballen	Heu in kg	Stroh in kg
75 cm lang	17 – 27	10 – 17
90 cm lang	20 – 32	12 – 20
110 cm lang	25 – 40	15 – 25
Rundballen		
⌀ 140 – 150 cm, bis 120 cm lang	bis 450	bis 270
⌀ 165 – 180 cm, 150 – 165 cm lang	400 – 700	300 – 500
eckige Großballen		
150 × 150 × 140 cm	400 – 700	300 – 500
Quelle: PATSCHKE-BALLERSTAEDT		

Wegen der Probleme mit Schimmelbildung bei feuchtem Erntegut ist eine Aufbereitung von Heu zu Großballen für die Pferdefütterung weniger zu empfehlen.

Bei einer Tagesration von 5–10 kg Stroh je Pferd und Tag ergibt sich für eine Lagerdauer von ca. 100 Tagen einschließlich Leerraumanteil folgender Raumbedarf:

lastige Lagerräume in Stallnähe die bessere Lösung, sowohl aus dem Blickwinkel der Baukosten als auch der Arbeitserleichterung und der Unfallsicherheit.

Wer für wenige Pferde sein loses Heu besonders preiswert lagern will, baut gar nicht, sondern schichtet die Heuernte zu einem oder mehreren Heuschobern, die aber an

Tab. 10: Raumbedarf für die Strohlagerung von 5 bzw. 10 dt

Aufbereitung/Einlagerung	Raumgewicht dt/m³	Lagerraum m³
Stroh, lose	0,5	12 bzw. 24
HD-Ballen ungeschichtet	0,7	8,5 bzw. 17
HD-Ballen gestapelt	1,0	6 bzw. 12

Die deckenlastige Lagerung von Heu und Stroh über dem Stall ist bei fast allen alten Pferdeställen zu finden, bei Neubauten ist sie eigentlich nur bei knapper Grundstücksfläche zu empfehlen. Sonst sind die Kosten für die teure tragende Decke im Pferdestall ein Nachteil, häufig stehen der deckenlastigen Lagerung auch Abluftschächte oder konstruktive Teile des Dachstuhls im Weg; durch die Dachschrägen und Lagerebene „im 1. Stock" werden Ein- und Auslagerung von Rauhfutter und Einstreu ohnehin erschwert, die deckenlastige Einlagerung von Großballen ist wegen des Gewichts und der Unhandlichkeit nicht möglich. Pferde sind empfindlich gegen nicht einwandfreies Futter; feuchte Stalluft aber, die über Luken oder Abwurfschächte in den Futterstock hineinziehen kann, macht das Heu muffig oder gar schimmelig. So sind im Neubaufalle erd-

einem sonnigen, luftigen Standort errichtet werden müssen. Hierfür wird eine lange Rundstange als Mittelpunkt im Boden eingegraben, der Umfang des Heuschobers (Verhältnis zur Höhe etwa 1 : 2) wird als Kreis um die Stange markiert, ein flacher Graben wird ausgehoben und der Aushub als Wall nach innen aufgesetzt. In diesen inneren Kreis legt man Pfosten, alte Autoreifen, Reisig o. ä., was den Heustock vom Boden abhebt und Luft zirkulieren läßt, darüber eine Lage Stroh. Nun wird das Heu gleichmäßig um die Mittelstange geschichtet und gut festgetreten. Die entstehende Form des kegligen Schobers muß ohne Dellen und Ausbuchtungen gleichmäßig im Bogen zur Stangenspitze hin zulaufen. Als Abschluß wird aus Schilf oder Langstroh und einer zusätzlichen Kunststoffolienhaube eine Kappe fest um die Mittelstütze verschnürt, damit kein Wasser an der Rundstange entlang in den Heustock eindringen kann. Wenn der Heuvorrat sich setzt, wird die Kappe etwas tiefer gezogen. Die Außenhaut des Schobers wird mit dem Rechen gleichmäßig abgeharkt, um die äußeren Halme zum Ableiten des Regens in Form zu bringen.

Das notwendige Kraftfutter wird für den kleinen Pferdebestand in der Regel nach Bedarf als Sackware gekauft und in einer mäusesicheren Futterkiste zwischengelagert. Erst in Betrieben etwa ab 20 Pferden ist die Anschaffung eines Silos zur Lagerung von Hafer und/oder pelletiertem Mischfutter preiswerter als Sackware. Bei einem Monatsbedarf von 100 kg pro Pferd (Tagesration um 3 kg Hafer) und einem Raumgewicht um 5 dt/m^3 ist pro Pferd und Monat ein Silovolumen von 0,2 m^3 vorzuhalten. Hängesäcke aus Trevira, einem Kunstfasergewebe, sind besonders zur Lagerung geeignet; durch das flexible, luftdurchlässige Material kommt es nicht zu Kondenswasser im Silo, es gibt keine Brückenbildung oder Verklumpen des Futters. Wer will, kann unter dem Hafersilo noch eine Haferquetsche aufbauen. Allerdings ist das Quetschen nur für sehr junge oder sehr alte Pferde erforderlich, alle anderen können ihre Ration so gut kauen, daß das Quetschen die Verdaulichkeit nur geringgradig erhöht.

Soweit das Kraftfutter nicht in Silos im Bergeraum oder am Stall gelagert wird, soll die Futterkammer etwa einen Monatsvorrat an Hafer und Mischfutter aufnehmen können. Für mehrere Pferde lohnt ein auf Gummirädern leicht durch den Stall zu schiebender Futterwagen, der in mehreren Fächern außer Hafer und Mischfutter auch Zusatzfuttermittel (Mineralfutter, Kleie o. ä.) aufnehmen kann. Ein Wasseranschluß (etwa zum Einweichen von Trockenschnitzeln) und eine Kochmöglichkeit (z. B. zur Bereitung von Mash aus Weizenkleie und Leinsamen) in der Futterkammer sind wünschenswert.

6.2. Sattel-/Geschirrkammer

Sättel und Geschirre sollten nicht im Stall aufgehängt werden, weil das Leder bei der feuchten Stalluft schimmelig wird. Für die Unterbringung der Ausrüstung eines Pferdes rechnet man mit 1,25 m^2 Grundfläche der Sattelkammer. Auf 60 cm Wandbreite lassen sich übereinander auf Sattelhaltern maximal drei Sättel unterbringen, der unterste 70–80 cm über dem Boden, die Sattelhalter darüber jeweils mit mindestens 55 cm Abstand. Die Kopfgestelle (Trensenzäume) können in zwei Reihen mit 80 cm Abstand auf je 20 cm Wandbreite hängen; Fahrgeschirre hängen mit je 60 cm Abstand nebeneinander.

Wo mehrere Pferde stehen, soll die Sattelkammer auch noch Platz für einen Arbeitstisch, einen Sattelputzbock, einen geschlossenen Schrank mit Fächern für Pferdedecken, Satteldecken, Bandagen, Gebisse usw., für ein offenes Regal mit Putzkästen (je ein Kasten mit kompletter Ausrüstung pro Pferd) und ein verschließbares Apothekenschränkchen bieten. Einige Haken zum Aufhängen von Halftern, Stricken usw. ergänzen die Einrichtung. Zum Reinigen von Sätteln, Kopfgestellen, Gebissen und dergleichen braucht man ein Becken mit Kalt- und Warmwasseranschluß.

Eine Sattelkammer muß auch gut gelüftet werden können. Optimal wäre eine konstante Temperatur von 12°C bei einer relativen Luftfeuchtigkeit von 80%, um sowohl das Schimmeln als auch das Austrocknen und Sprödewerden der Lederteile zu verhindern. Da auch eine gute Belichtung gewünscht wird, muß die Sattelkammer Fenster und Heizmöglichkeit haben. Bei dem hohen Wert der Pferdeausrüstung sollen Türen und Fenster diebstahlsicher ausgeführt sein, notfalls behilft man sich mit abschließbaren Sattelhaltern oder Sattelschränken.

Oft findet man in diesem saubersten oder wärmsten Raum der Stallanlage noch eine Sitzecke für die Reiter. So sollte auch im kleinen Pferdebestand die Sattel- und Geschirrkammer nicht weniger als 12 m^2 groß sein, vor allem dann, wenn man aus Platz-

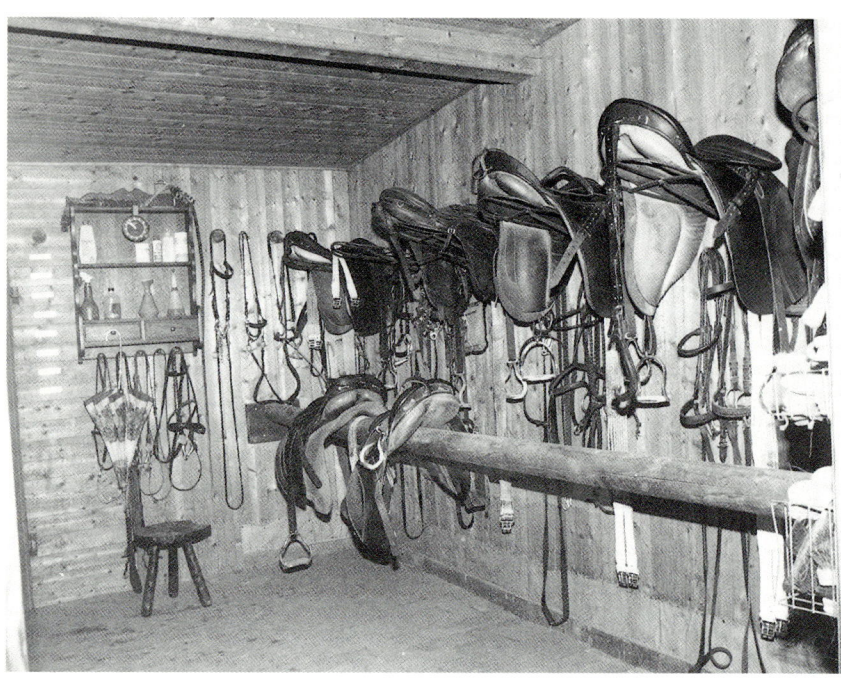

Abb. 31 (oben): In der Sattelkammer ist meist auch die Stallapotheke untergebracht.

mangel Sattel- und Futterkammer in einem Raum zusammenfassen muß.

Die Stallarbeitsgeräte wie Gabeln, Schaufeln, Besen, Schubkarren usw. sollen an einem festen Platz aufbewahrt werden, am besten in einer Nische im Stall, notfalls auch in der Sattelkammer. Ein zentraler Aufbewahrungsort trägt zur Ordnung und Arbeitssicherheit im Stall bei.

6.3 Miststätte

Ein Pferd scheidet täglich 15–20 kg Kot und 3–6 l Harn aus, zusammen mit der verschmutzten Einstreu fallen pro Pferd und Tag rund 25 kg Frischmist an. Lockerer, strohreicher Mist hat ein Raumgewicht von etwa 4 dt/m³, d. h. täglich eine kleine Schubkarre voll Mist summiert sich in acht Tagen zu ½ m³ Pferdemist. Strohreicher Pferde-

Abb. 32 (links): Sattelschränke (mit Lüftungsöffnungen) in Stahlkonstruktion schützen vor Satteldiebstählen.

Abb. 33: Eine Anrampung oder die Nutzung eines vorhandenen Geländegefälles erleichtert das Abkippen der Mistkarren.

mist erhitzt sich rasch und erreicht nach wenigen Tagen Temperaturen von 70°C. Während dieser ersten aeroben Phase des Umsetzungsvorganges werden durch die hohen Temperaturen pathogene Erreger abgetötet, danach folgt eine längerandauernde, bis auf 30°C reduzierte Temperaturphase. Durch den Abbau von Stickstoff und organischer Masse verringert sich das ursprüngliche Volumen auf rund 1 m³/Pferd und Monat, entsprechend nimmt das Raumgewicht zu. So kann für eine Winterstallperiode mit 4–6 m³ abgelagertem Stallmist pro Pferd gerechnet werden, je nach Stapelhöhe und Lagerdauer braucht man eine Mistplatte von 2–3 m² pro Pferd.

Bei der trockenen Konsistenz von Pferdemist wäre eine Jauchegrube kaum erforderlich, zur besseren Verrottung bedarf der Mist sogar der Niederschlagsfeuchtigkeit. Der Mistplatz sollte deshalb auch nicht überdacht sein, sondern besser durch den Schatten von Bäumen oder Büschen vor Austrocknung geschützt werden. Um Grundwasser und Oberflächenwasser vor Verunreinigungen zu schützen, fordert die Bauaufsicht außer einer wasserundurchlässigen Dungplatte für den Festmist (meist aus Beton mit einer Aufkantung am Rande und Gefälle zur Mitte) auch eine Jauchegrube. Da Harn im Stall von der Einstreu gebunden wird, kann die Jauchegrube allenfalls zum Sammeln anfallenden Reinigungswassers beim Auswaschen von Boxen und überschüssigen Niederschlagswassers auf der Dungplatte, das vom Miststapel nicht gebunden wird, genutzt werden. Mit einer Jauchegrube von 0,1 m³/ Pferd und Monat ist der Forderung der Bauaufsicht mehr als Genüge getan.

Der Mistplatz soll vom Stall aus leicht zu erreichen sein und aus hygienischen Gründen möglichst an seiner windabgewandten Seite liegen. Für die mechanische Entnahme mit Frontlader, Greifer o.ä. muß vor der Dungplatte ausreichend Rangierfläche vorhanden sein. Praktisch ist es, wenn man ein vorhandenes Gefälle oder eine Anrampung so nutzen kann, daß bei Handentmistung die Schubkarren nur abgekippt werden müssen. Ideal ist es, wenn der anfallende Mist direkt von einer Rampe auf einen Anhänger oder Miststreuer abgekippt werden kann, der wöchentlich abgefahren wird, etwa zu einem Kompostplatz, wo der Frischmist in einem Rotteprozeß zu einem wertvollen Dünger wird, der als nach Walderde riechende, locker-krümelige Substanz wieder auf Wiesen und Weiden ausgebracht werden kann (keine Parasitenausbreitung bei ausgereiftem Kompost).

Gegenüber der anaeroben Rotte der Mistmatratze oder des Stapelmistes verläuft der Kompostiervorgang unter aeroben Bedingungen; damit genügend Luft an den Stallmist kommt, wird er in 1,5–2,5 m breiten Mieten, 1–1,5 m hoch mit schrägen Seitenflächen, auf dem unbefestigten Erdboden aufgesetzt. Da der Mist eher trocken ist und zu übermäßiger Erwärmung neigt, ist ausreichende Feuchtigkeit erforderlich. Ein schattiger, windgeschützter Platz schützt vor zu schneller Austrocknung. Notfalls muß die Miete mit Wasser oder Jauche befeuchtet werden. Eine Beimischung von Erde und pflanzlichen Abfällen vermeidet zu starke Erhitzung der Kompostmiete. Ein Umsetzen der Miete nach 8–10 Wochen beschleunigt den Kompostiervorgang. Nach 6–14 Monaten kann der reife Kompost ausgebracht werden.

Eine Mistlagerstätte in der Nähe von benachbarter Wohnbebauung kann man vorsorglich jeden Tag dünn mit Basaltgesteinsmehl oder Thomasmehl überstäuben. Das beugt eventuellem Mistgeruch vor und hält die Fliegeninvasion in Grenzen.

6.4 Sonstige Flächen/Räume

Um die Staubbelastung der Stalluft nicht zu erhöhen, sollten die Pferde nicht in ihren Boxen oder auf der Stallgasse geputzt werden. Im Pensionsstall findet man, meist in der Nähe des Stalleinganges, einen Putz- und Waschplatz in Boxengröße (ca. 3 x 3 m). Der Boden aus griffigem Beton wird mit 2%

Gefälle zu einem mittigen Bodenablauf angelegt, auch die Wandflächen sollen wasserfest und leicht abzuspritzen sein. Am besten ist ein befestigter Putzplatz im Freien, windgeschützt und mit einer Bedachung gegen Niederschläge versehen. Dazu gehört eine wirklich sichere Anbindemöglichkeit, beispielsweise ein durchgehender waagerechter Telegrafenmast, der mit Flachstahlbügeln befestigt auf zwei fest im Boden verankerten Mastabschnitten aufliegt. Hier kann man auch zum Satteln Decke und Sattel gut ablegen. Im Idealfall besitzt dieser Putz- und Waschplatz einen Wasseranschluß und -ablauf sowie Stromanschluß für einen Pferdestaubsauger (evtl. Schermaschine). Im kleinen Pferdebestand wird diese Fläche meist auch als Beschlagplatz genutzt werden. Die heutigen Schmiede sind mobil und so ausgerüstet, daß sie ihre komplette Feldschmiede mitbringen können. Erforderlich ist manchmal ein Elektroanschluß, immer aber eine gute Beleuchtung durch Tageslicht und Kunstlicht (1000 Lux/m^2), feste Anbindemöglichkeiten und eine mindestens 3 x 5 m große, planebene und befestigte Standfläche. Es ist ganz praktisch, wenn der Beschlagplatz so groß ist, daß zur Beruhigung neben einem jungen oder ängstlich-nervösen Pferd ein ruhiges Begleitpferd angebunden werden kann.

Größere Ställe oder Betriebe mit häufig wechselndem Bestand sollten zur Isolierung von Pferden mit Infektionskrankheiten eine zusätzliche *Kranken- oder Isolierboxe* besitzen, die auch zur vorübergehenden Quarantäne von neu in den Bestand kommenden Pferden dient. Die Krankenboxen sollen so gebaut sein, daß sie mit dem Luftraum des übrigen Stalles nicht in Verbindung stehen. Am günstigsten lassen sie sich als Außenboxen errichten, so daß Fütterung und Entmistung unabhängig von der Ver- und Entsorgung der anderen Pferde durchgeführt werden kann. Auch bei der gruppenweisen Pferdehaltung im Offenstall sollte möglichst für ein krankes Tier eine Einzelbox vorhanden sein oder schnell eingerichtet werden können. Hier kann auch ein leicht verschwitztes Pferd zum Abtrocknen unterge-

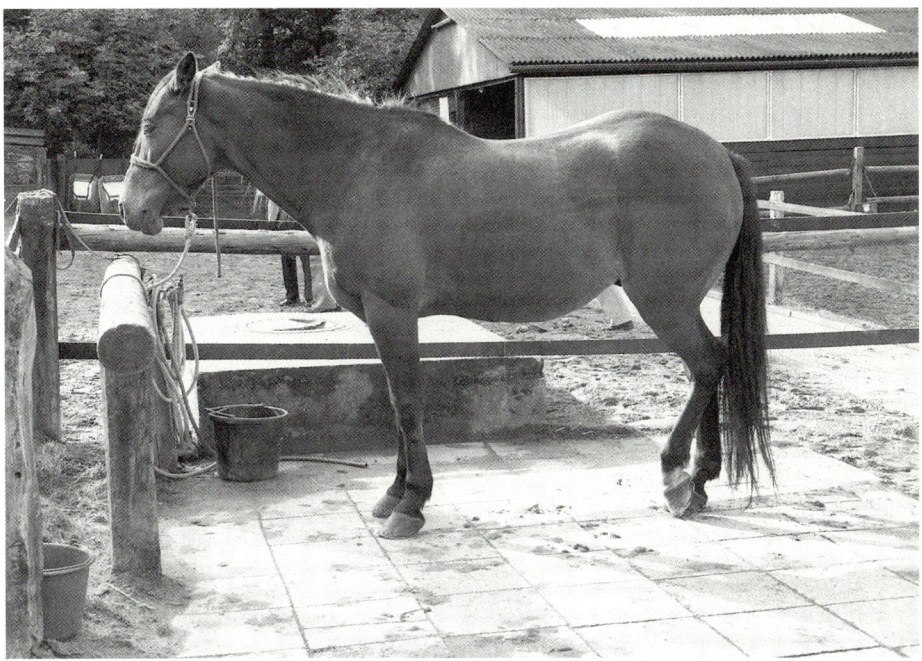

Abb. 34: Befestigter Putz- und Waschplatz mit fester Anbindemöglichkeit und Wasseranschluß außerhalb des Stalles.

bracht oder ein Gastpferd kurzzeitig aufgestallt werden.

Das Interesse am Fahren mit Pferden nimmt seit einigen Jahren zu. Wer selber Kutschen besitzt, weiß um den hohen Wert dieser Fahrzeuge, die deshalb unter Dach in einer trockenen *Remise* untergestellt werden sollen. Zweiachsige Kutschen sind 2,5–3,3 m lang (ohne Schere oder Deichsel) und 1,20–1,60 m breit. Bei einachsigen Wagen (Gig, Cart usw.) kommt die Länge der fest mit dem Wagen verbundenen Schere hinzu. Auch für den Pferdetransportanhänger ist ein schützendes Dach anzuraten. Ein Zwei-Pferde-Hänger ist rund 4,5 m lang, 2,10–2,20 m breit und etwa 2,7 m hoch. Je nach technischer Ausstattung kann der private Pferdehalter noch Schlepper oder Einachstraktor, Anhänger, Wasserwagen, Mähwerk, Heuwender usw. besitzen, an deren Raumbedarf bei der Planung einer Remise gedacht werden muß.

7. Außenanlagen und Weide

7.1 Longier- und Reitplatz, Führanlage

Wie unter Punkt 5.4.3 „Auslauf" beschrieben, ähneln sich die Anforderungen an den Bodenaufbau, unabhängig davon, ob ein Pferdeauslauf oder ein Reitplatz geplant ist. Die Fragen der Dränage, des Schichtenaufbaus nach Trag- und Tretschicht mit entsprechenden Trennschichten wurden dort bereits angerissen. Ebenso wurde darauf verwiesen, daß bei entsprechenden Abmessungen ein Auslauf als Longier- bzw. Reitplatz genutzt werden kann, wie es sich natürlich auch umgekehrt anbietet, die im städtischen Pensionsstall zum untätigen Boxendasein verurteilten Pferde wenigstens stundenweise außerhalb der Reitstunden auf dem eingezäunten Reitplatz frei laufen zu lassen. Die gezieltere Bewegungsmöglichkeit bietet bei sehr beengten Stallanlagen eine geeignete *Pferdeführanlage*. Deren Zahl nimmt seit den 70er Jahren ständig zu, anfangs vorzugsweise in den Trainingsställen für Traber und Galopper, inzwischen findet man sie aber auch in Turnierställen, Hengststationen, in Vereinsanlagen und bei privaten Pferdehaltern.

Bei den Führanlagen findet man die kreisförmige Führung auf dem Zirkel oder die Führung am Endlosseil auf einem größeren Oval oder Rechteck, ferner kann man nach oberer oder unterer Anbindung unterscheiden. Die meisten Anlagen sind Kreisführanlagen. Wichtigstes Merkmal ist die Durchmessergröße. Billige Geräte haben einen kleinen

Abb. 35: Einfache kleine Führanlage mit Untenanbindung.

Durchmesser, meist sind sie nur für höchstens vier Pferde gleichzeitig nutzbar. Der kleine Radius zwingt die Tiere zu vermehrter Biegung und kann sich so längerfristig schädlich auf die Pferdebeine auswirken – wie ein zu enger Zirkel beim Longieren. Größere Kreisanlagen müssen stabiler gebaut sein und sind deshalb auch teurer. Mit 13–15 m Durchmesser werden sie für acht Pferde angeboten. Bei voller Belegung ist aber der Sicherheitsabstand recht gering, fremde Pferde oder Schläger könnten sich in die Quere kommen; sicherer ist es, die Anlagen nur mit sechs Anbindungen ausrüsten zu lassen.

Kreisführanlagen mit Untenanbindung bestehen aus Rohrkonstruktionen, die sich auf Gummirädern auf einem betonierten Zirkel um einen Mittelpunkt drehen. Eine in Hüfthöhe angebrachte mitlaufende innere „Bande" verhindert das Nach-Innen-Drängen der Pferde; an dieser Bande sind die Tiere angebunden. Kreisanlagen mit oberer Anbindung werden meist für sehr große Kreisdurchmesser (bis 27 m) gebaut, ein Zentralmast trägt die schirmgestellähnlichen Führarme, an denen die Pferde angebunden werden. Der höhere Preis gegenüber Geräten mit Untenanbindung erklärt sich aus der notwendigen stabileren Konstruktion bei Obenanbindung.

Der Obenanbindung wird gelegentlich angelastet, daß die Pferde bei hoher Halshaltung den Rücken wegdrücken würden. Die Erfahrung zeigt aber, daß sie sich nach einigen Tagen der Gewöhnung meist locker mit normaler Rückenwölbung und langem Hals auf dem Zirkel bewegen. Vorteilhaft ist dagegen die geringe Verletzungsgefahr; auch ein scheuendes Pferd kann nicht in irgendwelche Konstruktionsteile hineinspringen. Ferner erlaubt die Hochanbindung jedem Tier seine individuelle Bewegungsmöglichkeit entsprechend seinem Raumgriff (Schrittvermögen), mehr auf dem inneren oder äußeren Hufschlag. Die Obenanbindung erleichtert auch den Handwechsel, wenn die Antriebsmaschine ihre Drehrichtung ändert.

Abb. 36: Obenführanlage mit überdecktem Hufschlag.

Oval- oder Rechteckbahnanlagen bestehen aus einem Endlosseil, das, über Rollen geführt, mit einem Getriebemotor über eine Reibrolle angetrieben wird. Das kleinste Modell dieser Art besitzt zwei große, horizontal gelagerte Räder, über die das Führungsseil läuft. Eine derartige Anlage für fünf in Kopfhöhe geführte Pferde benötigt eine Grundfläche von 7x19 m, eine Verlängerung auf bis zu zehn Pferdeführplätze ist möglich. Größere Modelle eignen sich für den Einbau in bestehenden Reithallen. Sie werden unter dem Hallendach über dem Hufschlag montiert, die Pferde werden mit oberer Anbindung geführt. So nimmt die Führanlage keinen Platz weg und stört den Reitbetrieb nicht, wenn sie nicht im Einsatz ist. Die Anlagen sind von 0 bis 20 km/h stufenlos regelbar. Bleibt ein Pferd stehen, so reagiert ein Öldruckventil auf den entsprechenden Gegenzug und bremst kurzzeitig die Anlage, ohne daß das Gerät abschaltet.

Die Endlosseilanlagen sind teurer als Kreisführanlagen; von Vorteil ist, daß bei entsprechender Hallen- oder Platzgröße theoretisch unbegrenzt viele Pferde gleichzeitig geführt werden können; jeder zusätzliche Führplatz erfordert eine um 6 m verlängerte Seilführung. Manchem Pferdehalter scheint auch der Wechsel zwischen Geradeaus- und Kurvenrichtung weniger abstumpfend als die Bewegung auf der Zirkellinie.

Zu fast allen Führanlagen wird gegen Aufpreis Sonderzubehör geboten. Wichtigste Ausstattung, die einen Aufpreis lohnt, gelegentlich aber schon in der Grundausstattung enthalten ist, ist eine Rutschkupplung. Bei Zwischenfällen, wenn ein Pferd nicht vorwärts gehen will oder kann, bringt sie die Anlage kurzzeitig zum Stillstand, ohne daß der Antrieb dadurch beschädigt wird. Zusätzlich sind elastische Anbindungen zu empfehlen, die ruckartige Bewegungen abfangen.

Alle Anlagen besitzen Rechts-Links-Steuerung. Eine manuelle Regelung der gewünschten Laufrichtung erscheint ausreichend. Automatische Umschalter, elektronische Fernbedienungen, optische oder akustische Warneinrichtungen sind eher schäd-

lich, da sie dazu verführen, die Tiere unbeaufsichtigt laufen zu lassen. Günstig ist es, die Anlage so zu plazieren, daß man sie ständig beobachten kann, während man einer anderen Stallarbeit nachgeht. Ob eine Anlage nur im Schrittempo läuft oder ob sie stufenlos auf höhere Geschwindigkeiten bis zum Trab oder Galopp einstellbar sein sollte, hängt von den Zielen des Pferdehalters ab; der eine will seinen Tieren lediglich ruhige Bewegung bieten, der andere will ihnen vielleicht Kondition ohne Belastung durch das Reitergewicht antrainieren. Wer die Ausgabe für eine Führanlage nicht scheut, sollte auch an der optimalen Bodenausführung nicht sparen. Um die Funktionsfähigkeit auch in Schlechtwetterzeiten sicherzustellen, muß der Hufschlag gut dräniert sein, damit überschüssiges Niederschlagswasser abgeleitet wird. Wie in Halle und Reitbahn muß die Tretschicht gepflegt werden, Kot muß regelmäßig entfernt, herausgeschleudertes Bahnmaterial muß auf den Hufschlag zurückgeharkt werden.

Viele Pferdebesitzer haben gefühlsmäßige Vorbehalte gegen Führanlagen, sie wollen ihre Tiere nicht einer seelenlosen Maschine anvertrauen. Wo aber keine Auslaufmöglichkeiten bestehen und die Pferde nicht hinreichend unter dem Reiter bewegt werden können, überwiegen eindeutig die positiven Aspekte. Während ein Pferdepfleger nur ein bis zwei Tiere gleichzeitig führen kann, übernimmt die Maschine acht oder mehr Pferde. Auch ist eine wesentlich ausgiebigere, gleichmäßigere Bewegung möglich, als wenn an der Hand geführt werden müßte. Ohne Konditionsverlust lassen sich Schäden wie Bißwunden in der Sattellage oder Satteldruck ausheilen, Pferde mit Sehnenschäden können zur Regenerierung ihres Bewegungsapparates an der Führanlage allmählich wieder aufgebaut werden. Tragende Stuten können so gefahrlos bis zum Abfohlen gearbeitet werden. Es ist auch eine Frage der reiterlichen Einstellung, ob man sich vor bzw. nach dem Reiten einer Maschine zum Aufwärmen und Trockenreiten des Pferdes bedient. Besser als diese Phasen der Vor- und Nachsorge einfach wegfallen zu

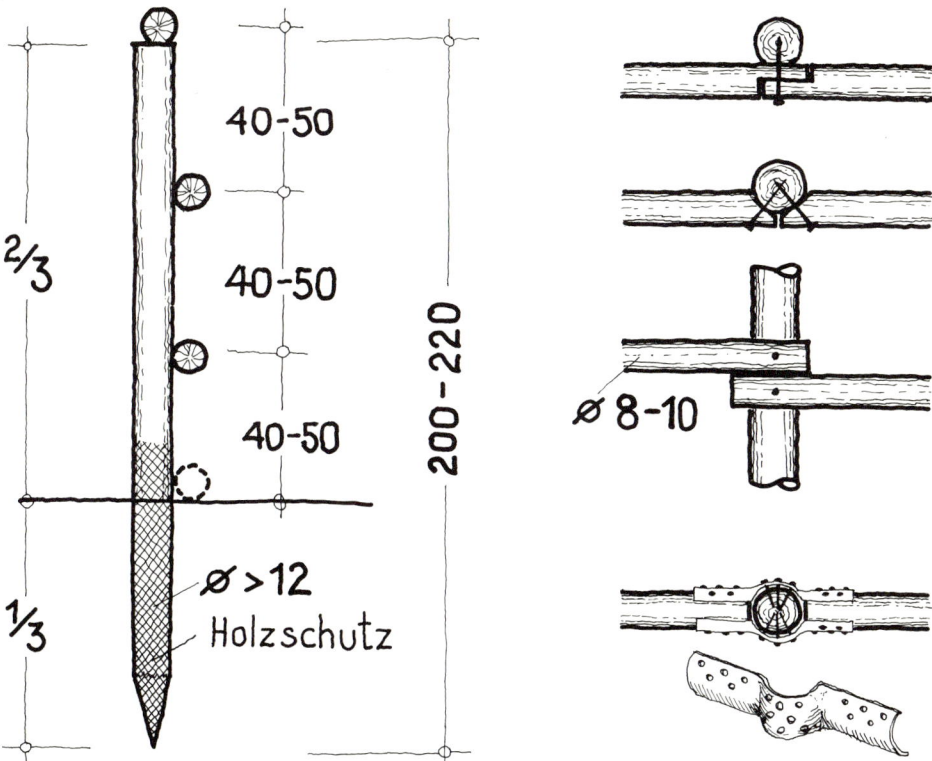

Abb. 37: Links gebräuchliche Abmessungen für Holzpfosten, rechts Möglichkeiten der Befestigung der Querriegel.

lassen, ist aber allemal die Benutzung der Führanlage.

7.2 Einrichtungen für die Weide

Wer dagegen genügend Weiden besitzt, muß sich um Führanlagen und Ausläufe weniger Gedanken machen – vorausgesetzt, seine Koppeln sind sicher eingezäunt. Ein guter *Koppelzaun* muß vier Forderungen genügen:
– Er soll verletzungsfrei sein, d.h. scharfe, spitze oder splitternde Materialien sind zu vermeiden.
– Er muß ausbruchsicher sein, etwa durch entsprechende Zaunhöhe oder durch Abschreckungseffekt (Elektrozaun).

– Die Koppeltore sollen stabil, sicher und leicht zu bedienen sein.
– Der Zaun soll sich preiswert und rationell errichten und unterhalten lassen.
Je weniger Pferden eine Koppel zusagt, desto sicherer muß sie eingezäunt sein. Der Drang zum Ausbrechen steigt z.B., wenn das Futter auf einer abgefressenen Koppel knapp wird, bei starker Insektenplage auf Koppeln an Waldrändern oder ruhigen Gewässern, die wenig dem Wind ausgesetzt sind und keinen Schutz (Unterstände, Schattenbäume) besitzen, außerdem natürlich durch äußere Ereignisse, die die Pferde in Panik versetzen können. Noch nicht allgemein bekannt ist die Erkenntnis der Verhaltensforscher, daß das Erkundungsbedürfnis der Pferde zu Ausbrüchen führen kann. So wurden besonders häufig die Zäune von Weiden durchbrochen, die wohl in der Nähe von stark befahrenen Verkehrsadern lagen, jedoch durch Bewuchs so abgetrennt waren,

daß die Tiere die Vorgänge auf der entfernten Straße nicht eindeutig identifizieren konnten. Dagegen fanden Ausbrüche dort nicht statt, wo der Straßenverkehr ohne Hindernis wahrgenommen werden konnte. Wo also unidentifizierbare Reize den Erkundungsdrang der Weidetiere besonders aktivieren können, sind höhere Anforderungen an die Zaunsicherheit zu stellen.

Im allgemeinen überspringen Pferde Hindernisse nur im Notfall oder unter Zwang; sie suchen fast immer den bequemen Weg unter Vermeidung von Hindernissen. Trotzdem gibt es immer einzelne Tiere, die so springfreudig sind, daß sie übliche Zaunhöhen oder Koppeltore überwinden. Hier hilft nur zusätzliche Abschreckung. Eine *absolut* sichere Zaunhöhe gibt es nicht. Unter dem Reiter haben Pferde schon Hindernisse von über 2,4 m Höhe überwunden. Ohne Reiter müßten theoretisch noch höhere Abgrenzungen überwunden werden können. Nun wird niemand unüberwindliche Zäune fordern. Die Expertenangaben über *relativ* sichere Zäune differieren hinsichtlich der Zaunhöhe zwischen 1 m und 1,8 m, meist werden Zaunhöhen ab 1,2 m aufwärts empfohlen.

Soweit möglich, sollte man naturgegebene Hindernisse wie Gräben, Bachläufe, Hecken, Waldränder, Böschungen usw. bei der Anlage von Zäunen miteinbeziehen. Diese natürlichen Begrenzungen werden von den Pferden meist besser respektiert als künstliche Zäune. Lebende Hecken sind das Optimum einer Einzäunung, da sie außer der Hütefunktion auch noch für Windschutz und Schatten sorgen und Lebensraum für Vögel und Kleinsäuger bieten. Es kann an dieser Stelle nicht auf die geeigneten Gehölze für eine Hecke eingegangen werden, hier lasse man sich entsprechend den Standortgegebenheiten (Boden, Klima usw.) von einem Landschaftsgärtner die passenden Gehölzarten nennen. Wichtig ist, daß man die für Pferde giftigen Büsche und Bäume wie Goldregen, Forsythie, Schneeball, Eibe, Lebensbaum, Robinie usw. meidet. Auch Weißdorn darf nicht mehr gepflanzt werden, da er als Wirtspflanze für den Feuerbrand Obstkulturen gefährdet.

Beim Einzäunen ist zum Nachbargrundstück ein Grenzabstand von mindestens 0,5 m einzuhalten. Pflanzt man Hecken, so sind zu landwirtschaftlich genutzten Nachbarparzellen je nach Heckenhöhe Grenzabstände bis zu 1,5 m einzuhalten.

Unter den künstlichen Zäunen wären Betonpfosten mit waagerechten, verzinkten Rohren dazwischen sicherlich das Optimum; sie sind wartungsfrei und praktisch unzerstörbar, leider aber auch fast unbezahlbar. Fast ebenso gut, aber preiswerter und schöner sind *Holzzäune*. Die Pfähle oder Pfosten aus Eiche, Lärche, Kiefer werden im Winter geschlagen. Noch haltbarer als Eiche sind Pfosten aus Robinie (falsche Akazie). Die Rinde der Robinie enthält das giftige Robinin, das tödliche Darmblutungen hervorrufen kann. Die Pfosten lassen sich nach einem Jahr Lagerdauer gut schälen und können dann verwendet werden. Wenig geeignet sind Fichtenpfosten, da ihre Lebensdauer zu kurz ist. Um die Haltbarkeit der Pfosten zu verbessern, werden sie nach dem Schälen mit einem Holzimprägniermittel gegen Fäulnis geschützt. Ein einfacher Anstrich ist jedoch wenig effektiv, da das Mittel nur oberflächlich aufgetragen wird und kaum ins Holz eindringt. Besser ist das Tauchverfahren, wobei die Pfähle zum Vollsaugen für mindestens acht Tage in eine Tonne mit teerölhaltigem Holzschutzmittel (Carbolineum o. ä.) gestellt werden. Am wirksamsten ist eine Imprägnierung im Kesseldruckverfahren. Im Druckkessel dringt das Holzschutzmittel tief in das Holz ein. Die Teerölaufnahme beträgt etwa 90 kg pro m^3 Holz. Wer einen wartungsfreien Zaun wünscht, sollte auch die Querstangen aus imprägnierten Hölzern wählen. Das bietet absolute Witterungsbeständigkeit und schützt vor Verbiß durch die Pferde.

Ungeeignet sind Salzimprägnierungen; sie werden unter freiem Himmel langfristig ausgelaugt, außerdem verleiten sie durch den Salzgeschmack zum Benagen. Dagegen wird Holz mit einer Steinkohlenteerölimprägnierung wegen des unangenehmen Geruchs und Geschmacks nicht verbissen.

Die Holzschutzimprägnierung muß mindestens 20 cm über die Eingrabtiefe des Pfostens reichen, da die Boden-Luft-Zone besonders fäulnisgefährdet ist. Sollen in einem bestehenden Zaun vermorschte Pfähle durch neue ersetzt werden, so darf man diese nicht in die alten Pfostenlöcher setzen. Die holzzerstörenden Pilze, die sich auch im angrenzenden Erdreich angesiedelt haben, würden sonst auch in Kürze den neuen Pfahl befallen. So werden Ersatzpfosten mit mindestens 1 m Abstand zum Standort des alten Pfahls gesetzt.

Nach einer Faustregel soll ein sicher sitzender Pfosten mit einem Drittel seiner Gesamtlänge im Boden sitzen. Für eine spätere Zaunhöhe von 1,2–1,3 m braucht man also Pfahllängen von mindestens 2 m. Der Mindestdurchmesser soll 10–12 cm betragen. Pfähle in den Koppelecken oder auch Torpfosten müssen mindestens 20 cm Durchmesser haben. Die Pfosten werden unten angespitzt, die Spitze soll doppelt so lang wie der Pfahldurchmesser sein. Solche Pfosten lassen sich gut einschlagen und haben festen Sitz; zu stumpfe Spitzen sitzen nicht gut, zu lange Spitzen brechen ab. Zum Einsetzen der Pfähle gibt es verschiedene Techniken:

– Man kann die Pfähle mit einem hölzernen Schlegel, etwa von einer Anhängerplattform aus, in den Boden treiben. Damit der Pfahlkopf nicht splittert, muß das obere Ende abgefast werden, auch darf kein eiserner Vorschlaghammer benutzt werden.

– Mit einem Erdbohrer (von Hand oder mit Zapfwellenantrieb) kann man 70–80 cm tiefe Löcher bohren. Nach dem Einsetzen des Pfostens muß die ausgehobene Erde gut beigestampft werden. Arbeitssparender ist es, den Bohrerdurchmesser etwas geringer als den Pfahldurchmesser zu wählen und den Pfosten mit einigen Schlägen in das enge Pfahlloch zu treiben.

– Bei steinfreiem Boden kann es ausreichen, die gespitzten Pfähle mit der kiesgefüllten Frontladerschaufel direkt ins Erdreich zu drücken, etwa im Frühjahr, wenn der Boden noch ausreichend feucht und nachgiebig ist.

– Einige Anbieter von Holzeinzäunungen bieten auch die Montage mit an. Mit einer leichten, am Schlepper angebrachten Ramme werden die Pfosten in den Boden gedrückt. Für die komplette Montage sind etwa 8–10 DM pro lfd. m Zaun in Ansatz zu bringen.

Je nach Pfostendurchmesser und Querstangenlänge soll der Abstand der Pfosten untereinander 2,5–4 m betragen. Es versteht sich von selbst, daß die Pfähle in gleichmäßigen Abständen und Fluchtlinie gesetzt werden. Hierzu werden zuerst die Eckpfosten an Grenzsteinen oder eingemessenen Punkten ausgerichtet und die Pfähle dazwischen nach Augenmaß eingefluchtet. Je nach Pfahlhöhe werden an die Pfosten zwei bis vier waagerechte Holzstangen genagelt; die Querstangen sollen mindestens 8–10 cm dick sein. Statt runder Stangen kann man auch halbierte Rundhölzer von ca. 14 cm Durchmesser oder Bohlen von 4 × 20 cm Querschnitt anbringen. Damit sich scheuernde Pferde die Stangen nicht nach außen herausdrücken können, werden sie stets innen an die Pfosten genagelt. Zur Schonung des Zauns kann man einen zusätzlichen Scheuerpfahl auf der Weide errichten.

Je nach Pfostenabstand reichen die Querhölzer über ein oder zwei Felder. Überdecken die Stangen zwei oder mehr Felder, so erhöht das die Stabilität des Zauns. Ich empfehle, die oberste Stange *auf* die Pfostenköpfe zu setzen. Im Hirnholz halten die Nägel zwar nicht so gut, das ist aber vorteilhaft, wenn ein Pferd den Zaun doch einmal überspringt und etwa hängenbleibt. Bei seitlicher Befestigung haben die Nägel mehr Halt, die Stange könnte brechen und splittern, was die Verletzungsgefahr erhöht.

Die übrigen Stangen werden in gleichmäßigen Abständen zwischen Boden und oberster Stange angebracht. Sie müssen mit 40–50 cm Abstand untereinander sicher verhindern, daß ein Pferd zwischen den Stangen durchsteigen oder unter der unteren Stange durchrollen kann. Auf Fohlenweiden hat sich eine zusätzliche, auf dem

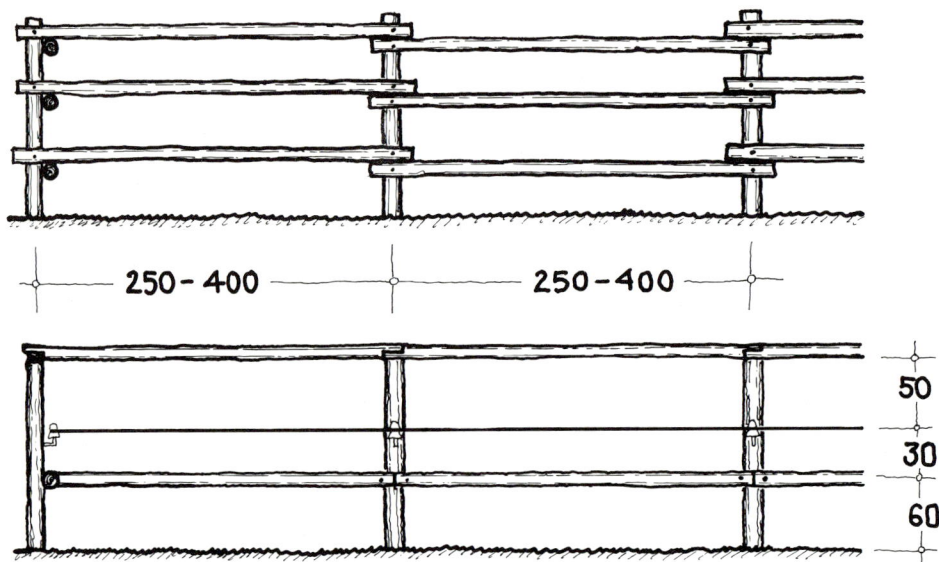

250-400   250-400

50
30
60

Abb. 38: Holzzaun mit überlappenden Querstangen (oben), unten Holzzaun mit zusätzlichem Elektrodraht, hierdurch läßt sich eine Reihe der Querstangen einsparen.

Boden verlegte Stange bewährt. Viele Fohlen ruhen nämlich gern direkt neben dem Zaun, im Schlaf oder beim Aufspringen könnten sie unter dem Zaun nach draußen rollen, was die Bodenstange verhindern hilft.

Die Querstangen werden entweder auf einer Höhe stumpf gestoßen, mit Überblattung zugeschnitten oder am Stoßpunkt jeweils überlappt angeschlagen. Besonders guten Halt gibt die kraftschlüssige Verbindung stumpfgestoßener Stangen mittels verzinkter Rundholzverbinder und Spezialrillennägel. Es erleichtert das Annageln und erspart das Einmessen, wenn man nach dem exakten Anbringen der obersten Stange die unteren Querriegel zur Montage an Haken aus Moniereisen anhängt. Da sich Rundhölzer schlecht annageln lassen, sollte man sie an den Auflageflächen etwas abflachen.

Die Nägel zur Befestigung der Querstangen sollen so lang sein, daß die Einschlagtiefe in den Pfosten ½ bis ⅔ des Pfostendurchmessers beträgt. Damit das Holz nicht reißt, werden die Nagelspitzen vorher mit einem leichten Hammerschlag etwas abgestumpft. Zwei schwächere Nägel geben mehr Halt als ein starker Nagel; Einfetten der Nägel erleichtert das Einschlagen.

Sinnvoll ist die Kombination eines stabilen Holzzaunes mit einem zusätzlichen Elektrodraht. Dieser verhindert das lästige Nagen und Scheuern am Holz und erspart darüber hinaus eine Querstange. Ein verzinkter Glattdraht, mit Krampen auf die Querstange genagelt, erschwert zumindest den Pferden das Benagen der Stange. Wird aber doch mal eine Querstange so stark benagt, daß sie bricht, so hält wenigstens der Draht die Stangenteile zusammen und vermeidet so eine Lücke im Zaun.

Pferde sind Lauftiere, deshalb müssen die Koppelbegrenzungen auch von galoppierenden Pferden noch rechtzeitig wahrgenommen werden können, um ohne Schaden vor dem Zaun stoppen zu können. In der schlechten Erkennbarkeit liegt der Hauptnachteil aller *Drahtzäune*. Besonders gefährlich und deshalb ungeeignet für Pferdekoppeln ist Stacheldraht. Wo Pferde und Rinder dieselben Weiden begehen, sollte die stacheldrahtgezäunte Koppel für die Pferde wenigstens mit einer oberen, gut sichtbaren Rundstange „entschärft" werden. Ein zusätzlicher Elektrodraht auf Abstand vor dem Stacheldraht hilft, die Pferde vom Zaun fernzuhalten. Einzäunungen aus Glattdrähten sind selten. Auch sie haben den Nachteil, daß Pferde die Drähte schlecht erkennen können. Außerdem können solche Zäune ziemlich schnell ruiniert werden, wenn sich die Pferde Hälse und Mähnen zwischen den Drähten scheuern und die Drähte dabei ausleiern.

Die Ansichten über Knotengitter sind geteilt. Meist werden sie dort eingesetzt, wo zur Weidepflege außer den Pferden noch Schafe gehalten werden. Wenn Pferde mit dem Fuß durch das engmaschige Drahtgitter treten, kann es beim panischen Zurückreißen des Hufs böse Fesselverletzungen geben. Auch können sich beschlagene Pferde in den Knotengittermaschen die Eisen abreißen.

Abb. 39: Einzäunungen aus Glattdraht sind vom Pferd nur schwer zu erkennen.

So ist als Knotengitterzaun für Pferdekoppeln grundsätzlich ein grobmaschiges Drahtgeflecht zu empfehlen, das möglichst mit einem zusätzlichen Elektrodraht gesichert wird.

In der schlechten Erkennbarkeit des Elektrozauns liegt der Hauptnachteil dieser ansonsten von den Pferden meist gut respektierten Einzäunung. Nach einmaliger Bekanntschaft mit dem elektrischen Impuls bleiben die meisten Pferde dem Zaun fern. Allerdings findet man gerade unter Ponys Vertreter, die in aller Gemütsruhe, geschützt von einer dicken isolierenden Mähne, seelenruhig durch den Zaun marschieren. So bringt man zur Abschreckung am besten an einem Regentag zu Beginn der Weidesaison die nassen Pferde am Strick und Halfter einmal in Kontakt mit dem Elektrozaun. Dieser einmalige Schock reicht meist aus. Unverbesserlichen Ausbrechern muß notfalls mit einem antennenartig am Halfter angebrachten Drahtstück der notwendige Respekt vor dem elektrischen Impuls beigebracht werden.

Abb. 40: Knotengitterzäune sind für Pferdekoppeln nicht ungefährlich, da die Tiere mit den Hufen in den Maschen hängenbleiben können.

Als vorübergehende Abtrennung von Portionsweiden innerhalb einer festen Abgrenzung ist der Elektrozaun uneingeschränkt zu empfehlen. Über seine Eignung als alleiniger Außenzaun gehen die Ansichten auseinander. Ein BGH-Urteil (IV ZR 212/75) fordert, daß Elektrozäune auch bei panikartigem Ausbruch des Viehs denselben Schutz gewähren müssen wie konventionelle Stacheldraht- oder Knotengitterzäune. Dagegen wird in einem Urteil des OLG Celle (5 U 25/76) ausgeführt, daß hinreichend schlagkräftige Elektrozäune gegen Ausbruchversuche von Pferden keinen geringeren Schutz bieten als herkömmliche Drahtzäune. Der Sachverständige hatte dem Gericht dargelegt, daß Pferde gegen Elektroschläge empfindlicher sind als Rinder. So sei der Elektrozaun zwar nur ein geringes physisches Hindernis, doch sei die psychologi-

sche Abschreckungswirkung entscheidend. Bei einem panikartigen Ausbruch seien Pferde weder durch einen Elektrozaun noch durch einen üblichen Drahtzaun mit Sicherheit zu halten.

Die Unfallverhütungsvorschriften der Landwirtschaftlichen Berufsgenossenschaften empfehlen für Außenzäune (mindestens) zwei stromführende Drähte, kleinere Pfahlabstände (8–10 m) und für Dauerzäune stärkere Pfosten (Holzpfosten von 8–12 cm Durchmesser). Falls Verkehrsstraßen oder Eisenbahnlinien in Weidenähe liegen, wird ein besonders gewissenhafter Aufbau gefordert. Unerläßlich sind Betriebskontrollen, hierzu zählen Kontrolle des Geräts, besonders der Hütespannung (täglich 1–2malige Kontrolle) und tägliche Überprüfung des Zauns auf mechanischen Zustand und Bewuchs.

Alle Zaungeräte müssen DIN 57667/VDE 0667 „Elektrozaungeräte" entsprechen. Diese Übereinstimmung erkennt man am VDE-Zeichen auf dem Gerät. Das VDE-Zeichen testiert dem Gerät auch eine ausreichende

Abb. 41: Elektrozaun aus reflektierenden Litzen.

Funkentstörung. Ein Gerät, das auch das Prüfzeichen der DLG (Deutsche Landwirtschaftsgesellschaft) trägt, erfüllt die vorgenannten Bedingungen und hat darüber hinaus seine Praxistauglichkeit bewiesen.

Die Hauptbausteine eines Zaungeräts sind Energiequelle, Taktgeber (Unterbrecher), Transformator, Kondensator. Energiequelle ist bei Netzgeräten das 220-V-Wechselstromnetz bzw. bei Batteriegeräten der Gleichstrom (9 Volt) aus Trockenbatterien. Seltener werden Akkumulatoren (Autobatterien mit 12 Volt) eingesetzt, da sie der Pflege bedürfen. Netz- und batterieunabhängige Zaungeräte mit Solarzellen als Energiespender haben sich bisher nicht durchsetzen können.

Fest installierte Netzgeräte sind dort besonders geeignet, wo die Weiden hofnah an den Standort der Pferdehaltung bzw. den Wohnsitz des Halters angrenzen. Alle Zaungeräte müssen Kontrolleinrichtungen besitzen.

Netzgeräte sind mit zwei Kontrollanzeigen ausgestattet, einmal für die Gerätefunktion (Netzkontrolle), zum anderen für die Hütespannung. Die Hütespannungskontrolle spricht an, wenn die Zaunspannung auf weniger als 2000 V sinkt. Bei Batteriegeräten ist die Kontrolle besonders wichtig, da während des Betriebs die Batteriekapazität abnimmt. Auf den 9-Volt-Trockenbatterien ist die Kapazität als Ah-Wert vermerkt. Dividiert durch den für das Zaungerät angegebenen Stromverbrauch ergibt sich die erreichbare Betriebsstundenzahl: Eine 9 V/90 Ah-Batterie liefert bei einem Verbrauch von 15 mA $(= 0,015$ A$)$ $\frac{90\ Ah}{0,015\ A} = 6000$ Betriebsstunden. Bei schlechter Zaunisolierung ist der Stromverbrauch höher; einem Verbrauch von z. B. 27 mA entsprechen dann nur noch 3330 Betriebsstunden. Unter den genannten Bedingungen reicht diese Batterie bei Tag-Nacht-Betrieb also für 250 bzw. 140 Weidetage.

Für die Auswahl des passenden Zaungeräts gilt die Regel: Je unempfindlicher die Tiere, je größer die Bewuchsgefahr, je länger der Zaun und je höher das Sicherheitsrisiko (Nähe zu Verkehrslinien), desto stärker sollte das Gerät sein. Es gibt heute extrem kurzschlußfeste Hochleistungsgeräte, die durch ihre hohe Impulsenergie weitgehend bewuchsunempfindlich sind und sogar Bewuchs am Zaun zum Abwelken bringen können.

Der eigentliche Zaun besteht aus einem oder mehreren stromführenden Drähten oder Litzen, die vom Zaungerät mit Stromimpulsen versorgt werden. Isolatoren trennen den spannungsführenden, impulsleitenden Draht vom geerdeten Zaunpfahl aus Holz oder Metall. Berührt das Weidetier den Draht, so wird der Stromkreis gegen Erde kurzgeschlossen, das Tier erhält einen elektrischen Schlag. Die Isolatoren müssen Zaunspannungen bis 10000 Volt bei Umgebungstemperaturen von -15 bis $+50\,°C$ trotzen können. Übliche Isolatoren mit Schlitz oder Ring zum Einlegen der stromführenden Drähte sind aus Polyäthylen oder Polypropylen gefertigt. Durch die UV-Strahlung der Sonne wird dieses Material auf die Dauer spröde und porös, was bei Feuchtigkeit die Isolierwirkung verringert. Eine rund fünfmal höhere Lebenserwartung haben aufgrund ihrer besseren UV-Stabilität und Schlagfestigkeit Isolatoren aus Polycarbonat, allerdings sind sie auch entsprechend teurer. Seit einigen Jahren wird ein aus Neuseeland stammendes Elektrozaunsystem angeboten, das ohne Isolatoren auskommt. Seine Besonderheit ist ein alle 8–10 m zu setzender Zaunpfahl aus einem australischen Hartholz, das wegen seiner hohen Dichte recht gute Isoliereigenschaften besitzt. An den mit vorgefrästen Kerben ausgestatteten Pfählen wird der Zaundraht mittels vorgeformter Drahtstücke direkt befestigt. Nur an den Weideecken und Toren werden stabile, konventionelle Pfosten benötigt, an denen Porzellanisolatoren die stromführenden Drähte aufnehmen.

Als Zaundrähte werden üblicherweise verzinkte Eisendrähte von 1,5–2,5 mm Durchmesser verwendet. Die Erfahrungen mit Kunststofflitzen, die mit Kupfer- oder Edelstahlseelen (dünnen Drähten) durchwirkt sind, sind nicht so gut. Sie haben einen hohen elektrischen Widerstand, so daß sich die maximale Zaunlänge auf nur rund 1000 m verringert. Bei Überdehnung kann es zum Bruch der dünnen Metalldrähte kommen, ohne daß man das optisch feststellen kann. Durch elektrische Überschläge kann an solchen Bruchstellen der Kunststoff schmelzen und die ganze Litze reißen.

Der Nachteil aller dieser dünnen Zaunbegrenzungen ist die schlechte Wahrnehmbarkeit. Durch Strohkordeln, Wäscheklammern, Flatterbänder und ähnliche Bastellösungen kann man Elektrozäune besser sichtbar machen. Einfacher geht das mit silberglänzenden Folienbändern, die serienmäßig aus mehreren Schichten Kunststoff und leitender Aluminiumfolie dazwischen hergestellt werden. Für eine gute optische Wirkung soll das Folienband stets verdrillt verlegt werden. Schon bei leichtem Luftzug flattert das Band, wobei sich die Reflexion des glänzenden Bandes ständig ändert. Durch seine Breite von 8 mm setzt das Band dem Wind starken Widerstand entgegen und kann so bei Sturm reißen. Der Hersteller empfiehlt deshalb eine zusätzliche stromführende Eisendrahtlitze. Zum Folienband wurden speziell für Pferdeweiden lange weiße Kunststoffzaunpfähle – 1,7 m lang mit drei Ösen und 20 cm langem Bodennagel oder Doppelspitze – geschaffen.

Fast schon als Kompromiß zwischen Massivzaun und Elektrozaun zu bezeichnen sind 20–45 mm breite Elektrotextilbänder, in deren stabiles Kunststoffgewebe stromführende Metallseelen eingewebt sind. Mit Spezialisolatoren werden diese Bänder an hölzerne Zaunpfosten befestigt. Derartige Bänder eignen sich auch zur Einzäunung von Paddocks.

Seit rund zehn Jahren werden Zäune aus Gummigurten eingesetzt. Die 50 m langen, 6–10 cm breiten Gurte werden aus alten Förderbändern des Bergbaus geschnitten. Durch ihre Elastizität sind Verletzungen der Pferde praktisch ausgeschlossen, darüber hinaus ist das Material witterungsbeständig und praktisch wartungsfrei, außerdem soll es von den Pferden nicht benagt werden. Letzteres stimmt nicht ganz. Aus Langeweile haben Jungpferde gelegentlich die aus den Gummibändern herausragenden Textilfäden gezupft, die sich beim Abschlucken zu ballähnlichen Gebilden im Magen verdichten. Man sollte daher diese Zäune mit einer Lötlampe abflammen, damit keine Fäden mehr zum Knabbern locken. Bei 6 cm Gurtbreite sind Pfostenabstände von 3,5–4 m möglich, breitere Gurte erfordern geringere Abstände von 2–2,5 m. Damit die Gurte nicht schlapp durchhängen, müssen sie mit Traktor oder LKW gespannt werden. Hierzu sind die stark belasteten Eckpfosten mindestens 1,2 m in das Erdreich einzulassen und abzuspreizen oder abzuspannen. Der Gurt wird um den Eckpfosten herumgelegt und mit verzinkten Schloßschrauben und Unterlegscheiben verbunden. An den übrigen Pfosten wird der vom Traktor unter Spannung gehaltene Gummigurt mit verzinkten Rillennägeln angeschlagen. Gummigurte sind eine ideale Einzäunung für lange, geradlinige Weidegrenzen, ungeeignet sind sie für kleinere, winklige Koppeln mit vielen Richtungsänderungen oder Toren.

Inzwischen wurden zum Gummizaun Alternativen entwickelt, etwa ein weißes, einbrennlackiertes, profiliertes Aluminiumband mit zwei in die seitlichen Bördelungen eingezogenen Stahldrähten. Dieses Aluband ist 10 cm breit, 0,5 mm stark und wird in Rollen von 100 m Länge geliefert. Die in den Rändern eingearbeiteten Drähte dienen zur Verstärkung und zum Nachspannen des Zauns. Das Aluband wird mit Befestigungsbügeln und Schrauben an Holzpfosten von 4–5 m Abstand befestigt. Nach gleichem Prinzip gefertigt kam ein breites PVC-Band mit zwei eingearbeiteten verzinkten Stahlseilen auf den Markt. Auch diese 100 m langen PVC-Streifen können mittels Spezialspannern von Hand nachgespannt werden. Mit dem Argument unbegrenzter Witterungsbeständigkeit, Verrottungsfestigkeit und Verletzungsfreiheit werben auch die Hersteller von Vollkunststoffzäunen aus Hart-PVC-Profilen, Polyethylen oder dem

schlagzähen Polycarbonat. Es handelt sich um extrudierte Hohlprofile, die je nach System mit Nieten oder Schrauben oder durch spezielle Steckverbindungen untereinander verbunden werden. Der hohe Preis pro lfd. m verbietet in der Regel den Einsatz als Weidezaun, eher findet man Vollkunststoffzäune als Paddockbegrenzungen.

Tore und Durchlässe in der Umzäunung sollen leicht zu handhaben und sicher zu verschließen sein. Um die Koppeln mit Schlepper, Maschinen und Anhänger befahren zu können, müssen die Tore mindestens 4 m breit sein. Am einfachsten zu erstellen ist das Stangentor oder Rick. Es besteht aus 3–4 Rundhölzern, die zwischen Doppelpfosten aufliegen; statt der Doppelpfosten kann man auch stabile Flachstahlschlaufen oder angespitzte Hufeisen zur Aufnahme der Stangen an kräftigen Torpfosten anbringen. Im praktischen Gebrauch, wenn man täglich Pferde von der Koppel holen soll, erweist sich das Rick als unpraktisch. Es ist nämlich gar nicht so leicht, mit dem gewünschten Pferd am Strick die Weide zu verlassen, gleichzeitig die nachdrängende Herde fernzuhalten und dabei noch die Querstangen wieder einzulegen.

Nicht viel besser in der Handhabung ist das Spanndrahttor. Auf Pferdeweiden sollte es selbstverständlich nicht aus Stacheldraht, sondern aus glatten Drähten bestehen. Bei einer Torbreite von 4 m oder darüber ist ein Mittelpfosten zum Ausrichten erforderlich. Das Bedienen dieser Torform erfordert etwas Kraft, besonders beim Schließen, wenn der obere Drahtbügel über Torpfosten und Torstange gelegt werden muß und man nur eine Hand frei hat, weil die andere das Pferd am Halfter halten muß.

Eine praktische Lösung sind Schiebetore, auf ein paar Stützrädern laufend und durch U-förmige Schlaufen geführt. Neben der leichten Bedienbarkeit haben sie den Vorteil der wachsenden Öffnungsweite, je nachdem ob nur ein Mensch, ein Mensch mit Pferd oder Schlepper mit Maschinen das Tor passieren müssen. Am schönsten, aber auch konstruktiv am aufwendigsten und deshalb

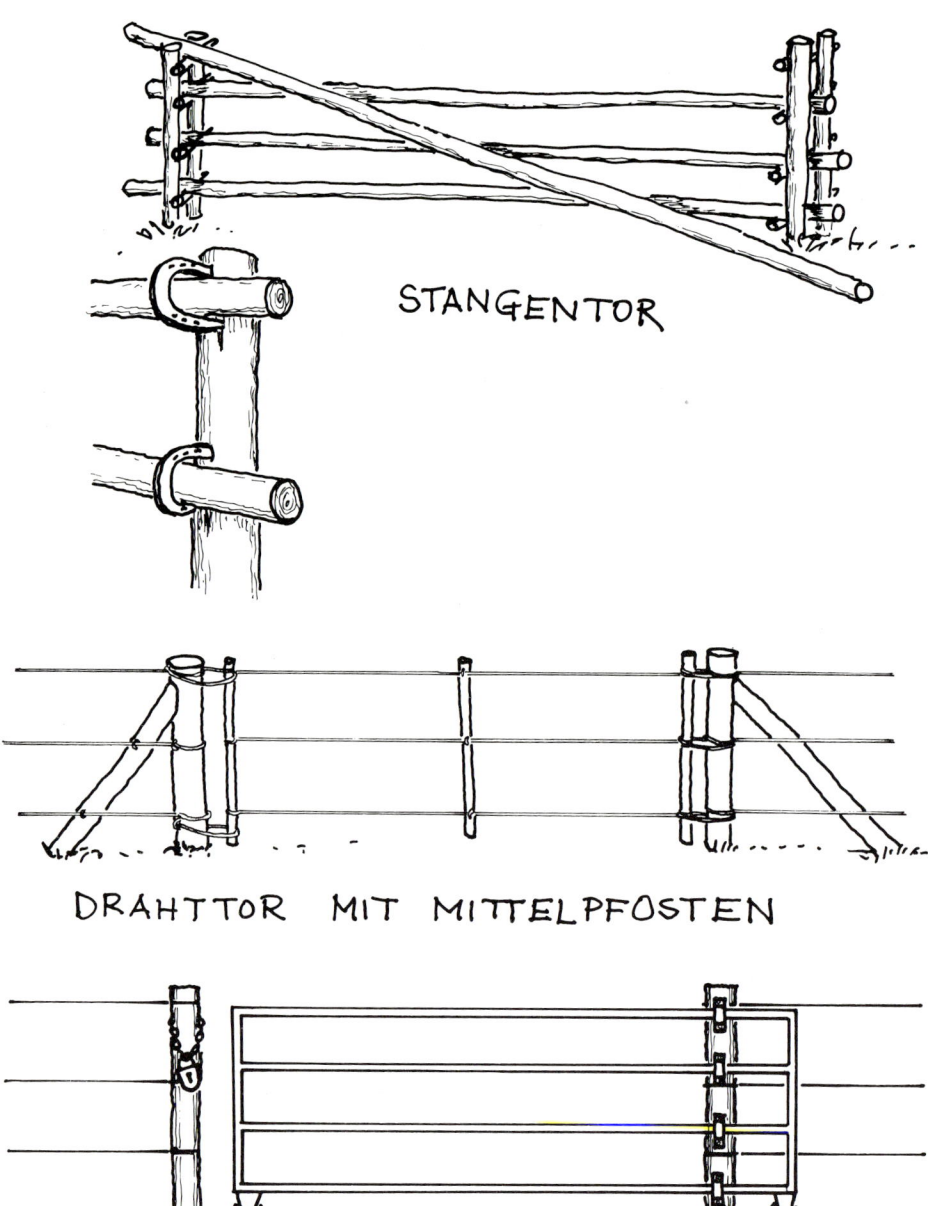

STANGENTOR

DRAHTTOR MIT MITTELPFOSTEN

SCHIEBETOR

Abb. 42: Verschiedene Möglichkeiten der Konstruktion von Weidetoren. Stangentore und Drahttore sind in der Handhabung unpraktisch, da sie mit einer Hand nur schwer zu bedienen sind.

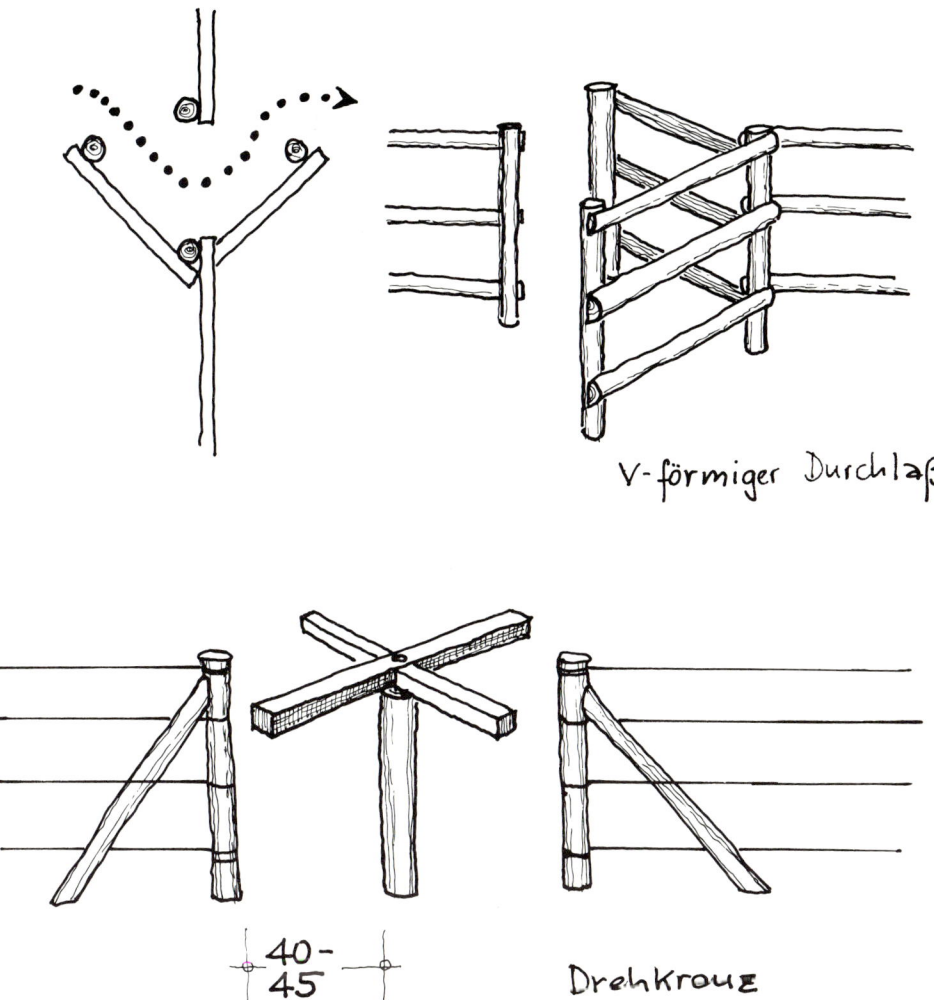

V-förmiger Durchlaß

40-45

Drehkroug

Abb. 43: Personendurchlässe für Weide und Paddock.

teuer sind zweiflügelige Gattertore, die mit Langbändern an stabile Torpfosten gehängt werden. Durch den langen Hebelarm der Torflügel werden die Pfosten belastet; damit sie sich nicht nach innen neigen, müssen sie besonders tief und fest in gut verdichtetem Erdreich sitzen. Zur Stabilisierung kann man die Torflügel auch in eine Rahmenkonstruktion einhängen.

Bei allen Torformen können die Verschlüsse gar nicht stabil genug sein. Pferde sind oft ausgesprochen erfinderisch beim Öffnen. Empfehlenswert sind z.B. massive Schubriegel, die zusätzlich durch Karabinerhaken oder Vorhangschlösser gesichert werden. Die Tore weit vom Hof entfernter oder besonders dicht an Verkehrsstraßen liegender Weiden sollten immer durch Schlösser zu sichern sein.

Bei täglicher Nutzung einer Koppel oder eines Auslaufs kann eine „Schleuse", eine zusätzliche abgezäunte Fläche von einigen Quadratmetern, eine Arbeitserleichterung

Abb. 44: Wasserversorgung auf der Weide mit einem Tankwagen. Über das Gestell kann zum Schutz gegen zu starke Erwärmung des Wassers ein Schattiergewebe gezogen werden.

darstellen. Die „Schleuse" verhindert ein Ausbrechen der ganzen Herde, wenn man nur ein Tier holen will, hier kann man unbelästigt von den übrigen putzen und satteln, hier kann der Wasserwagen abgestellt werden, so daß die Pferde zwar die Tränkeschale erreichen, aber sonst keinen Unfug mit dem Tankwagen anstellen können.

Jeder Pferdehalter sollte es sich zur Pflicht machen, regelmäßig seine Weidezäune zu überprüfen und schadhafte Stellen sofort zu reparieren. Der Aufwand an Zeit und Geld steht in keinem Verhältnis zu den verhängnisvollen Folgen, die der Ausbruch von Pferden aus einer nachlässig eingezäunten Koppel haben kann.

Wie immer wieder betont wurde, sind Pferde robuste Tiere, die relativ unempfindlich gegen Klimaunbilden sind. Doch kann leicht aus Robusthaltung Vernachlässigung werden, wenn Pferde auf kahler Weidefläche ohne Schutz vor Insektenplage, stechender Sonne oder anhaltend schlechtem Wetter gehalten werden. Ein natürlicher oder gebauter *Witterungsschutz* sollte auch auf der Koppel vorhanden sein. Als Schutz gegen Aufheizung durch direkte Sonneneinstrahlung ist Schatten die erste Abhilfe. Es gibt kaum bessere Schattiereinrichtungen als große alte Bäume. Sie dämmen durch die zahlreichen Blätterschichten die Sonnenstrahlen ab, lassen dabei aber die Luft ringsum zirkulieren. Allerdings muß man die Rinde ihrer Stämme vor Verbiß schützen, eine Manschette aus kräftigem Maschendraht von den Wurzeln bis in zwei Meter Höhe verhindert, daß Pferde durch Benagen einem Schattenbaum den Tod bringen. Eine Neuanpflanzung von Schattenbäumen auf der Koppel kommt wohl erst den Pferden der nächsten Besitzergeneration zugute. Es sollten heimische, schnellwachsende und standfeste Bäume sein. Bewährt haben sich Linde, Esche, Roßkastanie, Kopfweide; besonders gut eignet sich der Walnußbaum, da

Abb. 45: Pferdegerechte Weideabgrenzung mit Holzzaun, langgeschnittene Weideparzellen, die dem Bewegungsbedürfnis der Pferde entgegenkommen.

er von Fliegen gemieden wird. Nicht ohne Grund hatten die Hufschmiede früher ihren Beschlagplatz oft unter Nußbäumen, und auch Dungstätten spendeten sie Schatten.
So positiv Einzelbäume oder Hecken in einer kahlen Feldflur zu bewerten sind, so unangenehm können dagegen Weideflächen im Wald oder am Waldrand für die Pferde sein. Hier finden sie zwar Schatten, doch kann an windstillen Tagen in den Sommermonaten die Insektenplage zum Martyrium der Weidetiere werden. Auf großen freien Koppeln ohne natürlichen Schutz, wie man sie häufig an den Küsten oder entlang der Flußläufe Norddeutschlands findet, soll man den Weidepferden entsprechenden Schutz in Form von einfachen Weideschuppen bieten. Der gewissenhafte Pferdehalter wird aber beim Bau erleben können, wie paradoxerweise den Forderungen des Tierschutzes

nach Witterungsschutz schwerwiegende Einschränkungen des Baurechts entgegenstehen. Nach der Landesbauordnung ist nämlich selbst so ein bescheidenes Gebilde wie ein Weideschuppen eine bauliche Anlage und damit genehmigungspflichtig. Wie unter Punkt 4.4 Baurecht dargestellt, ist der Landwirt hier als für das Bauen im Außenbereich Privilegierter gegenüber dem Nichtlandwirt im Vorteil. Es empfiehlt sich also, vor Pacht einer Koppel den Landwirt vorher noch den Unterstand „zum vorübergehenden Schutz von Tieren" errichten zu lassen und erst dann die komplett ausgestattete Weide mit Weideschuppen und Einzäunung zu übernehmen.
Ideal ist ein etwas erhöhter Standort des Weideschuppens auf trockenem, sandigem Untergrund. Hier genügt es, alle paar Tage den Mist zu entfernen und am Ende der Weideperiode die obere Sandschicht abzutragen und frischen Sand aufzuschütten. Bei einem sehr feuchten Untergrund sollte der Boden 30–60 cm tief ausgehoben und mit Schichten aus Kies oder Schotter, Feinkies oder Asche, Sand oder Sägespänen aufgefüllt

Abb. 46 (oben): „Halbmobile" Nurdachhütte als Weideunterstand, die bei Bedarf auf eine andere Koppel umgestellt werden kann.

Abb. 47 (unten): Mobiler Weideunterstand, hier aus einem alten Anhänger mit ausklappbaren Vordächern.

werden. Der Mist ist regelmäßig abzulesen, die Sand-Sägespäne-Schicht muß gelegentlich entfernt und erneuert werden.

Für einen Weideunterstand rechnet man mit etwa 6 m²/Pferd. Je nach Bauordnung liegt die Obergrenze der Genehmigungsfreiheit einer „zum vorübergehenden Schutz von Tieren" bestimmten Weidehütte zwischen 50 und 100 m² Grundfläche und 4 oder 5 m Firsthöhe. In der Regel wird der Unterstand mit drei geschlossenen Wänden und einer offenen Längsseite ausgeführt; wo die Landesbauordnung feste Gründungen (z. B. Betonfundamente) ausschließt, könnte man die Schutzhütte in Mastenbauweise (aus Telegrafenmasten) errichten. Für eine kleine Hütte kann statt des Eingrabens der Masten auch eine Gründung auf alten Eisenbahnschwellen gewählt werden, die ihrerseits mit Drehankern im Erdreich fixiert werden.

Diese Gründung ist dort sinnvoll, wo sich der Untergrund für eine Mastengründung nicht eignet (z. B. felsiger oder mooriger Boden) oder wo, etwa bei kurzfristigen Pachtverträgen, eine Demontage mit anschließendem Wiederaufbau der Schutzhütte beabsichtigt ist. Als derartiger „halbmobiler" Unterstand eignet sich auch eine „Nur-Dach-Hütte" mit Spannweite von 5–6 m bei einer Dachneigung von ca. 50°. Die Unterkonstruktion besteht aus Rundhölzern, die mit den auf dem Boden bzw. auf Streifenfundamenten liegenden Schwellen verbunden sind.

Für kurze Zeit und für wenige Pferde kann auch ein an einem Pferdetransportanhänger montiertes serienmäßiges „Stallzelt" als Regen- oder Schattendach dienen. Wenn die Koppel gewechselt wird, wird der mobile Witterungsschutz von der Weide entfernt.

8. Bauen in Eigenleistung

Viele Pferdehalter schätzen all die Aktivitäten rund ums Pferd fast ebenso wie das Reiten selbst – die Weidepflege, das Heumachen und Strohbergen, aber auch die handwerklichen Arbeiten des Zäuneziehens, der großen und kleinen Reparaturen. Die Freude am Selbermachen, am Schöpferischen, wird von vielen Menschen als Selbstverwirklichung und Kontrast zu einer anonymen beruflichen Tätigkeit empfunden. Für diese „Ranchernaturen" kommt nur der Selbstbau des eigenen Stalles in Frage.

Meine bereits mehrfach zitierte Umfrage in „Freizeit im Sattel" bestätigte das große Interesse an baulicher Selbsthilfe. Fast 50% hatten ihren Stall in Eigenleistung errichtet, fast 35% hatten ein vorhandenes Gebäude

selbst zum Pferdestall umgebaut; nur in 6% aller Fälle wurde eine Baufirma mit einem Neubau betraut, und weniger als 2% entschieden sich für einen Fertigstall. Das Umfrageergebnis war sicher nicht repräsentativ für den Pferdestallbau allgemein, es gab vielmehr einen Querschnitt durch die kleinen privaten Haltungen mit 2 bis max. 6 Pferden für die Freizeitnutzung.

Grundsätzlich lassen sich mehrere Intensitätsstufen der baulichen Selbsthilfe unterscheiden. Wer nur geringe Bauerfahrung und wenig handwerkliches Geschick besitzt, sollte sich auf *tätige Mithilfe* beschränken, während ein Bauunternehmen das Projekt durchführt. Natürlich bleibt die Baukostenersparnis hier gering, da allenfalls ein Hand-

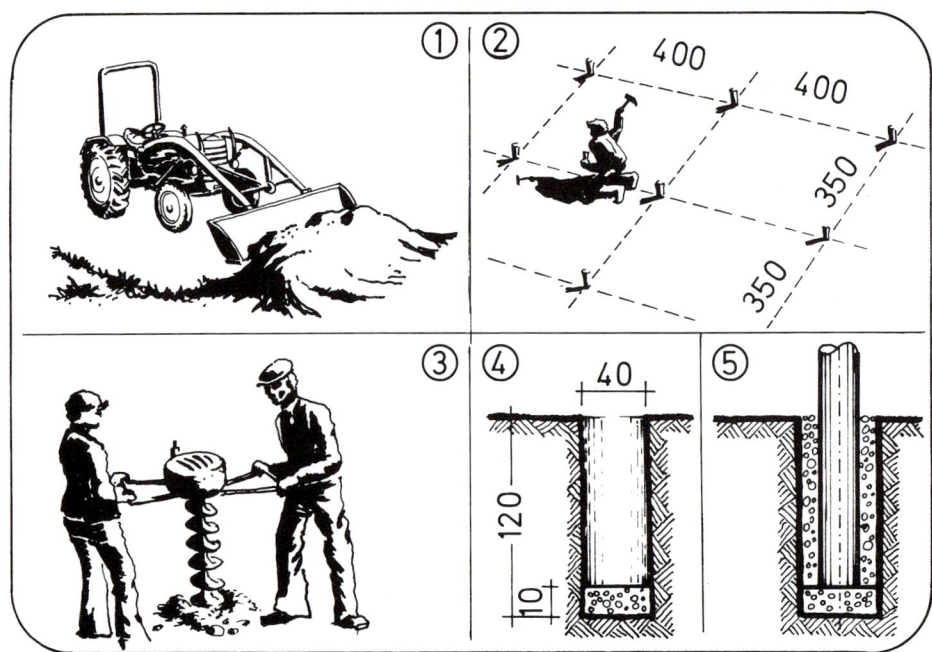

Abb. 48: a – d (von links oben nach rechts unten): Arbeitsschritte beim Bauvorgang für eine Schutzhütte in Mastenbauweise in Eigenregie (Erläuterungen siehe Text).

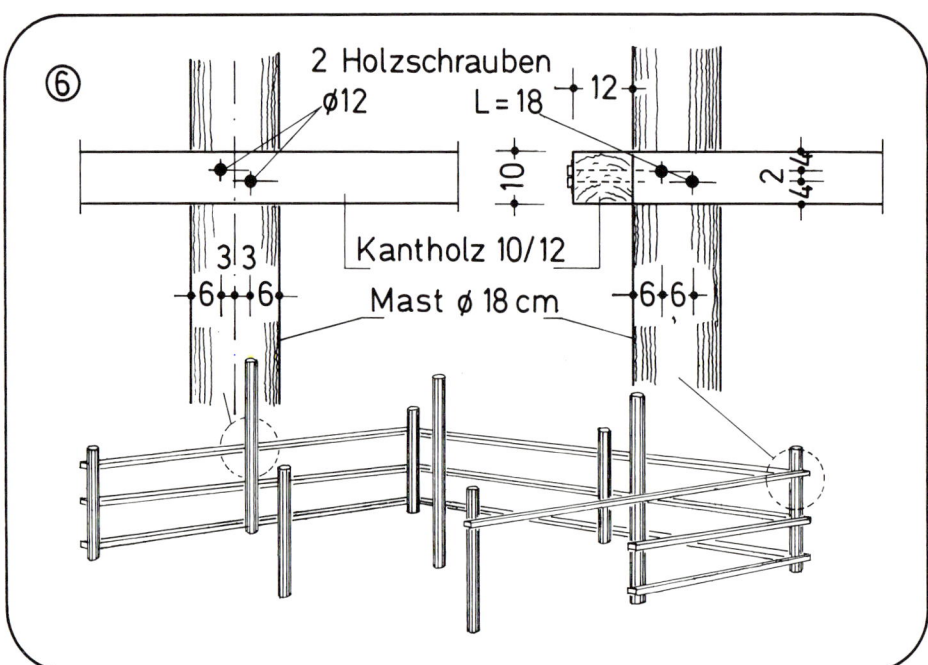

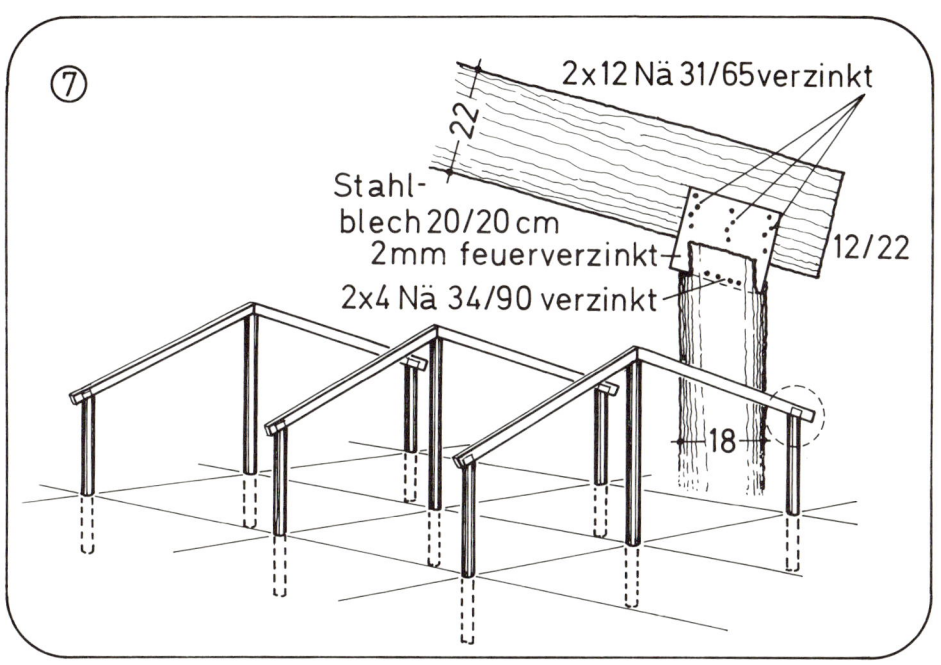

⑦

2x12 Nä 31/65 verzinkt

22

Stahl-
blech 20/20 cm
2mm feuerverzinkt
2x4 Nä 34/90 verzinkt

12/22

18

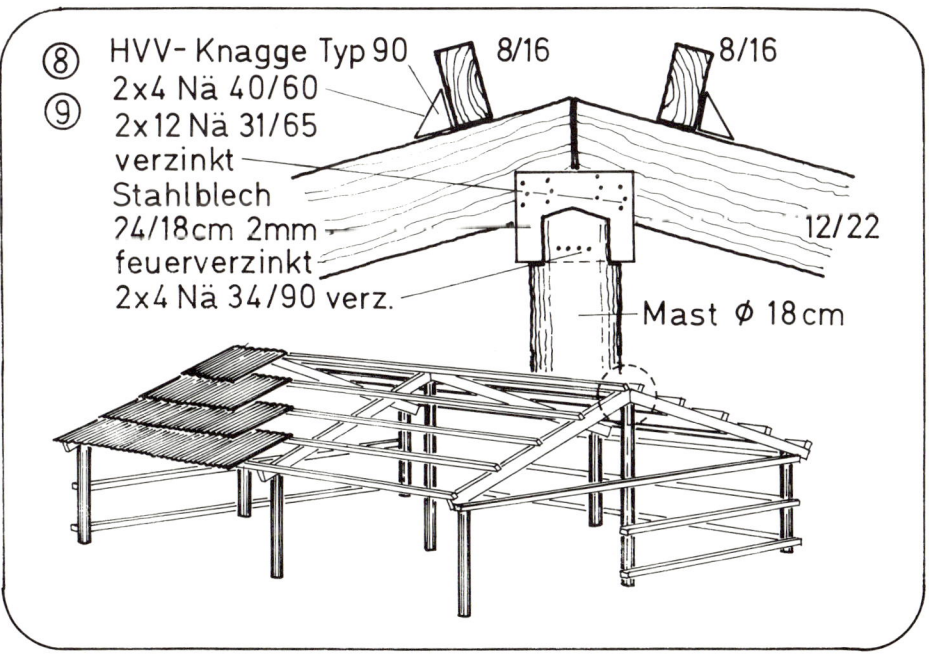

⑧
⑨

HVV- Knagge Typ 90   8/16   8/16
2x4 Nä 40/60
2x12 Nä 31/65
verzinkt
Stahlblech
24/18cm 2mm
feuerverzinkt
2x4 Nä 34/90 verz.

12/22

Mast ⌀ 18 cm

langerlohn eingespart wird. Dennoch wirkt es sich positiv aus, wenn der Bauherr auf seiner Baustelle selbst mit Hand anlegt; meist steigert das die Arbeitsmoral der Bauhandwerker, mancher „Pfusch" unterbleibt, der Bauherr kontrolliert selbst, ob ausgeschriebene und angebotene Bauleistungen auch tatsächlich erbracht werden. Es erleichtert ihm spätere Umbauten oder Reparaturen, wenn er während der Bauzeit beobachten konnte, wo z. B. die Leitungen für Wasser oder Strom verlegt wurden.

Wo eine Haltergemeinschaft oder ein Reitclub eine größere Stall- oder Reitanlage selber bauen will, lohnt sich die *Eigenregie* bei Organisation und Abwicklung der Baumaßnahme. Neben den eigenen Arbeitskräften werden Fachhandwerker beschäftigt, deren Arbeit nach geleisteten Stunden oder nach kompletten Bereichen wie Dacheindeckung, Wasser- oder Elektroinstallation abgerechnet wird. Durch diese Form der Kooperation zwischen „Eigenbauunternehmern" mit Fachhandwerkern und sonstigen Fremdarbeitskräften (z. B. vom landwirtschaftlichen Maschinenring) konnten schon große Projekte realisiert werden, deren Finanzierung bei Vergabe sämtlicher Leistungen an Bauunternehmen und Handwerksbetriebe nicht möglich gewesen wäre.

Wer es sich zutraut, kann natürlich (fast) alle Bauarbeiten in Eigenverantwortung mit eigenen Kräften durchführen. Diese intensivste Form der Selbsthilfe verlangt vom Bauherrn Organisationstalent, bauliche Fachkenntnisse, entsprechende Werkzeugausrüstung und viel Einsatzbereitschaft.

Es wäre wenig hilfreich, einen bestimmten Stalltyp oder eine bestimmte Konstruktion oder Materialwahl als besonders selbsthilfegeeignet anpreisen zu wollen. Jeder Bauherr hat seine persönlichen Präferenzen; der eine arbeitet gern mit Holz, während einem anderen das Mauern und Betonieren mehr liegt. Die erwähnte Umfrage zeigte jedoch, daß nur 36,5% der Befragten einen Stall aus Mauerwerk besaßen, während 56% sich für eine Holzkonstruktion entschieden. Deshalb sei als Beispiel für eine selbsthilfefreundliche Holzkonstruktion in Wort und Bild (S. 104/105) der Bauvorgang für eine Schutzhütte in Mastenbauweise dargestellt:

1. Der Mutterboden auf der gesamten Grundfläche des künftigen Gebäudes wird abgeschoben.
2. Das Gebäuderaster wird eingemessen, die Bohrlochmitten werden markiert.
3. Mit einem Erdbohrer werden die Löcher für die Holzmasten gebohrt.
4. Eine Sohle aus Stampfbeton wird eingebracht.
5. Setzen der Masten – zuerst Eckmasten, danach Mittelmasten einfluchten (Achsabstände am Fußpunkt mittels Schablone exakt einmessen). Die Bohrlöcher werden um die Masten verfüllt.
6. Herrichten der Mastenköpfe zur Aufnahme der Dachbinder.
7. Kraftschlüssige Verbindung von Mast und Binder mit Lochplatten.
8. Anbringen der Pfettensparren als Auflager für die Dachhaut. Decken des Daches.
9. Anbringen der Wandriegel.

Es folgen die Restarbeiten wie Befestigen der Regenrinnen, Verkleiden der Außenwände, Anbringen der Innenverkleidung im Schlagbereich der Pferde, Anstrich, Befestigen von Einrichtungsgegenständen (Krippen usw.).

Der finanzielle Einsparungseffekt der Eigenleistung wird oft überschätzt. Mehr als ein Drittel der Bauwerkskosten läßt sich in der Regel nicht einsparen. So fallen in jedem Falle die Materialkosten an, außerdem sind nicht alle Handwerksarbeiten in Selbsthilfe durchführbar, sei es, daß die Qualifikation des Bauherrn dafür nicht ausreicht oder daß dem Rechtsvorschriften entgegenstehen (etwa bei genehmigungspflichtigen Abbrucharbeiten, bei Schweißarbeiten an tragenden Bauteilen oder bei Elektroinstallationen). Investitionskostensparend ist besonders der Einsatz bei Gewerken mit einem hohen Lohnanteil, etwa bei Putz- oder Malerarbeiten (s. Tabelle).

Der Selbstbauer sollte seine verfügbare Arbeitszeit nicht überschätzen. Bei durch-

Tab. 11: Richtsätze für Lohnanteil verschiedener Gewerke

Maurer-, Beton-, Stahlbetonarbeiten	45%
Zimmerarbeiten.	45%
Dachdeckerarbeiten	35%
Estrich- und Fußbodenarbeiten	45%
Fliesenarbeiten	40%
Schlosserarbeiten	30%
Klempnerarbeiten	30%
Sanitärinstallation	30%
Elektroarbeiten	40%
Putzarbeiten	72%
Malerarbeiten.	75%
Schreinerarbeiten	60%
Verglasungsarbeiten	20%

schnittlich 9 Stunden Berufsarbeit ist zwar kurzzeitig eine Gesamtarbeitszeit von 15 Stunden pro Tag möglich, längerfristig sollte man aber nicht mehr als 12 Stunden ansetzen, d. h. es verbleiben 3 Arbeitsstunden auf der Baustelle. Bei größeren Vorhaben fallen noch organisatorische Aufgaben an, so muß Material bestellt und abgeholt werden, die Einsätze von Hilfskräften müssen koordiniert werden, Werkzeuge und Geräte müssen vorgehalten werden. Für derartige Tätigkeiten sind erfahrungsgemäß 20% der Selbsthilfezeit freizuhalten.

Als Hilfen stehen Selbstbauwilligen Bauanleitungen zur Verfügung, die primär für bauwillige Landwirte geschaffen wurden, aber auch von jedem anderen Interessenten genutzt werden können. So bietet etwa die Landtechnik Weihenstephan (Vöttinger Straße 36, 8050 Freising) Planunterlagen vieler landwirtschaftlicher Betriebsgebäude an, die sich auch für die Pferdehaltung eignen. Dazu gehören Statiken, Konstruktionszeichnungen, Materiallisten und teilweise Bauanleitungen. Diese Unterlagen werden zum Selbstkostenpreis abgegeben. Das Repertoire reicht von der einfachen Pultdachhütte aus Rundholz bis zur 20 × 40-m-Reithalle in Starrahmenbauweise.

Grundsätzliche Arbeitsanleitungen vom Einmessen und Nivellement des Bauplatzes über das Ausheben von Fundamentgräben bis zur Herstellung und Verarbeitung von Beton werden als Arbeitsblätter des KTBL (Bartningstraße 49, 6100 Darmstadt) herausgegeben.

9. Grundlagen der Pferdefütterung

Seit Ende des Zweiten Weltkrieges hat sich die Pferdehaltung grundlegend verändert. Überwiegend werden Pferde für Sport und Freizeit genutzt, wobei die Aufzucht von Fohlen in landwirtschaftlichen Betrieben erfolgt und Reitpferde in stadtnahen Regionen untergebracht werden. Betreut werden Pferde von berufserfahrenen Pferdepflegern ebenso wie von Freizeitreitern, die aus einer Vielzahl von Berufen stammen und die Tierhaltung mit nebenbei erlerntem Wissen betreiben.

Aus diesem Grund soll versucht werden, die Pferdefütterung auf wissenschaftlicher Grundlage und unter Anwendung neuester Kenntnis einfach und allgemeinverständlich darzustellen. Der erfahrene Pferdefütterer kann das Tabellenmaterial zu weitergehenden Berechnungen gebrauchen, dem Hobbyhalter mag es dazu dienen, Pferde leistungsbezogen und tiergerecht zu versorgen.

Ziel der Pferdefütterung ist die Deckung des Nähr-, Mineral-, Wirkstoff- und Wasserbedarfs über Einzelfutter oder eine geschickte Kombination verschiedener Futtermittel und der Tränke. Diese Bedarfsdeckung erfolgt sowohl leistungsbezogen, wobei Sportleistung, Trächtigkeit und Säugeleistung Leistungsrichtungen mit unterschiedlicher Bedarfshöhe sind, als auch tiergerecht. Der zuletzt genannte Begriff bedeutet, daß der Bau des Verdauungssystems bestimmte Anforderungen an die „Verpackung" der Nähr-, Mineral- und Wirkstoffe stellt, die als Struktur der Futterration bezeichnet wird. Ohne Struktur würden die Verdauungsorgane nicht regelmäßig arbeiten, es käme zu Verdauungsstörungen und sogar zu Verhaltensänderungen.

Als Ration wird dabei die tägliche Futtermenge bezeichnet, die Pferden die nötigen Futterinhaltsstoffe und Struktur zuführt.

Im folgenden soll zunächst der Weg der Futtermittel im Tier verfolgt werden. Dazu müssen Futtermittel, die wichtigen Träger der Nähr-, Mineral- und Wirkstoffe, aufgenommen und verdaut werden. Verdauen bedeutet das Zerkleinern der Nahrung bis zu Teilchengrößen, die durch den Verdauungstrakt in die Körperflüssigkeiten Blut und Lymphe aufgenommen oder, wie die Tierernährer sagen, absorbiert werden können. Von dort gelangen die Spaltprodukte der Futtermittel in den Zellstoffwechsel, wo sie zu Energie abgebaut (Energiewechsel) oder wo aus ihnen neue Körpersubstanz wie Eiweiß, Fett und Knochen aufgebaut werden können (Stoffwechsel).

Auf diesen Wegen entstehen Verluste, die bei der Bewertung der Futtermittel berücksichtigt werden müssen. Dem Tier stehen immer nur die verwertbaren Anteile der Inhaltsstoffe in den Futtermitteln zur Verfügung. Diese werden dem Bedarf des Tieres gegenübergestellt, den es zur Aufrechterhaltung aller wichtigen Körperfunktionen (Erhaltungsbedarf) und für Leistungszwecke benötigt.

Bei der Rationsplanung wird zunächst der Bedarf ermittelt. Danach werden Futtermittel bedarfsdeckend kombiniert. Neben der Berücksichtigung des Strukturfutteranteils müssen die Futtermittel- und Fütterungshygiene beachtet werden, d. h. Zusammenhänge zwischen Fütterung und Gesundheit, bei Stuten auch Fruchtbarkeit.

Daran anschließend werden die Futtermittelkunde, das Wissen über Inhaltsstoffe, Struktur und Schadstoffe in Futtermitteln, deren Gewinnung, Lagerung und Zubereitung, und die praktische Pferdefütterung mit Fütterungstechnik und Fütterungsfehlern dargelegt.

9.1 Bau und Arbeitsweise der Verdauungsorgane

Aufgabe der Verdauung ist die mechanische, enzymatische und mikrobielle Zerlegung des Futters und der Futterinhaltsstoffe in eine Form, welche die Aufnahme durch die Wände des Verdauungstraktes in Blut und Lymphe ermöglicht. Das Unverdaute wird in Form des Kotes ausgeschieden.

Pferde sind Pflanzenfresser, die aufgrund der besonderen Beschaffenheit des Verdauungssystems in der Lage sind, auch pflanzliche Faserstoffe mit Hilfe von Mikroorganismen in den hinteren Darmabschnitten abzubauen und zu verwerten.

Der Bau der Verdauungsorgane ist in Abbildung 49 zum besseren Verständnis lediglich schematisch dargestellt. Zu diesen gehören

– der Vorderdarm mit Maulhöhle, Schlund, Speiseröhre und Magen,
– der Mitteldarm oder Dünndarm mit Zwölffingerdarm, Leerdarm und Hüftdarm und
– der Enddarm oder Dickdarm mit den Abschnitten Blinddarm, Grimmdarm und Mastdarm.

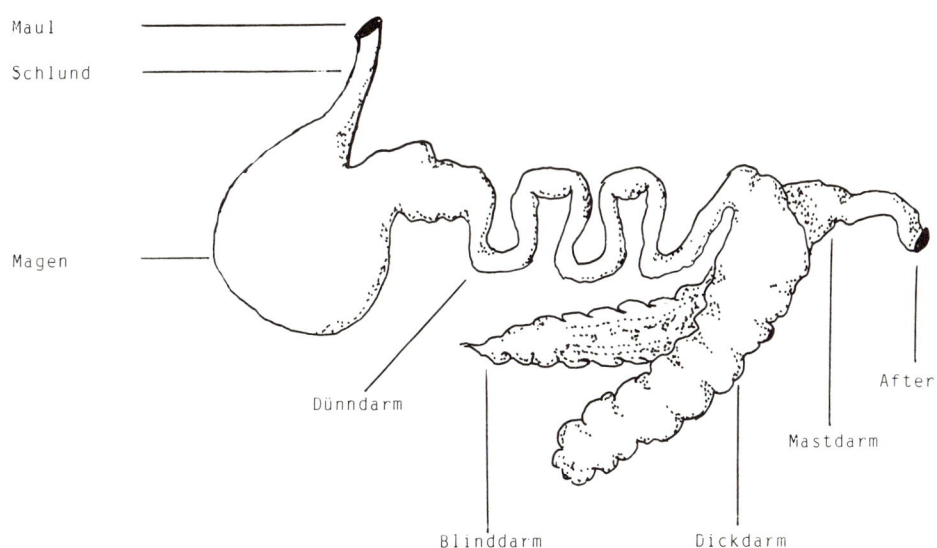

Maul

Schlund

Magen

Dünndarm

After

Mastdarm

Blinddarm   Dickdarm

Abb. 49: Der Verdauungstrakt des Pferdes (schematisch).

9.1.1 Arbeitsweise der Verdauungsorgane

– Vorderdarm: mechanische Verdauung und Einspeichelung

Pferde sondieren ihr Futter mit Hilfe des Geruchs- und Tastsinns. Die außerordentlich beweglichen Lippen ermöglichen, selbst kleine Futterteilchen von Fremdkörpern zu trennen. Hastig fressenden Pferden können grobe Kiesel in die Futterkrippe gelegt werden. Sie suchen die Futterteilchen dann langsamer und dennoch sorgfältig heraus. Das Aufnehmen des Futters erfolgt mit Lippen, Schneidezähnen und Zunge. Flüssigkeiten werden mit flach eingetauchten Lippen in die Maulhöhle gesogen.

Im Anschluß an die Futteraufnahme wird die Nahrung zwischen den breiten Mahlflächen der Backenzähne zerrieben. Dabei werden Stroh, Heu oder Silagen vier- bis fünfmal so lange gekaut wie konzentrierte Futtermittel. Körner oder gequetschte Körner werden rascher verzehrt als Mehlfutter. Um ausreichend lange Kauzeiten zu gewähren, hat sich, wenn Heu fehlt, die Beimischung von Strohhäcksel zum Konzentratfutter bewährt.

Bei Pferden mit voll ausgebildetem und gesundem Gebiß ist das Quetschen oder Mahlen von Körnerfrüchten entbehrlich. Auch harte und kleine Körner werden ausreichend fein zwischen den Mahlflächen der Backenzähne zerkleinert. Als Maß für eine genügende Zerkleinerung kann der Anteil ganzer Körner im Kot angesehen werden. Bei gehäuftem Auftreten unverdauten Futters im Kot können bei jungen Pferden Zahnwechsel, bei älteren Zahnanomalien wie z. B. Zahnspitzen die Ursache sein.

Neben der mechanischen Zerkleinerung wird das Futter beim Kauprozeß intensiv eingespeichelt. Der Speichel wird in den Ohrspeicheldrüsen, Lippen-, Oberkiefer-, Unterkiefer- und Backendrüsen produziert. Die Speichelmenge ist abhängig von Struktur und Trockenmassegehalt des Futters. Bei Saftfutter werden 5–8 l, bei Trockenfutter 40–50 l Speichel sezerniert. Der Speichel ist eine alkalische, schleimige Flüssigkeit und besteht aus 99% Wasser, Schleimstoffen, Harnstoff und Mineralien.

Aufgaben des Speichels sind

– Verbesserung der Gleitfähigkeit des Futterbissens,

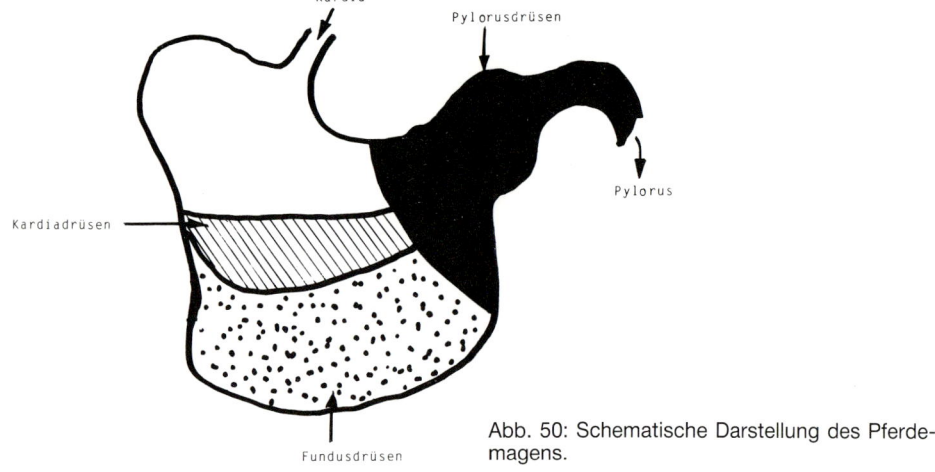

Abb. 50: Schematische Darstellung des Pferde-
magens.

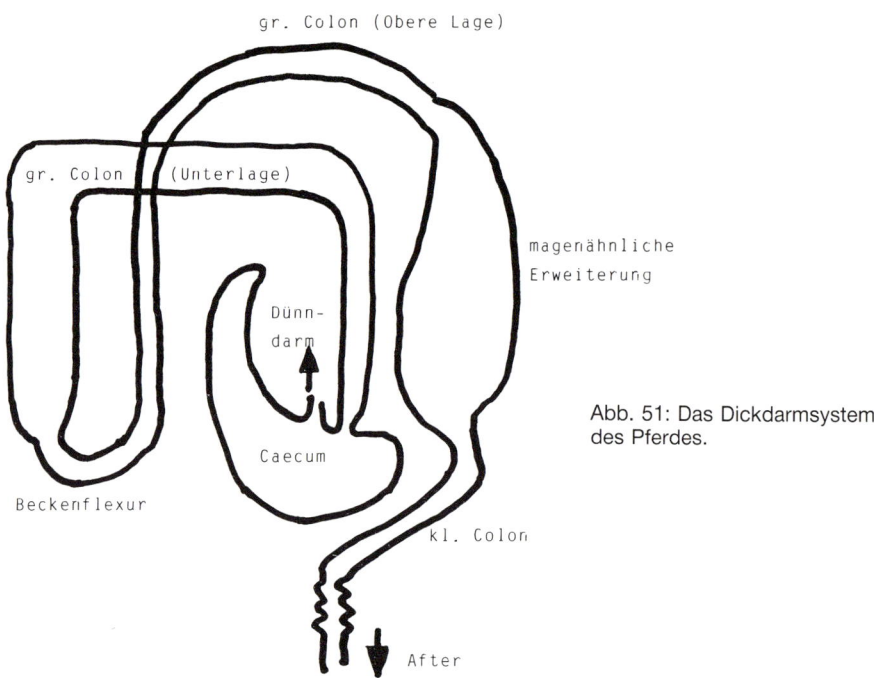

Abb. 51: Das Dickdarmsystem
des Pferdes.

Dickdarmsystem: Übriger Magen-Darmtrakt

Caecum :   34 Ltr.   Magen: 18 Ltr.
gr. Colon: 82 Ltr.   Dünndarm: 64 Ltr.
kl. Colon: 15 Ltr.

– Lösung von Geschmacksstoffen aus dem Futter,

– Neutralisation von im Pferdemagen entstehender Milchsäure,

– Schaffung großer Oberflächen durch das Benetzen und Trennen der zerkleinerten Futterpartikel.

Im Anschluß an Schlund und Speiseröhre folgt der relativ kleine einhöhlig zusammengesetzte Magen (Abb. 50). Einhöhlig zusammengesetzt bedeutet, daß der Magensack einen kutanen drüsenlosen und einen mit Drüsenschleimhaut ausgekleideten Abschnitt aufweist.

Bei der Füllung des Magens gelangt ein Teil des Futters in den Fundus- und Pylorusbereich und wird dort enzymatisch verdaut. Die enzymatische Verdauung beschränkt sich allerdings auf eine Vorverdauung des Eiweißes, die im sauren pH-Bereich mit Hilfe von HCl und Pepsin abläuft. Der übrige Teil des Futters wird im drüsenlosen, vormagenähnlichen Oesophagusbereich mikrobiell abgebaut, d. h. Mikroorganismen zerlegen leichtverdaubare Kohlenhydrate im günstigen pH-Bereich des durch Speichel alkalisch bis leicht sauer reagierenden Futterbreis zu Milchsäure, kurzkettigen Fettsäuren und Gärgasen. Einige Zeit nach Beginn der Fütterung wird die mikrobielle Verdauung durch intensive Durchmischung des Futterbreis und sinkenden pH-Wert gestoppt.

Die Magenentleerung in den Dünndarm erfolgt bereits kurze Zeit nach der Fütterung portionsweise.

Im Dünndarm wird der Futterbrei mit Hilfe von alkalisierenden und puffernden Substanzen neutralisiert und alkalisiert. Die sogenannte Peristaltik des Darmes sorgt für den Transport durch die Darmabschnitte und die Durchmischung des Futterbreis mit eiweiß-, kohlenhydrat- und fettspaltenden Enzymen, die aus Darm-, Pankreasdrüsen und der Leber in den Dünndarmbereich sezerniert werden. Dabei werden die Eiweiße zu Aminosäuren, die Zellinhaltkohlenhydrate wie Stärke und Zucker zu Einzelzuckern und Fett in Fettsäuren, Glycerin und Glyceride gespalten. Der Dünndarm ist dabei auch der Hauptbereich der Absorption dieser Spaltprodukte, also der Aufnahme durch die Dünndarmwand in Blut und Lymphe.

Im Ileum kommt es zunächst zu einem Transportstau des Darminhaltes, der danach schubweise in den Blinddarm weitergegeben wird. Die Dickdarmverhältnisse sind schematisch in Abbildung 51 wiedergegeben. Im Anschluß an den etwa 30–35 l fassenden Blinddarmsack folgt der eine doppelte hufeisenförmige Schlinge bildende Dickdarm, das Colon, das magenähnliche Erweiterungen aufweist und nahezu 100 l Inhalt faßt.

Im Blinddarm wird der Futterbrei intensiv durchmischt und mit Mikroorganismen durchsetzt. Gleichzeitig laufen hier enzymatische und mikrobielle Abbauvorgänge des Futters ab. Die im Blinddarm beginnenden mikrobiellen Verdauungsvorgänge werden danach im Grimmdarm fortgesetzt. Dabei werden Zellwandsubstanzen wie Zellulose, Hemizellulose und Pektin zu flüchtigen Fettsäuren wie Essigsäure, Propionsäure und Buttersäure und zu Gärgasen wie Kohlendioxid und Methan abgebaut. Eiweiße, die nicht schon im Magen-Dünndarmbereich enzymatisch verdaut wurden, werden durch die Mikroorganismen zu Ammoniak, Aminosäuren und weiteren N-haltigen Verbindungen gespalten. Dabei ist die Mikroflora in der Lage, aus Nicht-Protein-Stickstoff wie Harnstoff und Ammoniak Bakterieneiweiß zu synthetisieren, das nach dem Mikrobenzerfall im Verlauf der Dickdarmpassage zu Eiweißbruchstücken und Aminosäuren lysiert wird.

Obschon durch diese mikrobiellen Vorgänge für das Wirtstier Pferd wichtige Verbindungen freigemacht werden, wie flüchtige Fettsäuren, Aminosäuren und B-Vitamine, ist deren Nutzung allerdings nur beschränkt. Im größeren Umfang können lediglich die kurzkettigen Fettsäuren energetisch genutzt werden.

Bei der Passage des Futterbreis durch das Colon, insbesondere im letzten Abschnitt, dem kleinen Colon, wird der Darminhalt durch Wasserabsorption fester und durch Einschnürung der Ringmuskulatur geformt. Es entsteht die charakteristische Kotballung. Der so geformte Kot wird in der Er-

weiterung des Rectums gestaut und wellenförmig in Abständen von mehreren Stunden nach außen abgegeben. Ausgeschieden werden täglich 15–25 kg Kot mit einem Wassergehalt zwischen 70 und 80% und angereichert mit nicht verdauten Eiweißen, Zellwandsubstanzen, nicht absorbierten B-Vitaminen und Bakterien sowie Schleimstoffen, Gallenfarbstoffen, Fetten und kurzkettigen Fettsäuren. Der Kotabsatz erfolgt alle zwei bis drei Stunden. Insgesamt verbleibt das Futter zwischen zwei und fünf Tagen im Verdauungstrakt.
Die wichtigsten Parameter der Verdauungsorgane und deren Tätigkeit und Inhalt sind in Tabelle 12 angegeben.

haltsstoffen die Ration dargeboten werden muß. Für die Futteraufnahme wichtig sind Faktoren, die vom Tier ausgehen und solche, die durch das Futter bestimmt werden. Solche Faktoren sind in Tabelle 13 zusammengestellt worden.
Die Leistung des Tieres bestimmt den Nährstoffentzug, wodurch die Futteraufnahme gesteigert wird. Nach Auffüllen der Fettdepots reduzieren übermäßig verfettete Tiere die Futteraufnahme. Im Training befindliche Pferde haben einen hohen Futterverzehr, zu hartes Training und Phasen unmittelbar nach sportlichen Höchstleistungen verringern die Aufnahme. Mit zunehmender Körpermasse steigt der Futterverzehr.

Tab. 12: **Abbauwege der Pferdenahrung (stark vereinfacht)**

Teil des Verdauungstrakts	Aufgabe	Abgabe aus dem Verdauungstrakt in Blut und Lymphe
Maulhöhle	→ Einspeicheln Zerkleinern	
Schlund	→ Abschlucken Transport	
Magen	→ enzymatische Verdauung mikrobielle Verdauung der Stärke	→ Milchsäure
Dünndarm	→ enzymatische Verdauung der Proteine Fette Zellinhaltkohlenhydrate Mineralstoffe	→ Aminosäuren → Fettsäuren, Glycerin → Einzelzucker → Mineralstoffe
Dickdarm	→ mikrobielle Verdauung Zellinhaltkohlenhydrate Zellwandkohlenhydrate NPN-Verbindungen ↓ Synthese von Protein Synthese	→ flüchtige Fettsäuren → flüchtige Fettsäuren → Aminosäuren → Ammoniak → B-Vitamine
Mastdarm, After	→ Ausscheidung über den Kot	→ unverdautes Futter Bakterien Verdauungssekrete Gallenfarbstoffe

9.2 Futteraufnahme und Regulation

Für jede Rationsplanung ist die Kenntnis der Höhe der Futteraufnahme erforderlich. Sie entscheidet darüber, wie konzentriert an In-

Krankheiten, insbesondere Zahnanomalien oder Erkrankungen des Magen-Darm-Traktes, senken diesen. Daneben sind Pferde ausgemachte „Freßindividualisten". Futterneid, Gewöhnungseffekte, Umgang mit dem Tierpfleger, allgemeine Unruhe im Stall kön-

Tab. 13: Faktoren, welche die Futteraufnahme beeinflussen, sind:

Tier
- Leistung und Nährstoffbedarf
- Körperzustand, Trainingszustand
- Gewicht
- Gesundheit
- „Psyche"

Futter
- Nährstoff-, insbesondere Energiekonzentration (Verdaubarkeit in Abhängigkeit vom Rohfasergehalt)
- Gesamtration
- Geruch, Geschmack
- Teilchengröße, Struktur
- Zubereitung

Umwelt
- Temperatur

nen die Verzehrsleistung merklich beeinflussen.

Das Futter wirkt sich in vielerlei Weise auf die Futteraufnahme aus. Bei Rauhfuttermitteln bestimmt die vom Anteil an Zellwandsubstanzen und deren Verholzungsgrad maßgeblich abhängige Verdaubarkeit der gesamten organischen Substanz die Verzehrshöhe.

Eine ausgewogene Gesamtration, die alle notwendigen Nähr-, Mineral- und Wirkstoffe enthält, wirkt sich ebenso positiv aus wie eine ausreichend strukturierte Darbietungsform. Darunter ist zu verstehen die Vermeidung von Staub und Mehl, das nicht zu kurze Schneiden von Gras und eine weder zu kurze noch zu lange Häcksellänge beim Rauhfutter. Je nach Leistung muß ein unterschiedlich hoher, bedarfsgerechter Anteil an Konzentratfutter verabreicht werden, ohne einen Mindestanteil an Rauh- oder Strukturfutter zu unterschreiten. Absolute Werte dazu werden in den folgenden Kapiteln genannt.

Muffig riechende Futtermittel sind ebenso zu vermeiden wie bitter schmeckende. Gut gefressen werden zuckerhaltige Futtermittel wie Melasseschnitzel oder Rüben. Geringe Mineralfutter- und Salzanteile in Rationen wirken verzehrssteigernd, hohe Anteile führen zu Futterresten.

Die absolute Höhe der Futteraufnahme wird in kg Trockenmasse (völlig trockenes Futter) je 100 kg Lebendmasse angegeben. Somit kann jeder Pferdehalter die seine Tiere betreffende maximale Verzehrsleistung errechnen und bei der Rationsplanung berücksichtigen. Da die Angaben dazu in der Literatur zum Teil differieren, werden mehrere solcher Aufnahmeschätzungen angegeben.

Im Mittel kann bei Pferden mit 2 kg Trockenmasse je 100 kg Lebendmasse gerechnet werden. Fohlen, Stuten und Sportpferde, die meist einen hohen Konzentratfutteranteil in der Ration erhalten, nehmen durchaus 2,5–3 kg Trockenmasse, bezogen auf 100 kg Lebendmasse, auf. Niederländische Versuche der letzten Jahre haben auf der Weide tägliche Aufnahmen bei Warmblutpferden zwischen 10 und 15 kg Trockenmasse bzw. 2,1–2,5 kg Trockenmasse je 100 kg Lebendmasse ergeben. Dabei wurde von in-

Tab. 14: Mittlere Aufnahme an Futtertrockensubstanz von Pferden (Angaben in % der Lebendmasse)

LM ausgewachsen kg	Erhaltung	Arbeit			Gravidität 10. 11. Monat		Laktation 1. 2. 5. Monat			Wachstum 3.–6. 7.–12. 13.–24. Monat		
		leichte	mittlere	schwere								
100	1,8	2,2	2,6	2,9	2,1	2,2	3,3	3,5	3,1	3,0	2,8	2,3
200	1,5	1,8	2,2	2,4	1,7	1,8	2,8	2,3	2,6	2,4	2,3	2,0
300	1,3	1,7	1,9	2,2	1,6	1,7	2,5	2,6	2,3	2,2	2,1	1,8
400	1,2	1,5	1,8	2,0	1,5	1,5	2,4	2,5	2,2	2,1	2,0	1,7
500	1,2	1,5	1,7	1,9	1,4	1,5	2,2	2,3	2,1	2,0	1,9	1,6
600	1,1	1,4	1,6	1,8	1,3	1,4	2,1	2,2	2,0	1,9	1,8	1,5
700	1,1	1,3	1,6	1,8	1,3	1,3	2,1	2,1	1,9	1,8	1,7	1,4
800	1,0	1,3	1,5	1,7	1,2	1,3	2,0	2,1	1,8	1,7	1,7	1,4

nach DREPPER, 1980

tensiv gedüngtem und sehr jungem Grünfutter weniger aufgenommen.

9.3 Verdauung des Futters

Nur der Teil des Futters, der in den Verdauungsorganen zu absorbierbaren Bruchstükken abgebaut wird, kann vom Tier genutzt werden. Die Differenz zwischen aufgenommenen und mit dem Kot ausgeschiedenen Nährstoffen wird als der verdauliche Teil bezeichnet. Die Verdaubarkeit ist daher der prozentuale Anteil der verdauten an den aufgenommenen Futterbestandteilen.

Die Summe der Nährstoffe wird als Organische Substanz bezeichnet. Die verdaubare Organische Substanz ist ein Maß für den Wert eines Futtermittels oder einer Futterration.

Die anatomische Besonderheit des Verdauungstraktes der Pferde erlaubt diesen, sowohl Zellinhaltstoffe wie Eiweiß, Zucker, Stärke und Fett als auch Zellwandsubstanzen wie Zellulose, Pektin und Hemizellulosen zu verdauen. Die Summe der Zellwandsubstanzen wird chemisch unter dem Begriff Rohfaser geführt. Da Zellwandsubstanzen im Verlauf des Pflanzenalters verholzen und Lignin den Abbau der Rohfaser in den hinteren Darmabschnitten durch Mikroorganismen behindert, ist der Rohfasergehalt ein wichtiges Kriterium für die Verdaubarkeit der Futtermittel.

Konzentrierte Futtermittel wie Getreide sind rohfaserarm und hochverdaubar, Rauhfutter aus alten Grasbeständen rohfaserreich und schwer verdaubar. Durch Behandlung der Futtermittel kann die Verdaubarkeit verändert werden. Hartes und kleinkörniges Getreide kann durch Quetschen besser verdaubar gemacht werden. Beim Mais ist ein

Brechen der harten, mit einer Wachsschicht überzogenen Schale erforderlich, Hafer kann als Ganzkorn verabreicht werden. Rauhfutter sollte lang oder im gehäckselten Zustand verfüttert werden. Fein gemahlenes Rauhfutter mit oder ohne Pelletierung passiert sehr rasch den gesamten Verdauungstrakt, ohne daß Mikroorganismen die darin enthaltenen Zellwandsubstanzen ausreichend abbauen können. Die Verdaubarkeit wird verringert.

Nervöse, überanstrengte und kranke Tiere verdauen meist schlechter. Bei jungen, im Zahnwechsel befindlichen Tieren lohnt eine Zerkleinerung des Körnerfutters noch am ehesten.

In Tabelle 15 wird eine kleine Anzahl Futtermittel hinsichtlich der Verdaubarkeit ihrer Inhaltsstoffe vorgestellt. Junges Gras kommt danach dem Konzentratfutter Hafer sehr nahe. Noch besser als Hafer wird Weizen verdaut, ganz schlecht dagegen altes Heu.

Da die Verdaubarkeit der Organischen Substanz ein wichtiger Parameter für das energetische Leistungsvermögen von Futtermitteln ist, kann aus dieser Angabe bereits geschlossen werden, welche Futtermittel hohe Leistungen erbringen lassen.

9.4 Energie- und Stoffwechsel, ein Beitrag zur Verwertung der Futterinhaltstoffe

Futtermittel wirken aufgrund der Gehalte an Futterinhaltstoffen und der Struktur. Zu den Futterinhaltstoffen gehören Nähr-, Mineral- und Wirkstoffe. Die wichtigsten Nährstoffe sind Eiweiße, Kohlenhydrate und Fette. Zu den Mineralstoffen werden die Men-

Tab. 15: **Verdaubarkeit verschiedener Futtermittel, in Prozent (DLG, 1984)**

Futtermittel	Organische Substanz	Rohprotein	Rohfett	Rohfaser	NfE
Weide, jung	71	78	34	67	75
Heu, alt	48	54	24	41	52
Haferkorn	70	79	69	26	77
Weizenkorn	87	73	30	45	92

genelemente Calcium, Phosphor, Magnesium und Natrium gerechnet, bedeutende Spurenelemente sind Eisen, Kupfer, Zink, Mangan, Jod, Kobalt und Selen. Wirkstoffe sind Vitamine und sonstige auf Futteraufnahme, Verdauung und Stoffwechsel Einfluß nehmende, meist in geringen Konzentrationen in Futtermitteln anzutreffende Substanzen. Daneben sind Schadstoffe zu nennen, die in Futtermitteln oder als deren Begleiter vorkommen.

9.4.1 Eiweiße

Eiweiße oder Proteine bestehen aus den im Verdauungstrakt abbaubaren Aminosäuren, von denen einige essentiell sind, d. h. entweder mit dem Futter zugeführt oder im Dick-

Tab. 16: Aminosäurengehalte in Futtermitteln (%). (AWT 1986)

	TS	RP	MET	MET+CYS	LYS	THR	TRP
Ackerbohnen	87	26	0,18	0,51	1,51	0,87	0,19
Baumwollsaatschrot, extr.	90	41	0,62	1,33	1,64	1,30	0,46
Bierhefe, getr.	89	45	0,64	1,15	3,14	1,96	0,48
Biertreber, getr.	90	26	0,46	0,75	0,99	1,03	0,34
Corn-Cob-Mix	55	5,7	0,12	0,23	0,14	0,21	0,04
Erdnußschrot, extr.	90	51	0,52	1,20	1,74	1,32	0,45
Futtererbsen	87	23	0,20	0,53	1,52	0,81	0,19
Gerste	88	11	0,16	0,38	0,36	0,34	0,11
Hafer	88	11	0,17	0,48	0,41	0,35	0,13
Kokosschrot, extr.	89	21	0,27	0,62	0,55	0,63	0,16
Leinsamenschrot, extr.	89	34	0,60	1,19	1,19	1,23	0,50
Luzernegrünmehl	90	17	0,23	0,41	0,72	0,68	0,27
Mais	88	9	0,17	0,36	0,24	0,29	0,06
Maiskeimschrot	89	12	0,17	0,40	0,38	0,38	0,08
Maiskleber	90	64	1,62	2,73	1,00	2,20	0,31
Maiskleberfutter	88	20	0,36	0,86	0,65	0,74	0,11
Malzkeime	92	26	0,35	0,66	1,20	0,87	0,20
Maniok	87	2,5	0,03	0,06	0,08	0,07	0,02
Milo	88	9,5	0,16	0,35	0,22	0,33	0,08
Rapsschrot, extr.	89	35	0,75	1,68	2,00	1,55	0,43
Roggen	87	10	0,18	0,40	0,38	0,34	0,11
Sojaschrot extr. 44% RP	87	44	0,59	1,24	2,69	1,67	0,55
Sojaschrot extr. 48% RP	87	48	0,65	1,35	2,94	1,85	0,61
Sonnenblumenschrot, extr., teilgesch.	90	35	0,75	1,34	1,24	1,24	0,41
Sonnenblumenschrot, extr., nicht gesch.	90	23	0,49	0,88	0,81	0,81	0,27
Trockenschnitzel	91	9	0,19	0,31	0,52	0,42	0,08
Weizen	88	12	0,18	0,43	0,31	0,32	0,12
Weizengrießkleie	88	17	0,26	0,59	0,66	0,55	0,25
Weizenkleie	88	15	0,21	0,53	0,56	0,48	0,18
Weizennachmehl	88	17	0,27	0,61	0,53	0,48	0,22
Blutmehl	89	86	1,02	1,96	7,80	3,90	1,10
Federmehl	93	84	0,55	3,90	1,97	3,96	0,50
Fischmehl 55% RP	90	55	1,36	1,90	4,04	2,28	0,58
Fischmehl 60% RP	91	60	1,60	2,08	4,38	2,44	0,66
Fischmehl 65% RP	91	65	1,82	2,42	4,86	2,79	0,71
Tiermehl	92	55	0,77	1,25	3,02	1,92	0,36
Fleischknochenmehl	95	45	0,44	0,78	2,09	1,22	0,19
Geflügelschlachtabfälle	93	60	0,90	1,86	2,40	2,15	0,42
Heringsmehl	91	70	1,92	2,62	5,18	2,92	0,71
Magermilchpulver	95	33	0,82	1,13	2,90	1,53	0,44
Molkenpulver	96	12	0,18	0,44	0,99	0,71	0,16

darm/Blinddarm in Form des Mikrobenproteins synthetisiert werden müssen. Zu diesen essentiellen Aminosäuren gehören Lysin, Methionin und Tryptophan. Die übrigen, nicht essentiellen Aminosäuren werden im Zellstoffwechsel der Tiere erzeugt. Die Nutzung der mikrobiell produzierten Aminosäuren deckt allerdings nur einen Teil des Bedarfs.

Aminosäuren eines bestimmten, genetisch vorgegebenen Musters bilden die Bausteine von Muskeln, Geweben und Organen. Auch Milch enthält relativ hohe Proteingehalte. Nicht als Baustoffe verwendete Aminosäuren werden energetisch genutzt (Tabelle 16).

9.4.2 Fette

Fette sind chemisch Triglyceride, d.h. sie bestehen aus Glycerin und Fettsäuren. Sie werden überwiegend energetisch genutzt und sind zu einem kleinen Teil in Form der ungesättigten Fettsäuren essentiell.

9.4.3 Kohlenhydrate

Unterschieden werden die gut verdaubaren Zellinhaltkohlenhydrate wie Zucker und Stärke und die schwer verdaubaren Zellwandkohlenhydrate wie Zellulose und Hemizellulose. Im Verlauf der Verdauung werden Zellinhaltkohlenhydrate enzymatisch zu Einzelzuckern wie Glucose und Fructose abgebaut, Zellwandkohlenhydrate mikrobiell zu flüchtigen Fettsäuren wie Essig-, Butter- und Propionsäure. Die Nutzung dieser Spaltprodukte erfolgt überwiegend energetisch, zum Teil auch als Baustoff.

9.4.4 Mineralstoffe

Neben den zuvor aufgezählten organischen Nährstoffen benötigen Pferde die anorganischen Elemente Calcium, Phosphor, Natrium, Kalium, Magnesium, Schwefel und Chlor. Wegen der Höhe ihres Vorkommens in Futtermitteln und im Tierkörper werden diese sogenannten Mengenelemente von

Tab. 17: Vorkommen und Funktionen der wichtigsten Mineralstoffe im tierischen Organismus

Element (Symbol)	Hauptvorkommen	Hauptfunktion(en)	Mangelerscheinungen
Mengenelemente			
Na	Körpersäfte, Muskeln	Pufferung, osmotischer Druck im Blut, Wirksamkeit des Magensaftes, Aktivierung der Enzyme	Verringertes Wachstum, Nachlassen der Leistungen, bei Geflügel Kannibalismus
K	Zellen, Muskeln, Blutkörperchen	Quellen der Zellen, Antagonist zu Na	(in pflanzl. Futtermitteln stets reichlich vorhanden)
Ca	Knochen Blutserum	Skelettaufbau, Milchsekretion, Herzanregung (Antagonist: K)	Milchfieber Knochenweiche, Knochenbrüchigkeit, Ca : P-Verhältnis und Vitamin D wichtig!
P	Knochen, Blutserum Gewebe	Skelettaufbau, Pufferung, Bestandteil vieler organischer Verbindungen (z. B. Eiweißkörper, Vitamine)	
Mg	Knochen Zähne	Aktivierung von Fermenten, Skelettaufbau	Grastetanie (in Verbindung mit Ca)
S	Magenschleimhaut, Speichel, Horn, Haare, Federn	Bestandteil einiger essentieller Eiweißbausteine	
Cl	Magen Speicherung in Haut und Unterhautgewebe	Osmotische Regulation (KCl, NaCl)	

Tab. 18: Spurenelemente: Vorkommen, Funktion und Mangel

Element	Vorkommen	Funktion(en)	Mangel
Eisen (Fe)	Blut- und Muskel-farbstoff Leberspeicher	Sauerstofftransport und -übertragung	Anaemie Leistungsschwäche
Mangan (Mn)	Leber, Muskel, Knochen, Haut	Knochenbildung Fortpflanzung Blutbildung	Anaemie, Skelettschäden Fruchtbarkeitsstörungen
Kupfer (Cu)	Blut, Enzyme	Blut-, Pigmentbildung, Knochenbau, Enzym-funktion	Anaemie, Rachitis
Zink (Zn)	Knochen, Leber, Enzyme	Aufbau Haut, Skelett, Enzymfunktion	Hautkrankheiten
Kobalt	Bestandteil des Vitamins B_{12}	Vitamin-B_{12}-Wirkung	Anaemie, Leistungs-schwäche
Jod	Schilddrüse	Bestandteil der Schild-drüsenhormone	Unterfunktion der Schild-drüse, Kropf
Selen	Enzyme	beseitigt schädliche Peroxide	Muskeldegeneration, Lahmheiten

den Spurenelementen Eisen, Zink, Mangan, Kupfer, Kobalt, Molybdän, Selen, Jod, Fluor und Chrom unterschieden, die in Konzentrationen von 0,1–50 mg je kg Futtertrockenmasse enthalten sind.

Calcium und *Phosphor* kommen überwiegend im Skelett vor, erfüllen jedoch auch in Körpergeweben und -flüssigkeiten lebenswichtige Aufgaben. Der Calcium- und Phosphorstoffwechsel wird unter anderem vom Vitamin D bestimmt. Mangel an diesen Elementen oder an Vitamin D äußert sich bei wachsenden Pferden als Rachitis, bei ausgewachsenen als Osteomalazie. Daneben können Gliedmaßenschwächen, Muskelstörungen und Krämpfe die Folge von Unterversorgungen oder unharmonischer Verhältnisse an Calcium zu Phosphor sein.

Natrium und *Chlor* sind in den extrazellulären Flüssigkeiten enthalten und regulieren den Säuren-Basenhaushalt, den osmotischen Druck sowie den Wasserhaushalt. Natriummangel kommt bei Pferden vor, weil diese im Schweiß hohe Natriummengen ausscheiden und die meisten Futtermittel arm an Natrium sind. Als Folgen können Lecksucht, Rückgang der Futteraufnahme, Leistungsabnahme und Gewichtsverluste beobachtet werden.

Magnesium ist im Skelett und in den Weich-

geweben enthalten. Es nimmt entscheidend Einfluß auf die Funktion von Enzymen in Muskel- und Nervengeweben sowie auf die neuromuskuläre Erregbarkeit. Mangelerscheinungen können bei Pferden vorkommen, die auf überwiegend gräserreichen Weiden gehalten werden und solchen, an die hohe Leistungsanforderungen gestellt werden (Tabelle 17).

Spurenelemente
Die Bedeutung der Spurenelemente wird tabellarisch wiedergegeben, um die Vielfalt ihrer Wirkungen einzugrenzen (Tabelle 18). Das Vorkommen in Futtermitteln schwankt sehr stark in Abhängigkeit von Boden, Düngung, Erntezeitpunkt, Pflanzenart und Pflanzenteil. Gehalte in Futtermitteln und Versorgungsempfehlungen werden wegen der Schwankungen im Vorkommen und der Schwierigkeit der Bedarfsermittlung in mg je kg Futtertrockenmasse angegeben.
Einige der Spurenelemente wirken in höheren Konzentrationen giftig.
Ein Versorgungsausgleich bei Mineralstoffen und Spurenelementen erfolgt meist über die Zufuhr sogenannter Mineralfutter, die später erörtert werden sollen.

9.4.5 Vitamine

Vitamine sind für den Stoffwechsel essentielle niedermolekulare organische Stoffe, die im Tierkörper nicht oder nur in kleinen Mengen gebildet werden können. Sie müssen daher überwiegend mit dem Futter zugeführt werden. Vitamine werden nach ihrer Löslichkeit unterteilt in fettlösliche (Vitamine A, D, E und K) und wasserlösliche (Vitamine der B-Gruppe und C) Vitamine. Eine andere Einteilung erfolgt aufgrund der Wirkungsweise. Danach bewirken die Vitamine A, D, E und C die Ausbildung und Aufrechterhaltung bestimmter Gewebestrukturen und die Vitamine der B-Gruppe sowie das Vitamin K wirken als Teile von Coenzymen.

Mangel an Vitaminen führt zu Avitaminosen (Skorbut, Nachtblindheit, Rachitis), Hypovitaminosen (Entwicklungs- und Leistungsstörungen, verminderte Resistenz und Reproduktion) sowie Hypervitaminosen (Überversorgung).

Vitamine gehen Wechselwirkungen mit anderen Nahrungsbestandteilen ein (z. B. Vitamin D und Calcium/Phosphor), zeigen bei Mangel häufig unspezifische Reaktionen der Tiere (geringe Leistung und Freßlust, Infektionskrankheiten, Fortpflanzungsstörungen, Jungtiersterblichkeit) und sind bestimmten Gesund- und Fruchtbarkeitsstörungen nur schwer zuzuordnen.

Vitaminmängel entstehen durch geringe Angebote im Futter, mangelhafte Absorption und Speicherung sowie hohe Ausscheidung. Zudem erhöhen Allgemeinerkrankungen, insbesondere aber parasitäre Infektionen, den Vitaminbedarf. Wie bereits bei den Spurenelementen werden Vorkommen, Funktion und Mängel bei Vitaminen hier lediglich in Form einer Übersicht aufgezeigt (Tabelle 19). Bedarfsangaben und Bedarfsdeckung folgen später.

9.4.6 Stoffwechsel

Aminosäuren, Einfachzucker und Fettsäuren gelangen nach Absorption aus dem Verdauungstrakt in die Körperflüssigkeiten und werden von dort zu den Stätten des Bedarfs transportiert. Während Kohlenhydrate und Fettsäuren überwiegend zur direkten Energiegewinnung unter Bildung von ATP (Adenosintriphosphat, Energiespeicher und Energielieferant), Kohlendioxid und Wasser abgebaut werden, gelangen die Aminosäuren zu den Orten der Eiweißsynthese und werden dort zu körpereigenen Eiweißen verknüpft. Nicht direkt energetisch umgesetzte

Tab. 19: Vitamine: Funktion, Mangel, Vorkommen in Futtermitteln

Name	Funktion(en)	Mangel	Vorkommen
Vitamin A (Vorstufe β-Carotin)	Schutz der Epithelien, Anregung des Wachstums, Sehvorgang	Vermindertes Wachstum, Infektionen, Erblindung	Milch, Ei, Leberöl, Vorstufe in grünen Pflanzen und deren Konserven
Vitamin D (Vorstufen: Ergosterin → Pflanze 7-Dehydrocholesterin → Tier	Regulation des Ca/P-Stoffwechsels	Rachitis, Osteomalacie	Gründlandkonserven (wird u. a. in der Haut gebildet)
Vitamin E	Antioxidans, Erhaltung von Membranen, Zellatmung	Muskelschäden Fruchtbarkeitsmängel	Grüne Pflanzen, Körner, Samen
B-Vitamine	8 von 10 B-Vitaminen sind Bestandteile von Co-Enzymen	Depression des Futterverzehrs, Wachstumsminderung, Anaemie	Körner, Samen, Hefe, Kleie (B_{12}: tier. Eiweiß und Eigensynthese)
Vitamin C	Aktivierung von Enzymen und Hormonen	–	Eigensynthese

Kohlenhydrate und Fette sowie das Kohlenstoffgerüst der Aminosäuren – soweit letzteres nicht auch energetisch verwertet wird – können zur Synthese von Körperfett und zum Teil von Glykogen, einem Kohlenhydratspeicher, herangezogen werden.

Die Ausnutzung der Aminosäuren zur Proteinsynthese (Fleisch, Milch) ist um so höher, je besser die *Biologische Wertigkeit* des Eiweißes ist, d. h. je besser die Aminosäurenzusammensetzung im Futter der in den zu synthetisierenden Produkten entspricht.

In der Pferdefütterung wird der Bedarf an verdaulichem Rohprotein und an Aminosäuren dem Angebot aus Futtermitteln gegenübergestellt. Bei der Bedarfsermittlung wird berücksichtigt, daß nur ein Teil des verdaubaren Rohproteins aus Futtermitteln für Erhaltungs- und Leistungszwecke genutzt werden kann. Verdauliches Rohprotein für Erhaltungszwecke ist der Teil des zugeführten Rohproteins, der zur Erneuerung von Zellen und Geweben, für proteinhaltige Verdauungsenzyme und andere proteinverbrauchende Ersatzleistungen benötigt wird. Für Leistungszwecke zugeführt werden muß der für die Synthese von Muskelprotein oder Milchprotein benötigte Teil.

9.4.7 Energiewechsel

Die Wärmeproduktion eines hungernden Tieres wird als *Grundumsatz* definiert. Dieser Grundumsatz steht in enger Beziehung zur metabolischen Körpermasse (Körpermasse$^{0.75}$) und zur Körperoberfläche des Tieres.

Der *Erhaltungsbedarf* schließt neben dem Grundumsatz den Energieaufwand für Verdauungstätigkeit, für leichte Bewegung und für erhöhte Wärmeproduktion ein. Das Tier steht sozusagen energetisch in Leistungsbereitschaft. Die dem Tier oberhalb des Erhaltungsbedarfs angebotene Umsetzbare Energie steht für Leistungszwecke (Arbeit, Milch, Fleisch, Fett) zur Verfügung. Dabei wird die Umsetzbare Energie, dimensioniert in Joule (J), Kilojoule (KJ) oder Megajoule (MJ) (1 KJ = 1000 J, 1 MJ = 1000 KJ) wie folgt abgeleitet:

GE Gesamtenergie (engl. gross energy)
minus Energieverluste im Kot =

DE Verdauliche Energie (engl. digestible energy)
minus Energieverluste im Harn und Methan (Gärgas) =

ME Umsetzbare Energie (engl. metabolizable energy)
minus Energie in Form von Wärme =

NE Nettoenergie

Die Brutto- oder Gesamtenergie ist der Brennwert eines Futtermittels. Nach Abzug des Brennwertes der noch im Kot enthaltenen Energie bleibt die Verdauliche Energie übrig. Sie wird als Bewertungsmaß für den energetischen Futterwert von Pferdefutter herangezogen. Weitere Verluste entstehen durch im Harn und den Dickdarmgärgasen enthaltene und ausgeschiedene Energie.

Die Umsetzbare Energie steht schließlich dem Pferd für Erhaltung und Leistung zur Verfügung. Die in den Syntheseprodukten (Milch, Fleisch, Fett) und in der Arbeitsleistung enthaltene Energie wird als Nettoenergie bezeichnet.

Bei der Umsetzung der Nährstoffe zu energetischen Zwecken entsteht Wärme, die nur zum Teil für Erhaltungszwecke (Aufrechterhaltung der Körpertemperatur) genutzt werden kann und somit als Energieverlust angesehen werden muß. Dem Tier steht also immer nur ein Teil der zugeführten Futterenergie für Erhaltung und Leistung zur Verfügung. Um die Futterplanung für den Tierhalter nicht zu komplizieren, werden Bedarf und Angebot aus Futtermitteln und Rationen immer in der gleichen Dimension und Verwertungsstufe angegeben, darin sind die weiter vorne aufgezeigten Verluste bereits berücksichtigt.

Futtermittel mit hoher Verdaubarkeit (z.B. Getreide) sind rasche Energielieferanten und werden wegen ihres hohen Energieanteils auch Konzentrate genannt. Niedrig verdaubare Futtermittel (z.B. Rauhfutter) stellen die darin enthaltene nutzbare Energie langsamer zur Verfügung.

Bei Mineralstoffen wird der Bruttobedarf angegeben. Hierbei ist eine mittlere Verwertung der Mineralstoffe für Ansatz und Grundbedarf eingerechnet. Spurenelemente und Vitamine werden in mg oder I.E. (internationale Einheiten) je kg Futtertrockenmasse oder je Tier und Tag als Bruttoversorgung angegeben.

9.5 Bedarf an Nähr-, Mineral- und Wirkstoffen

Der Bedarf von Nutztieren wird auf der Grundlage der faktoriellen Bedarfsermittlung festgestellt. Hierbei wird in Erhaltungs- und Leistungsbedarf gegliedert, wobei für ersteren die Lebendmasse, für letzteren die Menge und Zusammensetzung des Produktes maßgebend sind. Diese Vorgehensweise gilt für die Erhebung sowohl des Proteinbedarfs, dimensioniert in Gramm verdauliches Rohprotein, als auch für den Energiebedarf in Megajoule verdaulicher Energie. Jede Teilleistung, wie Erhaltung, Fleisch-, Fettansatz und Trächtigkeit sowie Laktation wird dabei über Teilwirkungsgrade gewichtet, was bedeutet, daß die in Futtermitteln enthaltene verdauliche Energie bzw. das verdauliche Rohprotein nur mit einem bestimmten Prozentsatz für Erhaltung und Ansatz verwertet wird.

Die im folgenden aufgeführten Energie-, Nährstoff- und Vitaminbedarfsangaben sind von der Gesellschaft für Ernährungsphysiologie der Haustiere (GEH) 1982 herausgegeben worden. Für die Praxis gelten dabei Versorgungsempfehlungen bzw. Richtzahlen, die sich aus Bedarfsermittlungen zuzüglich von Sicherheitszuschlägen zusammensetzen.

9.5.1 Erhaltungsbedarf

Dieser gilt für Pferde, die in Leistungsbereitschaft stehen und umfaßt Verdauung, Stoffwechsel, leichte Bewegung sowie die Regulation der Körpertemperatur. Die GEH (1982) hat mit 0.6 MJ DE/kg $LM^{0.75}$ an Energie und 3 g verdaubares Rohprotein (vRp) je kg $LM^{0.75}$ gerechnet.

In Tabelle 20 ist die Lebendmasse (LM) von Pferden der verschiedenen Rassen angegeben. Tabelle 21 enthält tabellarisch die Versorgungsempfehlungen der GEH 1982. Aus diesen Angaben wird die Abhängigkeit der Höhe des Erhaltungsbedarfs von der Lebendmasse deutlich.

9.5.2 Leistungsbedarf

9.5.2.1 Arbeit

Die für Muskelarbeit nutzbare chemische Energie wird durch energiereiche Phosphate, die im Zellstoffwechsel des Tieres gebildet werden, zur Verfügung gestellt.

Bei ruhiger Zugarbeit wenden Pferde Kräfte auf, die etwa der Lebendmasse (in kg) entsprechen. Die Verwertung der verdaulichen

Tab. 20: Lebendmasse (LM) ausgewachsener Pferde verschiedener Rassen (Durchschnitt von Stuten und Wallachen). (GEH 1982)

Rasse	kg LM
Shetlandpony	100 – 200
Deutsches Reitpony	300 – 350
Isländer	350 – 400
Araber	450
Haflinger	460
Fjordpferd	480 – 500
Vollblut	450 – 520
Quarter Horse	530
Deutsches Warmblut	550 – 650
Deutsches Kaltblut	700 – 740
Ardenner	800 – 850

Tab. 21: Empfehlungen für die tägliche Versorgung ausgewachsener Pferde im Erhaltungsstoffwechsel mit verdaulicher Energie (DE) und verdaulichem Rohprotein (vRp) (GEH 1982)

LM ausgewachsen kg	LM^{0,75} ausgewachsen kg	verd. Energie (DE) MJ	verd. Rohprotein (vRp) g
100	31,6	19,0	95
200	53,2	31,9	160
300	72,1	43,3	216
400	89,4	53,6	268
500	106	63,6	318
600	121	72,6	363
700	136	81,6	408
800	150	90,0	450

LM = Lebendmasse
LM^{0,75} = metabolische Lebendmasse
DE = verdauliche Energie
MJ = Megajoule (1 MJ = 1000 KJ = 1 000 000 J)
vRp, g = verdauliches Rohprotein in Gramm

Energie für Muskelarbeit wird mit 28% angenommen. Mit zunehmender Geschwindigkeit nimmt der Energiebedarf pro Strecke zu. Ursache dieser Steigerung sind eine weniger ökonomische Energiegewinnung im Intermediärstoffwechsel, stärkere vertikale Verlagerung der Lebendmasse und erhöhte Reibungsverluste. Tabelle 22 zeigt den Teilbedarf für verschiedene Bewegungsaktivitäten auf.

Es ist international üblich, die Einteilung in leichte, mittlere und schwere Arbeit vorzunehmen, wobei der über den Erhaltungsbedarf hinausgehende (Mehr-)Teilbedarf an verdaulicher Energie für leichte Arbeit bis 25%, mittlere Arbeit 25–50% und schwere

Tab. 22: Teilbedarf für verschiedene Bewegungsaktivitäten von Reitpferden (mit Reiter) im LM-Bereich von 400–600 kg (GEH 1982)

		KJ DE je kg LM	
	km/Std.	pro km	pro Std.
Schritt	4	1,7	6,8
leichter Trab	10	2,1	21
mittlerer Trab	15	3,4	51
Galopp	25	4,2	105

Tab. 23: Teilbedarf für Arbeit bei Pferden (je Tier und Tag). (GEH, 1982)

LM ausgewachsen kg	leichte bis	Arbeit mittlere (MJ DE)	schwere über
100	5	5 – 9	9
200	8	8 – 16	16
300	11	11 – 22	22
400	13	13 – 27	27
500	16	16 – 32	32
600	18	18 – 36	36
700	20	20 – 41	41
800	23	23 – 45	45

Tab. 24: Empfehlungen für die tägliche Versorgung von Pferden, die Arbeit verrichten, mit verdaulicher Energie (DE) und verdaulichem Rohprotein (vRp). (GEH 1982)

LM ausgewachsen kg	Arbeit					
	leichte		mittlere		schwere	
	DE MJ	vRp g	DE MJ	vRp g	DE MJ	vRp g
					mehr als	
100	19 – 24	95 – 120	24 – 28	120 – 140	28	140
200	32 – 40	160 – 200	40 – 48	200 – 240	48	240
300	43 – 54	215 – 270	54 – 65	270 – 325	65	325
400	54 – 67	270 – 335	67 – 81	335 – 405	81	405
500	64 – 80	320 – 400	80 – 96	400 – 480	96	480
600	73 – 91	365 – 455	91 – 109	455 – 545	109	545
700	82 – 102	410 – 510	102 – 123	510 – 615	123	615
800	90 – 113	450 – 565	113 – 135	565 – 675	135	675

Arbeit mehr als 50% über die Versorgungsempfehlungen für den Erhaltungsstoffwechsel hinausgeht (Tabelle 23). Der Mehrbedarf an verdaulichem Rohprotein ist gering. Bei Einhaltung eines Verhältnisses von Rohprotein zu Energie von 5 g vRp pro 1 MJ DE sollten nicht mehr als 3 g vRp/kg $LM^{0.75}$ zugeführt werden, um den Stoffwechsel nicht unnötig zu belasten. Die Folgen wären höhere Wasseraufnahme, vermehrte N-Ausscheidung in Form von Harnstoff und Leistungsminderungen.

Die in Tabelle 24 aufgeführten Versorgungsempfehlungen für Arbeit und Erhaltung enthalten nur von ... bis ... Werte. Innerhalb dieser Größen muß sich der Pferdehalter durch Augenmaß an die seinen Tieren zustehenden Energie- und Proteinmengen herantasten.

9.5.2.2 Trächtigkeit (Gravidität)

Neben dem Erhaltungsanteil muß während der Trächtigkeit der Bedarf der Stute für die sogenannten Konzeptionsprodukte wie Masse und Zusammensetzung von Frucht, Fruchthüllen und die Nährstoffspeicher der Stute gedeckt werden. Dabei ist zu berücksichtigen, daß der Zuwachs an Konzeptionsprodukten erst ab dem 7. Trächtigkeitsmonat deutlich in Erscheinung tritt und der Teilbedarf erst ab hier den Erhaltungsbedarf wesentlich überschreitet.

Aus Masse und Zusammensetzung der Konzeptionsprodukte und einer Verwertung der verdaulichen Energie für Konzeptionsprodukte von 20% und des verdaulichen Rohproteins von 50% errechnen sich die in Tabelle 25 angegebenen Versorgungsempfeh-

Tab. 25: Empfehlungen für die tägliche Versorgung von hochtragenden Stuten (8. – 11. Trächtigkeitsmonat) mit verdaulicher Energie (DE) und verdaulichem Rohprotein (vRp). (GEH 1982)

Stute LM ausgewachsen kg	Trächtigkeitsmonat					
	8.		9. – 10.		11.	
	DE MJ	vRp g	DE MJ	vRp g	DE MJ	vRp g
100	21	120	23	140	24	160
200	36	210	38	230	40	260
300	48	280	52	320	54	350
400	60	350	64	390	67	440
500	71	410	76	470	80	520
600	81	470	86	530	91	590
700	91	530	97	600	102	670
800	100	580	107	660	113	740

lungen für tragende Stuten, die wiederum bereits den Erhaltungsanteil enthalten.

9.5.2.3 Laktation

Die Milchproduktion der Stuten nimmt vom 1. bis zum 3. Laktationsmonat zu und geht danach zurück. Die mittlere Milchmengenleistung sowie die Zusammensetzung der Stutenmilch sind in den Tabellen 26 und 27

angegeben. Aus Milchmenge und -zusammensetzung sowie einer Verwertung der verdaulichen Energie für Milch von 66% und des verdaulichen Rohproteins von 50% errechnen sich die in Tabelle 28 angegebenen Versorgungsempfehlungen. Auch hier ist der Erhaltungsbedarf mit eingerechnet.
Kleinere Pferderassen produzieren, bezogen auf die Lebendmasse, mehr Milch als größere.

Tab. 26: Mittlere Milchmengenleistung von Stuten (kg / Tier / Tag). (GEH 1982)

LM ausgewachsen kg	Laktationsmonat		
	1.	3.	5.
100	4,42	5,37	3,79
200	7,45	9,04	6,38
300	10,1	12,3	8,65
400	12,5	15,2	10,7
500	14,8	18,0	12,7
600	16,9	20,6	14,5
700	19,0	23,1	16,3
800	21,0	25,5	18,0

berechnet nach Angaben von NESENI et al., 1958; NEUHAUS, 1960; BOUWMAN und VAN DER SCHEE, 1978.

*Es wurde eine mittlere Milchproduktion je kg $LM^{0,75}$ von 0,14 kg im 1. Monat, von 0,17 kg im 3. und von 0,12 kg im 5. Laktationsmonat unterstellt.

Tab. 27: Zusammensetzung der Stutenmilch je kg (GEH 1982, verändert)

Laktations-monat	Trockenmasse g	Protein g	Fett g	Laktose g	Energie MJ	Calcium g	Phosphor g
1	120	25	20	65	2,51	1,1	0,8
3	110	22	15	70	2,32	0,8	0,5
5	108	20	15	70	2,28	0,7	0,4

Tab. 28: Empfehlungen für die tägliche Versorgung von laktierenden Stuten mit verdaulicher Energie (DE) und verdaulichem Rohprotein (vRp). (GEH 1982)

LM ausgewachsen kg	Laktationsmonat					
	1.		3.		5.	
	DE MJ	vRp g	DE MJ	vRp g	DE MJ	vRp g
100	36	320	38	330	32	250
200	60	530	64	560	54	420
300	82	720	86	760	73	560
400	101	890	107	940	91	700
500	120	1060	127	1110	108	830
600	137	1210	145	1270	123	940
700	154	1360	163	1430	138	1060
800	170	1500	180	1570	152	1170

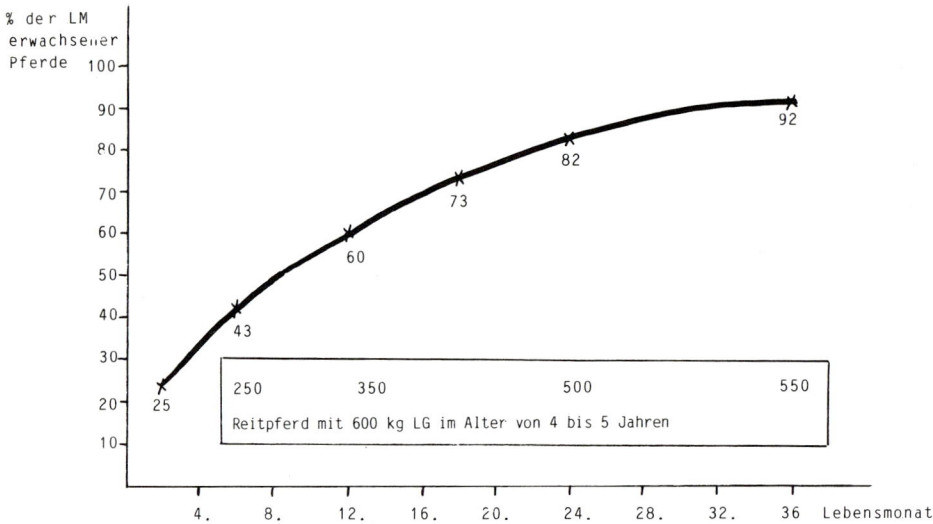

Abb. 52: Gewichtsentwicklung bei Fohlen.

Stutenmilch ist eiweiß- und fettärmer, jedoch zuckerreicher als Kuhmilch.

Zur Erreichung vorgenannter Milchleistungen sind erhebliche Anforderungen an Menge und Zusammensetzung von Rationen für Zuchtstuten notwendig, wie später noch gezeigt werden wird.

9.5.2.4 Wachstum

Bei wachsenden Fohlen ändern sich Höhe und Zusammensetzung des Zuwachses an Protein und Fett ständig, so daß eine faktorielle Bedarfsermittlung erschwert ist. Mit zunehmendem Alter nimmt die Wachstumsintensität ab und die Fetteinlagerung zu. Erwünscht ist ein mäßig intensives Wachs-

tum, das einerseits die Aufzuchtkosten nicht unerträglich steigert, andererseits jede übertriebene Verfettung vermeidet und die Skelett- und Organentwicklung der Lebendmassezunahme anpaßt.

Abbildung 52 zeigt die Wachstumskurve von Fohlen, die mit 4 bis 5 Jahren ausgewachsen sind und dann 600 kg Lebendmasse erreichen.

Der Erhaltungsbedarf der lebhaften Fohlen ist höher als bei ausgewachsenen Pferden und erfordert einen Zuschlag von 20 bis sogar 50%. Unter Zugrundelegung der in Tabelle 29 angegebenen täglichen Lebendmassezunahmen und Protein- sowie Fett- und Energiegehalte zwischen 197–165 g, 106–253 g und 8.92–14 MJ je kg Lebend-

Tab. 29: Mittlere tägliche Lebendmassezunahmen bei Fohlen (g / Tier / Tag). (GEH 1982)

Lebensmonat	Lebendmasse des ausgewachsenen Pferdes (kg)							
	100	200	300	400	500	600	700	800
3. – 6.	148	296	443	591	739	887	1034	1182
7. – 12.	93	186	279	372	465	559	652	745
13. – 18.	71	142	214	285	356	427	498	570
19. – 24.	49	99	148	197	246	296	345	394
25. – 36.	27	55	82	109	137	164	192	219

Tab. 30: Empfehlungen für die tägliche Versorgung von Fohlen mit verdaulicher Energie (DE) und verdaulichem Rohprotein (vRp). (GEH 1982)

Lebens-monat	Lebendmasse des ausgewachsenen Pferdes in kg															
	100		200		300		400		500		600		700		800	
	DE MJ	vRp g	DE MJ	vRp g	DE MJ	vRp g	DE MJ	vRp g	DE MJ	vRp g	DE MJ	vRp g	DE MJ	vRp g	DE MJ	vRp g
3.– 6.	17	140	29	255	40	365	51	470	60	575	70	675	79	775	88	870
7.–12.	18	120	30	210	42	300	52	380	62	460	72	540	81	615	91	695
13.–18.	19	115	32	205	44	285	55	360	66	435	76	505	86	575	95	640
19.–24.	20	115	34	195	46	270	58	340	68	410	79	470	88	535	98	595
25.–36.	21	115	36	195	49	265	61	330	72	395	82	450	93	510	103	570

Tab. 31: Mittlere Geburtsmasse bei Fohlen (GEH 1982)

Rasse	kg
Shetlandpony	14 – 26
Deutsches Reitpony	32 – 36
Isländer	36 – 41
Araber	44
Haflinger	45
Fjordpferd	46 – 47,5
Vollblut	44 – 49
Quarter Horse	50
Deutsches Warmblut	51 – 58
Deutsches Kaltblut	61 – 64
Ardenner	68 – 74
errechnet nach GÜTTE, 1972	

masse und einer Verwertung der verdaulichen Energie- bzw. des verdaulichen Rohproteins von 60% bzw. 45% können die in Tabelle 30 aufgezeigten Versorgungsempfehlungen angenommen werden. In den vorliegenden Zahlen ist der erhöhte Erhaltungsbedarf enthalten. Zum Vergleich sind die rassenbedingten Geburtsgewichte der Fohlen in Tabelle 31 angegeben.

9.5.3 Mineralstoff-, Spurenelement- und Vitaminbedarf

Über die Bedeutung dieser Elemente bzw. Substanzen wurde bereits in Kapitel 9.4 berichtet.

Bei Mineralstoffen werden zu den von der Lebendmasse abhängigen endogenen Verlusten die im Ansatz (Wachstum, Konzeptionsprodukte) und den Ausscheidungen (Milch, Schweiß) enthaltenen Mineralstoffmengen addiert und durch die Verwertung dividiert. So errechnet sich der Bruttobedarf. Für die Elemente Calcium, Phosphor, Magnesium und Natrium ergeben sich Verwertungen von 60, 40, 30 und 100%. Methodisch derart ermittelte Empfehlungen für die Mineralstoffversorgung sind der Tabelle 32 zu entnehmen.

Der Bedarf an Spurenelementen und Vitaminen ist schwieriger zu ermitteln. Aus diesem Grund werden Empfehlungen für die Versorgung mit Spurenelementen in mg je kg Futtertrockenmasse (Tabelle 33) und für Vitamine in IE bzw. mg je kg Lebendmasse bzw. je kg Futtertrockenmasse gegeben (Tabelle 34). Wie trotz dieser Problematik eine sinnvolle Deckung des Spurenelement- und Vitaminbedarfs erfolgen kann, soll beim Kapitel Rationsplanung gezeigt werden.

Tab. 32: Empfehlungen für die Mineralstoffversorgung von Pferden unterschiedlicher Leistung (g / Tag). (GEH 1982)

| | Lebendmasse (kg) | | | | | | | | | | | | | | |
| | 200 | | | | | 400 | | | | | 600 | | | | |
	Ca	P	Mg	Na	K	Ca	P	Mg	Na	K	Ca	P	Mg	Na	K
ausgewachsene Pferde															
Erhaltung	8	5	4	5	7	17	10	8	10	14	25	15	12	15	22
Arbeit gering	9	5	4	7	10	17	10	8	14	18	26	16	13	21	32
mittel	9	6	4	9	14	18	11	9	18	27	26	16	13	28	43
stark	9	6	5	12	18	18	12	9	24	36	27	17	14	36	53
Stuten tragend (8. + 9. Monat)	11	8	4	5	8	23	15	8	11	15	35	23	13	16	22
tragend (10. + 11. Monat)	14	10	4	5	8	29	19	9	11	15	44	29	13	16	23
laktierend	20	16	6	6	12	37	29	11	12	23	52	41	16	18	34
wachsende Pferde															
3. – 6. Monat	12	8	2	2	4	23	17	4	4	7	36	25	5	6	11
7. – 12. Monat	10	6	2	3	5	19	13	5	5	9	29	19	7	9	14
13. – 24. Monat	10	7	3	4	6	19	13	6	8	12	31	20	9	12	18

Tab. 33: Empfehlungen für die Spurenelementversorgung von Pferden (mg / kg Futtertrockensubstanz). (GEH 1982)

		Fohlen	Zuchtstuten	Reit-(Renn-) Pferde
Eisen	(Fe)	80 – 100	80 – 100	80
Kupfer	(Cu)	10	10	10
Zink	(Zn)	50	50	50
Mangan	(Mn)	40	40	40
Kobalt	(Co)	0,05 – 0,1	0,05 – 0,1	0,05 – 0,1
Selen	(Se)	0,1 – 0,2	0,1 – 0,2	0,1 – 0,2
Jod	(J)	0,1 – 0,3	0,1 – 0,3	0,1 – 0,3

Tab. 34: Empfehlungen zur Vitaminversorgung von Pferden (GEH 1982)

	Erhaltung und Arbeit	Wachstum	hochtragende und laktierende Stuten
Vitamin A IE/kg LM	50 – 75	150 – 200	100 – 150
Vitamin D IE/kg LM	5 – 10	15 – 20	15 – 20
Vitamin E mg/kg LM	0,25*	0,3	0,5
Vitamin B_1 mg/kg Futter-TS	3	3	3
Vitamin B_2 mg/kg Futter-TS	2,5	2,5	2,5
*Rennpferde evtl. höhere Dosis			

9.6 Wasserbedarf

Pferde decken ihren Wasserbedarf durch Tränke und das in Futtermitteln enthaltene Wasser. Der Tränkewasserbedarf kann daher nur in weiten Spannen angegeben werden. Wasser wird im Magen-Darm-Trakt und im Stoffwechsel als Lösungs- und Transportmittel benötigt. Aufgrund seiner guten Wärmeleitfähigkeit kann es die im Stoffwechsel anfallende Wärme abgeben und eine Überhitzung des Organismus vermeiden. Größere Wassermengen werden über die Milch, den Schweiß, den Harn, den Kot und die Atemluft ausgeschieden. Der Wasserbedarf hängt vom Rationstyp ab, von der Leistung und der Witterung. Im Mittel kann mit einem Wasserbedarf von 5–10 kg pro 100 kg Lebendmasse gerechnet werden. Eine genauere Eingrenzung ist müßig, da Pferden andauernd frisches Wasser mit Trinkwasserqualität zur Verfügung stehen sollte.

9.7 Strukturfutter und tiergerechte Fütterung

Unter Struktur ist die Grobsperrigkeit des Futters zu verstehen. Verlangt wird eine nicht zu geringe Teilchengröße oder Häksellänge der Futterpartikel. Grob zerkleinertes Rauhfutter enthält Struktur, Mehlfutter gilt als strukturlos oder -arm. Vielfach wird auch der Rohfasergehalt, ein chemisch erfaßbarer Parameter, als Maß für die Futterstruktur angegeben, wobei Futtermittel mit 18–22% Rohfaser als strukturiert gelten. Genauer kennzeichnet der Begriff strukturierte Rohfaser die Futterstruktur. Damit gemeint ist der Teil der Faserstoffe, die als grobe Partikel vorliegen. So ist die Rohfaser im Frischgras oder in einer Maissilage mit hohem Feuchtegehalt weniger strukturwirksam als die von Heu oder Stroh.
Pferde benötigen Strukturfutter für
– eine intensive Kautätigkeit und Speichelproduktion.
– Dadurch wird ein hoher Löslichkeitsgrad der Futterpartikel erreicht, was deren Transport und Umgebung mit Enzymen im Magen-Darmtrakt erleichtert.
– Durch Strukturfutter wird die Darmmotorik angeregt.
– Strukturfutter dient der Keimflora in den hinteren Darmabschnitten als Nahrung.
– Der durch Strukturfutterstoffe erreichbare hohe Füllungsgrad des Magen-Darmtraktes und die notwendige intensive Kauarbeit vermeiden Langeweile, Hungergefühl und Untugenden im Stall.
Eine untere Strukturfuttergrenze kann mit 0,5 kg Heu oder Stroh je 100 kg Lebendmasse vorgegeben werden oder mit einem Roh-

fasergehalt von mindestens 16–18% in der Rationstrockenmasse. Nach oben hin begrenzt der Energiebedarf die Verabreichung rohfaserreicher Futtermittel. Mit Zunahme an Rohfaser sinken Verdaubarkeit und Energiekonzentration und lassen somit eine Deckung des Energiebedarfs nicht mehr zu. Vermieden werden muß allerdings ein zu hoher Strohanteil in der Ration, weil als dessen Folge Verstopfungskoliken eintreten können.

9.8 Zusammenhänge zwischen Fütterung, Gesundheit und Fruchtbarkeit

Wird der Nähr-, Mineral- und Wirkstoffbedarf der Pferde nicht gedeckt, so können Gesundheits- oder Fruchtbarkeitsstörungen die Folge sein. Bei einer Reihe von Inhaltsstoffen des Futters sind auch Überschüsse schädlich. Häufig wirken solche Fehlernährungen nicht direkt, d. h. zunächst sind deutliche Symptome einer Erkrankung nicht feststellbar. Die Folgen werden zu spät erkannt, eine direkte Beziehung zwischen Ursache und Erkrankung kann dann nicht mehr hergestellt werden. Dies gilt vor allem für Fruchtbarkeitsstörungen.

9.8.1 Strukturfuttermangel

Durch Mangel an strukturiertem Futter können Zahnanomalien (Zahnspitzen) entstehen, weil die Backenzähne ungleichmäßig abgenutzt werden. Die nur mäßige Füllung des Magen-Darmtraktes erzeugt Langeweile und Hungergefühle, die Pferde knabbern daher häufig Holzteile an Boxenwänden an. Zu kurzes, feingemahlenes Futter erzeugt ebenso wie ein Übermaß an schwer verdaubarem Stroh Verstopfungskoliken, die durch ungenügendes Kauen, Einspeicheln und Zerkleinern des Futters erklärt werden können.

9.8.2 Mangel- oder Überschußernährung

Die häufigsten Fehler hierbei sind Eiweiß-
überernährung mit der Folge einer Überbela-
stung des Stoffwechsels, Energiemangel mit
Leistungsminderungen, Mineralstoffmangel
oder -überschuß bzw. fehlerhafte Verhältnisse der Mineralstoffe zueinander, Spurenele-
mentmangel in manchen Gegenden, wenn
kein Mineralfutter zugefüttert wird, und Vitaminmängel bei nicht mit einer vitaminierten
Mineralstoffmischung ausgeglichenen, ex-
tremen Futterrationen. Bei korrekter Rationsplanung, Futteruntersuchung und Futteraufnahmekontrolle scheiden solche Fehler aber aus.

9.8.3 Schadstoffe in Futtermitteln

Organische und anorganische Schadstoffe
sind entweder in bestimmten Futtermitteln
enthalten oder gelangen in diese durch An-
bau, Ernte, Transport, Vermischung oder
Verderb.
Tabelle 35 zeigt die im geltenden Futtermittelrecht aufgeführten Schadstoffe auf. Blau-
säure, Gossypol, Senföle, Vinylthiooxazoli-
don und Theobromin sind in Pflanzen enthalten. Mutterkorn kann zeitweise an Getreide beobachtet werden. Von den Myko-
toxinen, giftigen Stoffwechselprodukten von
Pilzen, wird lediglich das Aflatoxin aufgeführt. Ferner ist auch ein Befall mit pathoge-
nen Bakterien (Salmonellen, Clostridien,
Staphylokokken) möglich, deren Stoffwech-

Tab. 35: Schadstoffe in Futtermitteln

Aflatoxin B_1
Arsen
Blausäure
Blei
Cadmium
Chlordan
Crotalaria-Arten
DDT
Aldrin, Dieldrin
Endosulfan
Endrin
Fluor
Gossypol, freies
Heptachlor
Hexachlorbenzol (HCB)
Hexachlorcyclohexan (HCH)
Mutterkorn
Nitrite
Quecksilber
Rizinus
Senföl, flüchtig
Theobromin
Unkrautsamen
Vinylthiooxazolidon

Anlage 5 der FMVO von 1988

sel- und Zerfallsprodukte Tiere schädigen.
Weitere Verunreinigungen sind Schwermetalle wie Blei, Cadmium, Arsen, Schädlings-
bekämpfungsmittel oder bei Fehlmischungen
auch Futterzusatzstoffe wie Antibiotika, die
für andere Tiere bestimmt sind.
Schließlich ist die Gruppe der Giftpflanzen
zu nennen, die allerdings bei gepflegten
Grünlandbeständen und Vorsicht bei der
Auswahl von Heckenpflanzen heute kaum
noch in Erscheinung treten.

10. Praktische Pferdefütterung

Der vorabgenannte Nähr-, Mineral- und Wirkstoffbedarf der Pferde wird über die Verabreichung von Futtermitteln gedeckt, die entweder einzeln verfüttert oder zu Rationen kombiniert werden. Dazu müssen Pferdehalter die wichtigsten Futtermittel kennen und in der Lage sein, die jeweils erhältlichen Qualitäten richtig zu beurteilen. Hierzu bieten sich chemische Methoden oder die Beurteilung anhand des Sinnenbefundes an. Am günstigsten ist die Kombination beider Methoden.

10.1. Kleine Futtermittelkunde

Futtermittel unterscheiden sich in der Nähr-, Mineral- und Wirkstoffzusammensetzung, der Nährstoffkonzentration, der Verdaubarkeit und Verfügbarkeit der Nährstoffe, der Struktur und dem Gehalt an Begleitsubstanzen mit positivem oder negativem Einfluß auf den tierischen Organismus. Sie werden unterteilt in

– **Wirtschaftsfuttermittel,** die überwiegend im landwirtschaftlichen Betrieb erzeugt und verwertet werden,
– **Handelsfuttermittel,** die zugekauft werden,
– Handelsfuttermittel können unterteilt werden in **Einzelfuttermittel** wie Hafer, Fischmehl, Sojaschrot und **Mischfuttermittel,** die eine Kombination verschiedener Einzelfuttermittel darstellen.

Durch das geltende Futtermittelrecht wird die Ausstattung der Mischfutter so geregelt, daß sie problemlos an landwirtschaftliche Nutztiere als Alleinfutter oder Ergänzungsfutter (z. B. zu Heu) verfüttert werden können.

Die chemische Bestimmung der Futterinhaltstoffe (Weender Analyse)

Mit der Weender Analyse werden die Nähr-

Im einzelnen sieht das Analysenschema wie folgt aus:

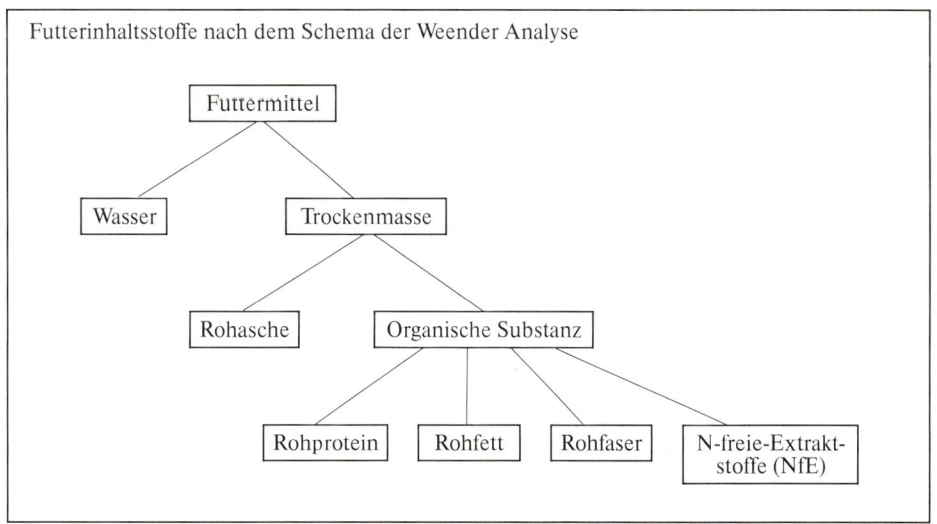

Futterinhaltsstoffe nach dem Schema der Weender Analyse

stoffgruppen Rohprotein, Rohfett, Rohfaser und Stickstoffreie Extraktstoffe (NfE) bestimmt. Sie wird meist durch eine Mineralstoffbestimmung (Calcium, Phosphor, Natrium) ergänzt. Spurenelemente und Vitamine werden wegen des hohen Kostenaufwandes nur selten ermittelt, häufig werden Tabellenwerte herangezogen. Vermehrt wird auch der Gehalt an Aminosäuren (z.B. Lysin, Methionin, Tryptophan) bestimmt.

Im einzelnen sieht das Analyseschema wie folgt aus:

Zur Analyse wird das Futtermittel getrocknet, nach Wasserverlust bleibt die Trockenmasse übrig. Beim Vergleich von Heu, Silage und Grünfutter bietet es sich an, alle Inhaltsstoffe des Futters auf Trockenmassebasis zu vergleichen. Die Rohasche enthält nach Glühen des Futtermittels Mineralstoffe, Spurenelemente und erdige Verunreinigungen (Silikate). Im Rohprotein sind sowohl Proteine (Eiweiß) als auch Nicht-Protein-Verbindungen (NPN) zusammengefaßt. Rohfaser schließlich besteht zum größten Teil aus den Zellwandsubstanzen Zellulose, Hemizellulose und Lignin und ist der schwerverdaubare Strukturbestandteil der Futtermittel. In den NfE werden leicht lösliche und verdaubare Kohlenhydrate wie Zucker und Stärke zusammengefaßt. Rohfett schließlich besteht aus Triglyceriden (dem eigentlichen Fett) und verschiedenen Fettbegleitern, u.a. den fettlöslichen Vitaminen und Pflanzenfarbstoffen.

Der Sinnenbefund

Vor allem bei Rauhfuttermitteln (Heu, Silage) werden folgende Kriterien zur Beurteilung herangezogen: Aussehen und Farbe, Geruch, Griff, Verunreinigungen, botanische Zusammensetzung und Giftpflanzen. So gelten z.B. für ein gutes Heu folgende Anforderungen:

Grüne Farbe, frischer, blumiger Geruch, trockener, zarter Griff, keine Steine oder Erdklumpen, Mischbestand aus Kräutern und Gräsern (allerdings können auch reine Grasbestände hervorragend sein) und Fehlen von Giftpflanzen (Sumpfschachtelhalm, Adlerfarn, Herbstzeitlose).

Die verdaubaren Nährstoffe

Wie bereits erwähnt wird der Nährstoffbedarf der Pferde in Gramm verdaulichem Rohprotein (vRp,g) und Megajoule verdaulicher Energie (DE,MJ) angegeben. Dies setzt sogenannte Verdauungsversuche voraus, bei denen Pferden über einen längeren Zeitraum ein bestimmtes Futtermittel (oder eine Ration) verabreicht wird. Gleichzeitig wird der ausgeschiedene Kot gesammelt und zusammen mit dem Futter auf Nährstoffe untersucht. Aus der Differenz Futter–Nährstoffe minus Kot–Nährstoffe wird der Anteil verdaubarer Nährstoffe errechnet. Der Verdauungsquotient ist dann der prozentuale Anteil verdaubarer Nährstoffe an den in einem Futtermittel insgesamt enthaltenen Nährstoffen.

Verdauliche Energie und verdauliches Rohprotein

Die verdauliche Energie wird aus verdaulichen Nährstoffen (Nährstoffe × Verdauungsquotient) errechnet. Dazu gilt die folgende Formel

$$DE = DP \times 0.023 + DL \times 0.0381 + (DF + DX) \times 0.0172$$

DE = verdauliche Energie in MJ je kg
DP = verdauliches Rohprotein in g je kg
DL = verdauliches Rohfett in g je kg
DF = verdauliche Rohfaser in g je kg
DX = verdauliche NfE in g je kg

Das verdauliche Rohprotein wird durch Multiplikation des Rohproteingehaltes (g/kg) mit dem Verdauungsquotienten erhalten.

Futtermitteltabellen

Die Dokumentationsstelle der Universität Hohenheim hat Futterinhaltsstoffe einschließlich der Mineralstoffe Calcium und Phosphor sowie Verdaubarkeiten und Energiegehalte der wichtigsten Futtermittel im Rahmen der DLG-Futterwerttabellen für Pferde (1984) zusammengestellt. Angegeben werden die Weender Inhaltsstoffe je 1 kg Futtertrockenmasse, die Verdaubarkeiten, DP und DE sowie Calcium und Phosphor sowohl in Trockenmasse als auch im Futtermittel. Für Pferdehalter zur Rationsplanung wichtig sind vor allem die Gehalte

Beispiel: Werte in g je kg Futtermittel

Futtermittel	Trocken-substanz	Roh-protein	Roh-faser	DP	DE	Ca	P
Heu	860	96	265	60	8,05	3,9	3,4
Hafer	884	110	102	86	11,60	1,1	3,1

im Futtermittel an Rohprotein, Rohfaser, DP, DE, Calcium, Phosphor und Natrium. Aus diesen Angaben lassen sich in den meisten Fällen Rationen planen (Beispiel siehe oben).

10.1.1. Grünfutter, Gärfutter, Heu und Stroh oder Strukturfuttermittel

10.1.1.1. Weide und Grünfutter

Grünfutter sind oberirdische Pflanzenteile von Gräsern, Kräutern und Leguminosenkräutern, deren Wachstum zum Zeitpunkt der Beweidung oder Ernte nicht abgeschlossen ist. Es wird unterschieden zwischen Dauergrünland, den Wiesen und Weiden, und Ackergrünfutter.

Grünfutter ist wasserreich und damit stark voluminös und in Abhängigkeit vom Vegetationszeitpunkt und der botanischen Zusammensetzung schwankend in der Nährstoffzusammensetzung. Der Futterwert wird weiterhin beeinflußt von Boden, Klima und Düngung.

Vorteilhaft sind der günstige Nährstoffgehalt, die hohe biologische Wertigkeit des Blattproteins, das reichhaltige Vorkommen von β-Carotin (Vorstufe des Vitamin A) und der Vitamine D, E, B_1 und B_2, mittlere bis hohe Anteile an Calcium, Phosphor und Magnesium sowie an Spurenelementen und der mittlere Zellwand- und Zellinhaltkohlenhydratanteil. Junges Grünfutter, mit etwa 15 cm Wuchshöhe im Schossen geschnitten bzw. beweidet, hat hohe Anteile an verdaulichem Rohprotein und an verdaulicher Energie. Nachteile sind der hohe Wassergehalt, der schwankende Trockenmassegehalt, ein zu enges Protein:Energieverhältnis, zu wenig Natrium und bei älterem Gras der steigende Rohfaseranteil, der den energetischen Futterwert herabsetzt.

Zu Beginn der Vegetation ist der Blattmasseanteil mit leicht verfügbaren Nährstoffen hoch, später steigt der Stengelanteil und damit der Rohfaseranteil, der zudem durch Einlagerung von Lignin verholzt.

Hohe Grasanteile, wie im norddeutschen Raum häufig anzutreffen, schmälern den Futterwert keineswegs, eine Zunahme an Kräutern läßt den Rohprotein- und Mineralstoffanteil ansteigen, der Rohfasergehalt wird erniedrigt.

Ein ausgewachsenes Pferd kann 30 bis 40 kg Gras aufnehmen, wenn das Angebot ausreichend ist. Bei mittlerer Düngungsintensität und ausschließlicher Weide- und Grünfütterung müssen 0,5 ha je ausgewachsenes Pferd angeboten werden. Dies gilt jedoch nicht, wenn die Weide nur Auslaufcharakter hat.

Für tragende Stuten und Fohlen, die älter als 1 Jahr sind, genügt die Weide als alleinige Futterquelle, sehr gute Weiden auch für laktierende Stuten. Jüngere Fohlen sowie laktierende Stuten müssen bei mittlerem bis niedrigem Grasangebot beigefüttert werden. Für Pferde, die im Leistungstraining stehen, bietet die Weide kein ausreichendes und günstig zusammengesetztes Futter. Sie kann bestenfalls als Auslauf angeboten werden.

Sehr junge Weide kann zum Laxieren der Pferde führen, deshalb ist rohfaserreiches Heu oder Stroh beizufüttern. Bei intensiver Stickstoffdüngung kann es im Frühjahr und, nach Trockenperioden im Sommer, im Herbst zu Nitratvergiftungen kommen. Kleinpferde und Pferde der Extensivrassen neigen auf rohfaserarmen, eiweißreichen Weiden zur Hufrehe. In all diesen Fällen ist eine Stunden- oder Halbtagsweide anzubieten und altes Heu und Stroh beizufüttern.

Zum Ackergrünfutter gehören Futterroggen, Grünmais, Leguminosen wie Klee und Luzerne, Kreuzblütler wie Raps und Mark-

Tab. 36: Der Futterwert von Grünfutter (DLG 1984)

	Werte in Trockenmasse, g / kg						
	Trockenmasse g/kg	Rohprotein g/kg	Rohfaser g/kg	DP g/kg	DE MJ/kg	Ca g/kg	P g/kg
Weide (intensiv)							
gut	160	228	188	178	12,18	3,3	4,4
mittel	175	199	233	143	11,23	4,8	4,9
mäßig	220	190	265	135	10,16	5,0	3,5
Grünmais							
milchreif	220	97	234	55	11,22	5,3	2,9
Luzerne							
in der Knospe	193	221	237	157	10,32	19,0	2,9

stammkohl und Rübenblätter. Hinzu kommen unterschiedlich zusammengesetzte Gras- und Leguminosengemische.

Für Pferde geeignet sind Grünmais und Futtergras bzw. Gras-Leguminosengemische. Die anderen genannten Futterpflanzen haben entweder ein ungünstiges Eiweiß : Energieverhältnis oder sie enthalten Stoffe mit negativer Wirkung auf Futteraufnahme, Verdaubarkeit und Stoffwechsel. Nachteilig beim Ackergrünfutter sind außerdem die meist unvermeidbaren Schmutzanteile und das Warmwerden, wenn nicht zweimal täglich geschnitten wird.

Der Futterwert der Gräser und Kräuter sowie der folgenden Futtermittel ist im Tabellenanhang aufgeführt. Eine kleine Übersicht zum Vergleich der Futtermittel auf Trockenmassebasis wird aufgezeigt (Tabelle 36).

10.1.1.2. Grünfutterkonserven: Heu, Silagen und Stroh

Überschüssiges Grünfutter wird durch Trocknung oder Vergärung zu Winterfuttervorräten konserviert. Beim Trockenprozeß von Grünfutter zu Heu wird dem Ausgangsprodukt soviel Wasser entzogen, daß ein weiterer Abbau von Nährstoffen durch pflanzeneigene Enzyme und Mikroorganismen unterbunden wird. Bei der Gärfutterbereitung wird Sauerstoff entzogen und durch Förderung der Milchsäurekeimflora ein sauerstoffarmes, saures Konservat geschaffen, das in dieser Form stabil bleibt. Heu kann dabei auf dem Feld, auf Gerüsten oder unter Dach getrocknet werden. In dieser Reihenfolge werden auch Konservierungsverluste wie

Zellatmung, Auswaschung durch Regen, mechanische Verluste durch Erntemaschinen und Lagerverluste durch Zellatmung und Keimbesiedlung minimiert. Die intensivste Trocknungsmethode ist die Heißlufttrocknung zu Grünmehl, Pellets, Cobs und Briketts, die allerdings wegen der hohen Kosten ausscheidet.

Entscheidend für das Gelingen der Rauhfutterkonservierung ist die Qualität des Ausgangsmaterials. Aus alten Grasbeständen kann kein nährstoffreiches Heu oder Silage entstehen. Die Heuwerbung ist stark vom Wetter abhängig. Jeder zusätzliche Trocknungstag erhöht die Verluste und senkt die Qualität. Staubiges, mit Erdklumpen durchsetztes, teilweise oder stark verschimmeltes Heu von heller Farbe, stengelreich und blattarm sowie klamm beim Anfassen, ist für Pferde ungeeignet. Die Folgen können Husten, Allergien, Koliken und Mykotoxikosen sein.

Gutes Heu hat

– eine grüne Farbe,
– riecht frisch, aromatisch und nicht muffig,
– zeigt hohe Blatt- und niedrige Stengelanteile,
– staubt kaum und ist weder mit Erdklumpen durchsetzt noch zeigen sich weißliche Pilzgeflechte,
– faßt sich trocken und weich und nicht klamm und hart an.

Bei der Gärfutterbereitung ist das Ernterisiko herabgesetzt, weil die Dauer des Anwelkens geringer ist als die Trocknung bei Heu. Das Ausgangsmaterial sollte zu einem günstigen Zeitpunkt geschnitten werden (Gras im Schossen, Mais in der Gelbreife der Körner), kurz gehäckselt und gut festgefahren werden, um den Sauerstoff rasch auszutreiben. Das Prinzip der Silierung ist die Schaffung anaerober Verhältnisse (Sauerstoffarmut), die Senkung des pH-Wertes auf etwa pH 4 und damit Förderung einer Vergärung leichtverdaubarer Kohlenhydrate durch Milchsäurebakterien, und die Unterdrückung der Entwicklung einer Schadkeimflora.

Als Einsatzmengen für Stuten und ältere Fohlen sowie für niedrig leistende Reitpferde können 10–15 kg Grassilage mit 35% Trockenmasse, 10 kg Maissilage mit 25 bis 30% Trockenmasse oder 5–10 kg saubere Rübenblattsilage gelten. Diese Silagen sind in die Ration einzupassen und entsprechend auszugleichen.

10.1.1.3. Trockengrünfutter

Heißluftgetrocknete grüne Pflanzen, vor al-

Tab. 37: Der Futterwert von Heu, Gras- und Maissilage und Luzernetrockengrün (DLG 1984)

| | Werte in Trockenmasse, | | | | | | |
	Trockenmasse g/kg	Rohprotein g/kg	Rohfaser g/kg	DP g/kg	DE MJ/kg	Ca g/kg	P g/kg
Heu, Mähweide							
gut	860	149	246	99	10,93	5,2	3,1
mittel	860	128	279	79	9,96	5,3	3,2
mäßig	860	112	308	70	9,36	4,5	4,0
Grassilage, Mähweide							
gut	350	187	225	136	10,78	5,1	3,9
mittel	350	163	256	112	10,03	9,6	3,7
Maissilage,							
teigreif	270	89	226	53	11,03	3,4	2,5
Luzernegrünmehl,							
gut	905	221	245	155	9,88	25,4	3,2
Weizenstroh	860	32	451	9	5,41	3,1	0,7

Nur Silagen mit hohen Anteilen an Milchsäure, geringen Essigsäuregehalten sowie niedrigen Keimzahlen an Eiweißzersetzern sowie Hefen und Schimmelpilzen sind für Pferde geeignet. Nachgärungen, dem Pferdehalter durch das Erwärmen kenntlich, sind gefährlich, weil sie die Folge einer Keimvermehrung von Hefen und Schimmelpilzen anzeigen.

In der Pferdefütterung werden Grassilagen, Maissilagen und Rübenblattsilagen eingesetzt, letztere allerdings wegen des häufig hohen Schmutzanteils nur selten.

Der Silageeinsatz hat dort seine Grenzen, wo die verbrauchte Futtermenge so gering ist, daß die Anschnittflächen lange Zeit einer erneuten Keimbildung ausgesetzt sind, also bei kleinen Pferdehaltungen, wenn nicht gleichzeitig Rinder im Betrieb stehen.

lem Gräser und Leguminosen, werden als Grünmehl, Pellets, Cobs und Briketts angeboten. Teilchengröße und Strukturwirksamkeit nehmen in dieser Reihenfolge zu. Es hat sich jedoch gezeigt, daß auch die relativ günstig strukturierten Briketts nicht als Alleinfutter eingesetzt werden können. Trockengrünfutter sind eiweiß- und carotinreich und enthalten mittlere bis hohe Mineralstoff- und Rohfasergehalte. Sie sind geeignete Pferdefutterkomponenten und müssen entsprechend den Nähr-, Mineral- und Wirkstoffanteilen in Rationen eingeplant werden. Bemerkenswert ist ein nur mäßiger Vitamin-D-Gehalt.

10.1.1.4 Stroh

Stroh dient in der Pferdehaltung überwiegend als Einstreu und wird lediglich in der Extensivpferdehaltung in hohen Anteilen zu Futterzwecken genutzt. Dennoch ist das nährstoff-, mineralstoff- und wirkstoffarme Stroh eine geeignete Strukturfutterquelle und wird auch in geringen bis mittleren Mengen von Pferden gut gefressen.

Geeignet sind vor allem Weizen- und Haferstroh. Durch Aufschluß mit Ammoniak oder Natronlauge wird sogenanntes Aufschlußstroh geschaffen, das gegenüber unbehandeltem Stroh eine bessere Verdaubarkeit und höhere Nährstoffdichte aufweist.

Bei Verfütterung von Stroh ist darauf zu achten, daß es frei von Pilzbefall ist, als Häcksel mit 2–4 cm Häcksellänge und vermischt mit Körnerfutter oder geschnitzelten Rüben bzw. vorgeweichten Trockenschnitzeln in die Futterkrippe gelangt und als Langstroh und Heuersatz nicht über 0,4 kg je 100 kg Lebendmasse verfüttert wird, da in Jahren der Heuknappheit häufig Verstopfungskoliken beobachtet wurden.

Die wichtigsten Konserven sind vergleichsweise in Tabelle 37 zusammengestellt worden.

10.1.2 Wurzel- und Knollenfrüchte

Zu dieser Gruppe wirtschaftseigener Futtermittel gehören Kartoffeln, Rüben, Möhren, Maniokknollen und Topinambur.

In der Pferdefütterung hatten Rüben früher ihren festen Platz. Arbeitswirtschaftliche und Lagerungsprobleme haben diese Futtermittelgruppe nahezu aus den Pferderationen verdrängt. Nur Möhren werden in manchen Gestüten noch zur Pferdefütterung eingesetzt.

Charakteristisch für die Genannten ist
– der hohe Wassergehalt,
– hohe Anteile leicht verdaubarer Kohlenhydrate,
– wenig Eiweiß und Mineralstoffe und ein ungünstiges Ca:P-Verhältnis,
– mit Ausnahme der Möhren geringe Carotingehalte.

Schmutzarme Futterrüben können mit 20–30 kg in Pferderationen eingeplant werden, Zuckerrüben mit 10–15 kg, Kartoffeln im frischen Zustand oder gedämpft mit 10 kg. Die sehr zuckerreichen Möhren sollten nicht über 10–15 kg verfüttert werden, was aber allein schon der meist sehr hohe Preis verhindert (Tabelle 38).

10.1.3 Getreide und Hülsenfrüchte

Zu den Getreidearten gehören Mais, Weizen, Roggen, Gerste und Hafer. Hülsenfrüchte sind Ackerbohnen, Erbsen, Süßlupinen und Wicken. Getreide und Hülsenfrüchte kann der Pferdehalter selbst anbauen oder im Handel erwerben. Es handelt sich um an Energie, teilweise auch an Protein reiche Futtermittel.

Allgemein sind die Getreidearten stärkereich, rohfaserarm, hoch bis mittel verdaubar, mit mäßigem Rohproteinanteil, geringen Konzentrationen an Aminosäuren und den Mineralstoffen Calcium, Natrium und Kalium, mittlerem B-Vitamingehalt und, außer Vitamin E, arm an fettlöslichen Vitaminen. Außer Hafer sind die Getreidearten energiereich (Tabelle 39). Regional unterschiedlich werden überwiegend Hafer, dann auch Mais und Gerste verfüttert. Roggen, wegen des teilweise bitteren Ge-

Tab. 38: Der Futterwert von Futterrüben, Kartoffeln und Möhren (DLG 1984)

	Werte in der Trockenmasse						
	Trockenmasse g/kg	Rohprotein g/kg	Rohfaser g/kg	DP g/kg	DE MJ/kg	Ca g/kg	P g/kg
Futterrübe, Masserübe	112	94	82	63	13,43	2,5	2,5
Kartoffeln, frisch	219	90	28	50	13,70	0,4	2,5
Möhren	119	93	91	81	15,22	4,3	3,1

Tab. 39: Futterwert von Getreide und Hülsenfrüchten (DLG 1984)

| | Werte in der Trockenmasse | | | | | | |
	Trockenmasse g/kg	Rohprotein g/kg	Rohfaser g/kg	DP g/kg	DE MJ/kg	Ca g/kg	P g/kg
Mais	879	108	26	77	15,58	0,5	3,3
Gerste	880	119	68	96	14,58	0,7	4,1
Hafer	884	124	54	98	13,12	1,2	3,5
Erbsen	871	260	67	216	14,59	1,0	4,7
Ackerbohnen	873	301	90	249	15,43	1,7	4,7

schmacks und gelegentlichen Befalls mit Mutterkorn sowie Weizen, wegen der sehr weichen und klebrigen Konsistenz, werden meist nur im Mischfutter eingesetzt.

Der Vorzug von Hafer beruht darauf, daß Hafer als Ganzkorn gerne gefressen und gut gekaut wird und keine allzu hohe Energiekonzentration bei relativ günstigem Fettgehalt aufweist. Die übrigen Getreidearten sollten gequetscht oder gemahlen und pelletiert verfüttert werden. Getreideschrot wird wegen der staubigen Konsistenz ungern verfüttert. Quetschgetreide oder Schrot sollten vorrätig nur für etwa eine Woche gehalten werden.

Hülsenfrüchte sind reich an Rohprotein und Stärke (Erbsen, Bohnen) oder fettreich (Sojabohne, Erdnuß). Vermischt mit Getreide kann damit der höhere Rohproteinbedarf der Stuten und Fohlen ausgeglichen werden, soweit dies nicht mit Ölfruchtextraktionsschroten der folgenden Futtermittelgruppe geschieht.

Getreide und Hülsenfrüchte sollten lediglich im abgelagerten Zustand und nicht ernte-frisch verfüttert werden, weil in ihnen direkt nach dem Drusch enzymatische Reaktionen mit Erwärmung und Schwitzen ablaufen. Auswuchsgetreide unterliegt ebenso wie feucht geerntetes einem mikrobiellen Befall und Verderb, wobei sich Hefen und Pilze bilden, deren Stoffwechselprodukte toxisch wirken.

Für die Pferdefütterung geeignetes Getreide ist großkörnig, trocken und hell, riecht weder sauer noch muffig und ist nicht mit Fremdzusatz verunreinigt.

Lagerung von Getreide und Hülsenfrüchten ist nur möglich, wenn diese einen Feuchtigkeitsgehalt zwischen 12–14% besitzen. Feucht geerntetes Getreide kann nach Vermischen bzw. Besprühen mit je nach Feuchtigkeit 0,5–2% Propionsäure gelagert werden.

10.1.4 Nachprodukte der industriellen Verarbeitung von Getreide, Zuckerrüben und Ölfrüchten/-saaten

Nachprodukte der oben genannten Pflanzen bzw. Pflanzenteile werden im Mischfutter

Tab. 40: Nebenerzeugnisse der Müllerei (DLG 1984)

| | Werte in der Trockenmasse | | | | | | |
	Trockenmasse g/kg	Rohprotein g/kg	Rohfaser g/kg	DP g/kg	DE MJ/kg	Ca g/kg	P g/kg
Weizenkleie	880	163	123	122	10,72	1,8	13,1
Weizengrießkleie	878	180	93	149	13,41	1,5	10,0
Weizenfuttermehl	882	203	48	164	14,45	1,2	8,1
Maiskeime	980	139	57	123	19,04	0,6	5,8
Weizenkeime	872	289	37	250	14,99	0,8	9,7
Haferflocken	916	143	22	105	15,43	0,9	4,3

eingesetzt, können aber auch direkt verfüttert werden. Zu diesen Nachprodukten gehören
Nebenerzeugnisse der Müllerei wie Kleien, Grießkleien, Futtermehle und Nachmehle (Tabelle 40).
Durch unterschiedlichen Ausmahlungsgrad fallen dabei mehr oder weniger rohfaserreiche Produkte an, die jedoch gut in der Pferdefütterung anwendbar sind. Wie die Tabelle zeigt, nimmt der Rohfasergehalt von Nachmehlen über Futtermehle, Grießkleien bis zu Kleien zu und der Energiegehalt ab. Weizen-, teilweise auch Roggenkleien werden wegen ihrer diätetischen Wirkung direkt oder aufgebrüht als Kleiemash verfüttert. Die übrigen Nebenprodukte der Müllerei erscheinen meist nur im Mischfutter. Allen Produkten ist ein mittlerer Eiweißgehalt, mäßig bis niedriger Stärkegehalt, niedriger Calciumgehalt und hoher Phosphoranteil sowie ein vom Rohfasergehalt abhängiger niedriger bis hoher Energiegehalt eigen. Häufig enthalten Kleien relativ hohe Wassergehalte, so daß auf möglichen mikrobiellen Verderb zu achten ist.
Ein besonderes Produkt der Schälmüllerei sind Haferflocken, diätetisch wertvolle, hoch verdaubare Futtermittel, die besonders in der Fohlenfütterung eingesetzt werden können.

10.1.4.1 Nebenerzeugnisse der Stärkegewinnung

Bei der Gewinnung von Getreidestärke fallen Mais- und Weizenkeime an, die gerne als Energie- und Vitamin-E-Quelle in der Pfer-

defütterung eingesetzt werden. Besondere Wirkungen, wie oft behauptet, gehen von diesen Futtermitteln jedoch nicht aus (Tabelle 40).

10.1.4.2 Nebenerzeugnisse der Brennerei und Brauerei

Stärkehaltige Rohstoffe wie Getreide oder Kartoffeln werden nach Verzuckerung zu Alkohol vergoren. Dabei anfallende Rückstände sind Schlempen, Malzkeime, Biertreber und Bierhefe. In kleinen Pferdehaltungen lohnt der Einsatz dieser Produkte nur dann, wenn sie im getrockneten Zustand zur Verfütterung gelangen. Zudem vergären oder verpilzen Frischprodukte rasch, was zu Gesundheitsstörungen führen kann.
Größere Mengen Schlempe in der Pferdefütterung haben häufig zur Schlempemauke geführt, einer Bildung nässender Ekzeme an den Hintergliedmaßen im Bereich des Kötenschopfes. Aus fütterungstechnischen Gründen ist ein Schlempeeinsatz heute kaum mehr möglich.
Biertreber sollte nur im silierten Zustand verfüttert werden, während Malzkeime und Bierhefe im getrockneten Zustand Anwendung finden. Alle genannten Produkte weisen einen hohen Rohproteinanteil auf, wobei die Proteinqualität mit Ausnahme der Bierhefe nur mäßig ist. Die Rohfasergehalte, Bierhefe ausgenommen, sind hoch, die Energiegehalte nur mittel bis niedrig.
Bierhefe ist aufgrund des hohen Anteils an B-Vitaminen (allerdings nicht an Vitamin B_{12}) und der günstigen verdauungsfördernden Wirkung ein gerne angewandtes Diätfut-

Tab. 41: Nebenerzeugnisse der Brennerei und Brauerei

	Werte in der Trockenmasse						
	Trockenmasse g/kg	Rohprotein g/kg	Rohfaser g/kg	DP g/kg	DE MJ/kg	Ca g/kg	P g/kg
Bierhefe, trocken	893	502	21	463	15,80	3,2	15,1
Biertreber, trocken	904	251	171	178	9,59	4,3	6,8
Malzkeime	920	303	143	265	13,47	2,8	8,0
Schlempe, (Weizen) trocken	910	321	64	291	14,26	2,0	4,5

Tab. 42: Nebenerzeugnisse der Zuckerrübenverarbeitung

| | Werte in der Trockenmasse | | | | | | |
	Trockenmasse g/kg	Rohprotein g/kg	Rohfaser g/kg	DP g/kg	DE MJ/kg	Ca g/kg	P g/kg
Melasse	770	131	–	105	14,35	6,1	0,3
Preßschnitzel	258	125	203	71	10,87	–	–
Trockenschnitzel	906	97	202	53	13,63	9,4	1,1
Melasseschnitzel	896	112	156	63	12,09	8,7	1,0

termittel. Aufgrund des hohen Preises gelangen selten mehr als 5% ins Mischfutter. Da Malzkeime einen bitteren Geschmack aufweisen, ist der Einsatz im Mischfutter auf 10–20% beschränkt.

10.1.4.3 Nebenerzeugnisse der Verarbeitung von Zuckerrüben

Bei der Zuckergewinnung aus Rüben werden diese gewaschen, geschnitzelt und mit heißem Wasser ausgelaugt. Der Saft wird gereinigt, eingedickt, konzentriert und kristallisiert. Bei diesen Prozessen fallen Melasse und Schnitzel an. Die Schnitzel, also ausgelaugte Rübenrückstände, werden ohne oder mit unterschiedlichen Mengen Melasse versetzt getrocknet und pelletiert. So entstehen Trockenschnitzel, Melasseschnitzel und Melasse als Endprodukte der Rückstandsgewinnung.

Melasse ist zuckerreich (40–50%), enthält wenig und nicht sehr wertvolles Rohprotein und ist aufgrund der Zähflüssigkeit und Klebrigkeit schlecht zu verfüttern, 1–3 kg Melasse sind in der Pferdefütterung möglich, technisch müßte diese an andere Futtermittel gebunden werden.

Trocken- und Melasseschnitzel werden von Pferden gerne aufgenommen, gut verdaut und verwertet. Da nahezu nur noch Pellets gehandelt werden und diese im Schlund und Magen durch Wasseraufnahme stark quellen und zu Verletzungen, Verstopfungen und Blähungen führen können, sind sie zunächst einzuweichen und vorzuquellen. Bis zu 3 kg Schnitzel können ohne Probleme verfüttert werden. Vorgeweichte Schnitzel sind spätestens einen Tag danach zu verfüt-

tern. Wegen des eigenartigen Geruchs sind Pferde langsam an dieses Futter zu gewöhnen. Aufgrund des hohen Calcium- und niedrigen Phosphorgehaltes passen Schnitzel gut zum phosphorreichen und calciumarmen Getreide bzw. zu dessen Nebenerzeugnissen.

Beim Kauf von Schnitzeln ist auf die Farbe und Härte zu achten. Dunkle bis schwarze und sehr harte Pellets sind übertrocknet, helle mit getrocknetem, calcium- und aschereichem Scheideschlamm versetzt, was den energetischen Futterwert vermindert. Preßschnitzel sind abgepreßte Naßschnitzel, die ohne Trocknung an die Tierhalter abgegeben werden und nach Silierung verfüttert werden können.

10.1.4.4 Nebenerzeugnisse der Verarbeitung von Ölfrüchten und -saaten

Pflanzliche Öle und Fette werden durch Auspressen und/oder Extraktion aus einer Reihe von Pflanzenarten gewonnen. Die wichtigsten sind Leguminosenfrüchte wie Sojabohnen und Erdnüsse, Palmengewächse wie Kokosnüsse, Kreuzblütler wie Rapssaat und Korbblütler wie die Sonnenblumenkerne. Weitere Rohstoffe sind Lein, Sesam und Mohn oder die Keime von Mais und Weizen.

Die Preß- oder Extraktionsrückstände sind meist mehr oder weniger eiweißreiche Futtermittel, die sich sehr gut mit den stärkereichen Getreiden kombinieren lassen. Bei der Ölgewinnung werden drei Verfahren unterschieden, das Preßverfahren, das Expellerpreßverfahren und die Extraktion. Entsprechend heißen die Rückstände Kuchen, Ex-

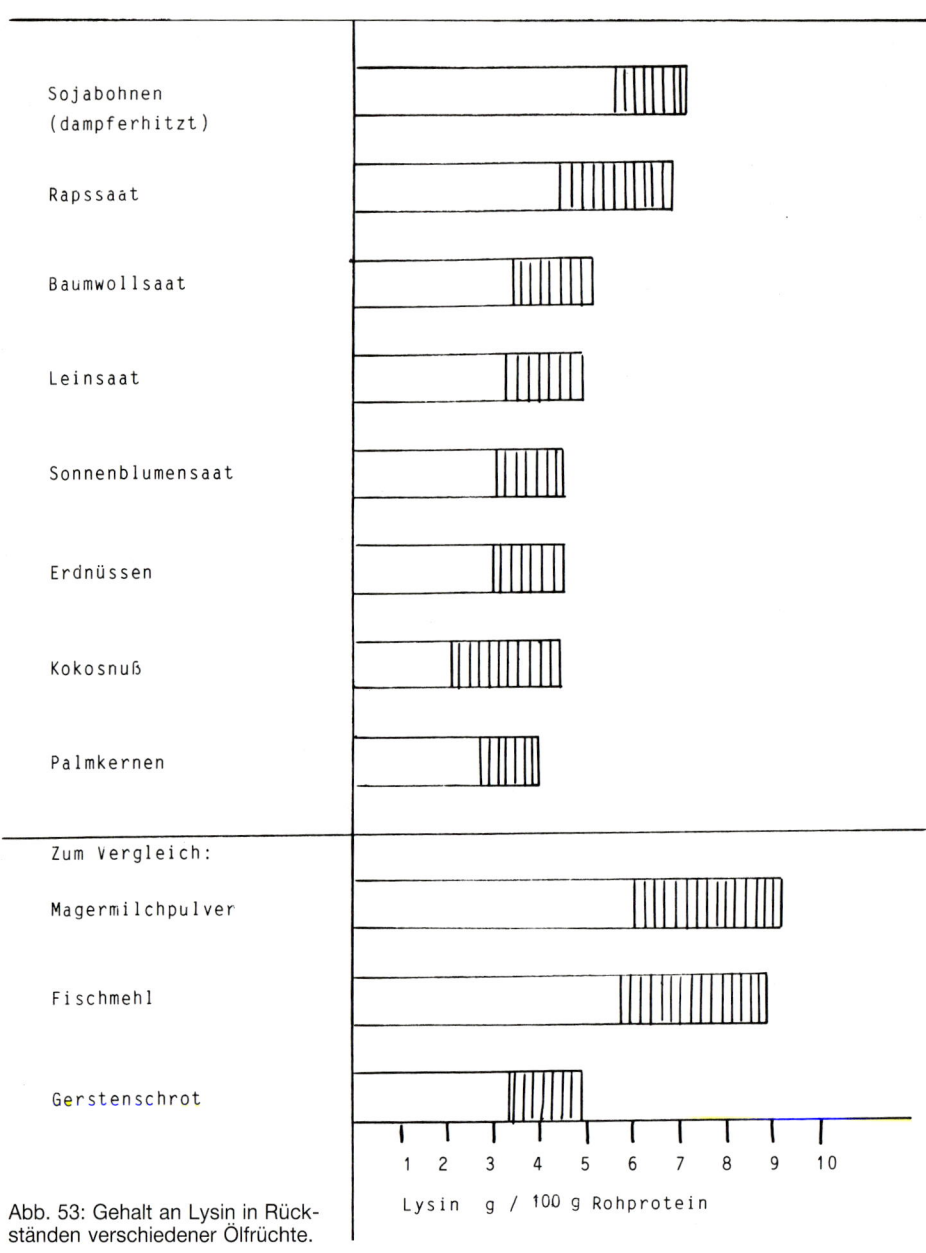

Sojabohnen
(dampferhitzt)

Rapssaat

Baumwollsaat

Leinsaat

Sonnenblumensaat

Erdnüssen

Kokosnuß

Palmkernen

Zum Vergleich:

Magermilchpulver

Fischmehl

Gerstenschrot

1 2 3 4 5 6 7 8 9 10

Lysin g / 100 g Rohprotein

Abb. 53: Gehalt an Lysin in Rückständen verschiedener Ölfrüchte.

peller und Extraktionsschrote, wobei auch in dieser Reihenfolge die Fettgehalte abnehmen. Die Verdaubarkeit der Rückstände ist abhängig vom Anteil an Zellwandsubstanzen (Rohfaser aus Zellulose, Hemizellulose und Lignin) und der Lignifizierung der Zellwand, wobei der Rohfasergehalt nur beschränkt aussagefähig ist, der Anteil Lignin an den Zellwandsubstanzen eine bessere Beziehung zur Verdaubarkeit darstellt.

Für Stuten und Fohlen sind besonders solche Eiweißfutter von hohem biologischem Wert, die reich an den Aminosäuren Lysin, Methionin und Tryptophan sind. Vor allem müssen sie in der Lage sein, den meist geringen Lysingehalt der Getreidearten auszugleichen. Die Abbildung 53 zeigt die Lysingehalte in 100 g Rohprotein der jeweiligen Ölrückstände und die von Getreide auf. Es wird deutlich, daß besonders Sojabohnenextraktionsschrot eine günstige Passerwirkung zu Getreide hat. Sojabohnenextraktionsschrot sollte dabei dampferhitzt (getoastet) sein, da im unbehandelten Schrot Hemmstoffe die Verdaubarkeit und Verwertung negativ beeinflussen.

Rapsextraktionsschrot ist für Pferde nur dann geeignet, wenn es aus sogenannten 00-Sorten stammt, also glucosinolat- und erucasäurearm ist. Aber auch dann sollten nicht mehr als 5–10% im Ergänzungsfutter für Pferde eingesetzt werden.

Leinsaatenrückstände sind wertvolle diätetische Futtermittel, die aufgrund ihres Quellungs- und Schleimbildungsvermögens die Magen-Darm-Schleimhaut schützen. 10% Leinexpeller haben sich günstig im Ergänzungsfutter für Pferde aller Leistungsrichtungen erwiesen. Bei Einsatz nicht behandelter Leinsaat ist ein Aufkochen notwendig. Danach können z. B. im Kleiemash

100–200 g Leinsaat pro Pferd verwendet werden. Leinsaaten (oder -samen) haben hohe Fett- und Energiegehalte.

Erdnußschrot scheidet wegen des möglichen Aflatoxingehaltes ebenso für Pferdefutter aus wie Baumwollsaatschrot, das häufig mit Pilz- und Bakterientoxinen belastet ist. Die Rückstände aus Kokos- und Palmkernen enthalten nur wenig wertbestimmende Aminosäuren. Sonnenblumensaatrückstände sind nur dann zu verwenden, wenn der Schalenanteil reduziert ist.

Allgemein sind die in Tabelle 43 aufgeführten Rückstände als proteinreich, mit niedrigem bis mittlerem Rohfaseranteil, günstigem Lysingehalt, mittlerem bis hohem Energiegehalt und wenig Calcium sowie mit viel Phosphor ausgestattet zu betrachten.

10.1.5 Industriell hergestellte Futtermischungen oder Mischfutter als Alleinfutter, Ergänzungsfutter und mineralisches Ergänzungsfutter

Reglementiert wird die Mischfutterherstellung durch das geltende Futtermittelrecht, also das Futtermittelgesetz (FG) von 1975 und die Futtermittelverordnung (FMVO) von 1976. In der Futtermittelverordnung hat der Gesetz- und Verordnungsgeber dargelegt, welche Anforderungen bezüglich der anzugebenden Inhaltsstoffe an verschiedene

Tab. 43: Nebenerzeugnisse der Verarbeitung von Ölfrüchten und -saaten (DLG 1984)

| | Werte in der Trockenmasse | | | | | | | |
	Trocken-masse g/kg	Roh-faser g/kg	Lysin g/kg	Roh-faser g/kg	DP g/kg	DE MJ/kg	Ca g/kg	P g/kg
Rückstände aus Sojabohnen (dampf-erhitzt), ex.	879	515	30,9	71	470	16,56	3,2	6,9
Rapssaat, ex.	886	394	22,5	140	273	12,66	7,1	11,9
Leinsaat, exp.	899	373	13,4	108	310	12,74	4,1	8,4
Sonnenblumensaat, teilgeschält, ex.	899	386	13,8	222	354	13,47	4,0	10,9
und zum Vergleich Hafer	884	124	4,7	116	98	13,12	1,2	3,5

ex. = Extraktionsschrot; exp. = Expeller

Futtertypen für Pferde gestellt werden. Die Mischfutterhersteller können sich dabei im vorgegebenen Rahmen frei bewegen, so daß eine Vielfalt von Pferdefuttermischungen im Handel anzutreffen ist. Dies braucht den Pferdehalter nicht zu verunsichern, da er erst nach vorgenommener Rationsplanung, wenn nötig mit Hilfe eines Beraters der Offizial- oder unternehmensgebundenen Beratung, über den Kauf des passenden Futters zu entscheiden hat. Hierbei spielen dann deklarierte Inhaltsstoffe, Preis und Vertrauen zum Hersteller die kaufentscheidende Rolle.

Zunächst die Erklärung bestimmter futtermittelrechtlich relevanter Begriffe:
Die *Tagesration* ist die Menge an Futtermittel, die ein Tier durchschnittlich je Tag zur Deckung seines Nähr-, Mineral- und Wirkstoffbedarfs benötigt.
Alleinfutter sind Mischfutter, die allein den Nahrungsbedarf der Tiere zu decken in der Lage sind.
Ergänzungsfutter sind dazu bestimmt, in Ergänzung anderer Futtermittel bedarfsdeckend zu wirken.
Mineralfutter sind mineralische Ergänzungsfutter, mit der Aufgabe, den Mineralstoff- und Wirkstoffbedarf in der Ration zusammen mit anderen Rationsbestandteilen zu erfüllen.

Die futtermittelrechtlich vorgegebenen Mischfutter für Pferde sind allesamt Ergänzungsfutter. Sollten solche Futtertypen unter dem Begriff „Alleinfutter" verkauft werden, so ist dies falsch, denn nahezu in allen Fällen ist die Beifütterung von Strukturfutter (Heu, Stroh) notwendig.
Tabelle 44 enthält eine Aufstellung der in der FMVO vorgegebenen Pferdefuttertypen. Der Begriff Normtyp sagt aus, daß der Gesetzgeber dem Pferdehalter durch Vorgabe bestimmter zu erfüllender Inhaltsstoffangaben die Wahl des Pferdefutters erleichtern will. Für Normtypfutter, aber auch für andere Futtermittel gilt, daß die in der Verordnung aufgezählten Inhaltsstoffe deklariert werden müssen.

Mischfutter sind also Ergänzungsfutter, die Pferdehalter mit dem Zweck kaufen, Rationen mit Eiweiß, Energie, Mineral- und Wirkstoffen zu ergänzen.
Mischfutterhersteller bieten eine breite Palette solcher Ergänzungsfutter an und deklarieren gemäß FMVO bestimmte Inhaltsstoffe. Da Mischfutter einer Reihe von amtlichen und privaten Kontrollen unterliegen, kann sich der Käufer in den meisten Fällen auf die Kennzeichnung verlassen.

Tab. 44: Ergänzungsfutter (Mischfutter) für Pferde gemäß Futtermittelverordnung (FMVO) von 1988, Normtyp

	Rohprotein min v.H.	Rohfaser max v.H.	Ca min v.H.	P v.H.	Vit.$_A$ min I.E.	Vit.$_D$ min I.E.	Vit.$_E$ min mg	Eisen min mg
Ergänzungsfuttermittel für Fohlen**	15	10	1,2	max 1	20 000	2 500	100	–
Ergänzungsfuttermittel für Pferde**	–	–	0,6 (Ca:P 1,5 bis 3:1)	max 0,6	15 000	1 500	50	–
Ergänzungsfuttermittel für hochtragende und laktierende Stuten**	15	–	0,8	min 0,6	16 000	2 000	75	–
Mineralfuttermittel für Pferde*, ***	–	–	12	4–8	300 000	37 000	1500	500

* Natrium min 6
** zu deklarieren: Rohprotein, Rohfett, Rohfaser, Rohasche, Ca, P
*** zu deklarieren: Ca, P, Na

10.1.6 Futtermittelgesetz und Futtermittelverordnung

Das geltende Futtermittelrecht mit Futtermittelgesetz (FG) und Futtermittelverordnung (FMVO) stammt aus dem Jahr 1975/76 und gibt den Stand 1988 wieder. Zweck dieses Gesetzes ist die Förderung der tierischen Veredlung zur
– Erhaltung und Verbesserung der Leistungsfähigkeit der Nutztiere,
– Erzeugung gesunder Nahrungsmittel,
– Vermeidung von Gesundheitsstörungen der Tiere durch Futtermittel und
– zum Schutz vor Täuschung beim Futtermittelhandel sowie
– zur Harmonisierung des EG-Rechtes.
Gesetz und Verordnung regulieren die Verwendung von Zusatzstoffen (Vitamine, Spurenelemente, Wachstumsförderer u. a.), die Kennzeichnung, Werbung und Verpackung von Futtermitteln, Anforderungen an Herstellerbetriebe und deren Überwachung und Kontrolle der Schadstoffe.
Pferdehalter, die Einzelfuttermittel (Sojaschrot, Getreide, kohlensaurer Kalk) oder Mischfutter für ihre Tiere kaufen, finden auf Verpackungen oder bei Loselieferung in den Begleitpapieren sogenannte „Sackanhänger" vor, auf denen Inhaltsstoffe (Nährstoffe, Mineralstoffe) und Zusatzstoffe (Vitamine, Spurenelemente) angegeben oder deklariert werden. An diese Angaben müssen sich Futtermittelhersteller im Rahmen bestimmter in der FMVO vorgesehener Toleranzen (Analysen- und Herstellungsfehler, Rohstoffschwankungen) halten. Sowohl die amtliche Kontrolle als auch Kontrollen durch den Futtermittelkäufer wachen darüber.
Zur Vermeidung fehlerhaften Einsatzes bei Ergänzungsfuttermitteln, die lediglich einen Teil der Ration ausmachen, vor allem im Zusammenhang mit Zusatzstoffüberdosierungen, müssen solche Deklarationen auch Hinweise über Verwendungszwecke und sachgerechten Einsatz aufzeigen. So steht z. B. bei Mineralfutter „täglich bis 200 g je Tier verfüttern", die Höchstmenge liegt also bei etwa 200 g. An diese Begrenzung müssen sich Pferdefütterer halten, um nicht mit der Futtermittelkontrolle in Konflikt zu geraten. Wichtig in diesem Zusammenhang ist, daß Pferdehalter sich nicht von Phantasiebezeichnungen auf Verpackungen blenden lassen, sondern lediglich die amtlich zugelassenen Inhaltsstoffe beachten.
Einige Mischfutterhersteller deklarieren ihre Mischungen mit Angabe der Zusammensetzung der Mischung an Einzelfuttermitteln (Hafer, Gerste, Sojaschrot, Weizenkleie u. a.). Diese Deklarationsform ist ausdrücklich erlaubt und gestattet dem Käufer einen Einblick in die Auswahl der Komponenten. Geschmacklich bedenkliche Komponenten wie Malzkeime und Rapsschrot oder Einzelfutter, die häufig mit Schadstoffen belastet sind, wie Erdnußschrot, Baumwollsaatschrot und Maniok, können das Auswahlverhalten des Käufers mitbestimmen. Zwar führt auch die amtliche Kontrolle Schadstoffuntersuchungen durch, doch sind diese wegen der hohen Kostenaufwandes nicht ausreichend.
Das geltende Futtermittelrecht sichert dem Käufer einwandfreie Mischfutter, verlangt jedoch von ihm, diese auch sachgerecht anzuwenden.
Vom Pferdehalter durch fehlerhaften Einsatz verursachte Gesundheitsstörungen sind ein Verstoß gegen das Tierschutzrecht.

10.1.7 Beurteilung der Futtermittel – ein Beitrag zur Futtermittelqualität

Die Vielzahl unterschiedlicher Einzelfuttermittel wie Grünfutter, Rauhfutter, Getreide, Rückstände der industriellen Verarbeitung verschiedener pflanzlicher Produkte und Mischfutter erfordern einheitliche Futtermittelkontrollen und Beurteilungskriterien. Dazu gehören
– der Sinnenbefund, bei dem Aussehen und Farbe, Geruch, Griff und Verunreinigungen erfaßt werden,
– die Bestimmung der botanischen Zusammensetzung, also die Feststellung der Einzelfuttermittel in einem Gemisch, was beim Mischfutter mit Hilfe der Mikroskopie, bei Rauhfutter durch Auslesen der Pflanzenarten geschieht,

– und der chemischen Futtermittelbestimmung. Die letztgenannte Methode hat bei uns die größte Bedeutung, da Nähr-, Mineral-, Wirk- und Schadstoffe sich allein mit chemischen Verfahren sicher bestimmen lassen.

Für die chemische Futtermittelbestimmung ziehen Tierhalter allein oder mit Hilfe eines Beraters Futterproben (etwa 500 g) und senden diese an eine der Landwirtschaftlichen Untersuchungsanstalten, die es in allen Bundesländern gibt. Bei Rauhfuttermitteln werden meist die Gehalte an Rohprotein, Rohfaser, Rohasche, Calcium und Phosphor untersucht und die verdauliche Energie aus dem Rohfasergehalt geschätzt. Bei Mischfutterkontrollen durch den Pferdehalter, vor allem bei Reklamationen oder wenn Verdacht auf futtermittelbedingte Gesundheitsstörungen bestehen, sollte ein amtlicher Fütterungsberater oder ein Pferdesachverständiger einer Landwirtschaftskammer hinzugezogen werden, da hierbei wesentlich mehr zu beachten ist. Möglichst erst auf der Grundlage einer Futteruntersuchung sollte die Rationsplanung vorgenommen werden.

Den Sinnenbefund kann der Pferdehalter selbst durchführen. Auszuschließen sind alle Futtermittel, die (bei Trockenfutter) sich feucht und klamm anfühlen, muffig oder (bei Silagen) stickig sauer oder buttersauer riechen, mit größeren Mengen Erde oder Kot kontaminiert sind und stark stauben. Auch hoher Käfer- und Milbenbefall oder Pilzkeimbefall läßt keine Verwendung als Futtermittel zu.

Gegenüber der chemischen Analyse bzw. dem Sinnenbefund fällt die botanische Zusammensetzung weniger ins Gewicht. Sie kann jedoch dazu dienen, beim Mischfutter Komponenten mit negativer Wirkung auf Futteraufnahme und Gesundheit auszuschließen und im eigenen Grünlandbestand Schad- bzw. Giftpflanzen zu erkennen. Da solche Untersuchungen Geld kosten und nicht in jedem Fall die gesamte Palette an Nährstoffen zu untersuchen ist, kann man sich in der Tabelle 45 informieren.

10.1.8 Einsatz der Futtermittel als Einzelfutter, Mischfutter und in Rationen

Zur Deckung des Nähr-, Mineral- und Wirkstoffbedarfs erhalten Pferde Rationen, die in allen Fällen Strukturfutter enthalten sollen. Die meisten wirtschaftseigenen Futtermittel sind zudem preiswürdiger als Handelsfutter, weshalb ein möglichst großer Anteil davon Bestandteil von Rationen sein sollte. Nur, wenn Strukturfutter aus physiologischen, arbeitswirtschaftlichen oder transport- und lagerungstechnischen Gründen

Tab. 45: Was ist in welchen Futtermitteln zu untersuchen und wann genügen Tabellenwerte?
($\times$ = untersuchen, T = Tabelle)

	Trockenmasse	Rohprotein	Rohfaser	Rohasche	Calcium	Phosphor
Rauhfutter						
Heu, Grassilage	$\times$	$\times$	$\times$	$\times$	$\times$	$\times$
Maissilage	$\times$	T	$\times$	T	T	T
Stroh	T	T	T	T	T	T
Grünfutter						
Gras, Luzerne, Klee*	T	T	T	T	T	T
Einzelfutter des Handels						
Getreide und						
Nebenerzeugnisse	$\times$	T	$\times$	T	T	T
Sojaschrot	$\times$	$\times$	$\times$	T	T	T
Leinexpeller	$\times$	$\times$	$\times$	T	T	T
Mischfutter***	T	$\times$	$\times$	$\times$	$\times$	$\times$

* Vegetationsstand (Schossen, Blüte u. a.) beachten!
** auf Frische achten, sonst Keimzahl bzw. auf Mykotoxine untersuchen lassen!
*** gelegentlich!

knapp gehalten werden soll, ist es sinnvoll, höhere Konzentrationsfutteranteile einzusetzen.

Der Wert der Einzelfuttermittel kann nicht isoliert, sondern lediglich nach ihrer Passerwirkung in Rationen betrachtet werden. Dies gilt besonders auch für die Ermittlung der Preiswürdigkeit. Am Beispiel von Rationsplanungen für Reitpferde, Stuten und Fohlen soll dies aufgezeigt werden. Der Leser sollte dabei vermeiden, die aufgeführten Beispiele und berechneten Rationen als allgemeingültig anzusehen. Hier wird lediglich die Planungsmethode vermittelt. Präzise Aussagen lassen sich erst auf dem Wege der linearen Optimierung von Futterrationen machen, bei denen mit Hilfe größerer Rechner die physiologisch und ökonomisch günstigste Ration errechnet wird. Landwirtschaftliche Beratungsstellen in der Bundes-

10.1.8.1 Rationsplanung für Reitpferde

Grundlagen für die Berechnung sind die im Anhang aufgeführten Tabellen, auf denen der Futterwert verschiedener Futtermittel und die Richtzahlen für den Bedarf angegeben sind. Vorgegeben werden:
Reitpferd, mittlere Leistung, 600 kg Lebendmasse, Futteraufnahme maximal 1,6% der Lebendmasse, das sind 9,6 kg Trockenmasse (600 x 0,016); Rauhfutteraufnahme maximal 70% der Gesamttrockenmasse.
Bedarf: DE im Mittel 100 MJ
    DP im Mittel 500 g
    Ca 26 g
    P 16 g
Die Natriumversorgung soll durch ganztägigen Zugang zu Salzlecksteinen erfolgen.
Futtermittel, die zur Verfügung stehen bzw. zugekauft werden müssen:

Futtermittel	Werte je kg Futter				
	Trockenmasse g	DP g	DE MJ	Ca g	P g
Heu, mittel	860	66	8,54	6,0	3,0
Hafer	884	86	11,60	1,0	3,0

Ration

	Futter kg	Trockenmasse kg	DP g	DE MJ	Ca g	P g
Bedarf		max. 9,6	500	100	26	16
Angebot Heu	7,8	6,7	514	67	47	20
Bilanz: (Bedarf minus Angebot)	–	−2,9	+14	−33	+21	+4
d. h. es ist noch Platz für 2,9 kg Trockenmasse, DP reicht aus, an DE fehlen 33 MJ und bei Mineralstoffen sind Überschüsse gegeben.						
Ausgleich: Hafer	3	2,6	258	34,8	3	9
Bilanz:		−0,3	+272	+1,8	+24	+13

Auch ohne Mineralfutter (aber mit Salzleckstein) ist die Ration bedarfsdeckend.

republik sind mit Geräten und Programmen zu diesem Zweck gut ausgerüstet.

Auch ohne Mineralfutter (aber mit Salzleckstein) ist die Ration bedarfsdeckend.

10.1.8.2 Rationsplanung für Zuchtstuten in der Laktation

Vorgegeben werden:
Zuchtstute 600 kg, laktierend im 3. Monat,
Futteraufnahme 12 kg Trockenmasse.
Bedarf: DP 1270 g
       DE 145 MJ
       Ca 58 g
       P 46 g
Begrenzend ist meist die Deckung des Energiebedarfs. Ein kg Trockenmasse muß 12
MJ DE enthalten (145:12). Im Heu sind in
1 kg Trockenmasse etwa 9,9 MJ DE enthalten; im Hafer 13,2. Mit 5 kg Heu und 8,5 kg
Hafer könnte der Energiebedarf etwa gedeckt werden, allerdings noch nicht der Eiweißbedarf. Wird nun 1 kg Hafer gegen
1 kg Sojaschrot ausgetauscht, so ist auch das
Eiweißangebot ausreichend.

phor müßten 110 g Mineralfutter beigefügt
werden. Das Mineralfutter sollte dabei vitaminiert sein und der Mischung aus gequetschtem Hafer und Sojaschrot beigegeben werden.

Aus den beiden Beispielen kann abgeleitet
werden:
Reitpferde benötigen bei mittlerer Leistung
zur Ergänzung der Heu-Haferration lediglich einen Salzleckstein. Laktierenden Stuten muß eine solche Ration mit Eiweißfutter
(am besten Rückstände der Sojabohne, Leinsaat oder Erbsen) und Mineralfutter ergänzt
werden.

10.1.8.3 Industriell gefertigte Ergänzungsfutter

In beiden Rationsbeispielen könnte die Er-

Werte je kg Futter					
	Trockenmasse g	DP g	DE MJ	Ca g	P g
Sojaschrot*	879	413	14,56	2,8	6,1

*aus ungeschälter Saat, dampferhitzt

Ration

	Futter kg	Trockenmasse kg	DP g	DE MJ	Ca g	P g
Bedarf	–	12	1270	145	58	46
Angebot Heu Hafer Sojaschrot	5 7,5 1,0	4,3 6,6 0,9	330 660 413	42,7 87,0 14,6	30,0 7,5 2,8	15,0 22,5 6,1
		11,8	1403	144,3	40,3	43,6
Bilanz		– 0,2	+133	– 0,7	–17,7	– 2,4

Mit Ausnahme des unbedeutenden Energiedefizits und bis auf die Mineralstoffbilanz ist
die Ration ausgeglichen. Zur Ergänzung wäre ein Mineralfutter mit viel Calcium und
wenig Phosphor sinnvoll. Solche Mineralfutter sind im Pferdebereich selten. Bei Mineralfutter mit 16% Calcium und 4% Phos-

gänzung auch mit Mischfutter erfolgen. Dabei kann Hafer ganz oder teilweise und Sojaschrot ganz ersetzt werden. Für Reitpferde
sind dabei
60–80 g DP je kg,
11,5–12,5 MJ DE je kg,
0,8–1,2% Calcium und

0,4–0,6% Phosphor,
für Zuchtstuten und Fohlen
120–140 g DP je kg (bzw. 140–180 g RP),
12,5–13,5 MJ DE je kg,
0,8–1,0% Calcium und
0,6% Phosphor
als grobe Richtlinie angebracht. Besser ist
es, zunächst die Grundration zu errechnen
und dann das dazu passende Ergänzungsfutter zu kaufen. Vor allem bei Reitpferden
sollte der Zukauf zu energiearmer Ergänzungsfutter vermieden werden. Die Folgen
wären erhebliche Leistungsminderungen.

10.1.8.4 Die Preiswürdigkeit der Mischungen

ist nur im Zusammenhang mit der gewünschten Ergänzungswirkung zu berechnen:
Angenommen Sojaschrot kostet 50 DM je
100 kg, Hafer 45 DM je 100 kg und Mineralfutter 120 DM je 100 kg. Für Quetschen und
Mischen sollen 4 DM je 100 kg in Rechnung
gebracht werden. In den genannten Preisen
ist die Mehrwertsteuer enthalten. Die Ration aus 7,5 kg Hafer, 1,0 kg Sojaschrot und
110 g Mineralfutter kostet dann 4,35 DM.
Ergänzungsfutter für Stuten mit 160 g RP
und 12 MJ DE sowie 0,8 v. H. Calcium,
0,6 v. H. Phosphor und 0,15 v. H. Natrium
kosten inklusive Mehrwertsteuer 55 DM je
100 kg.
Es werden etwa 8,5 kg Ergänzungsfutter benötigt, die auf der Grundlage der vorgege-
nen Preise 4,66 DM kosten. Nun muß der
Pferdehalter entscheiden, ob ihm diese
Mehrkosten lohnend erscheinen.

10.2 Praktische Pferdefütterung

Mit Hilfe der aufgezeigten Methodik der
Rationsplanung können Rationen für alle
Leistungsrichtungen und Leistungshöhen
mit den in der Pferdefütterung üblichen Futtermitteln geplant werden. Dabei ist die Rationsplanung ebenso wichtig wie die nachfolgende Kontrolle, ob und wie die vorgege-
bene Ration verzehrt wird. Nach einer 2- bis
3tägigen Gewöhnungszeit sollte das vorgelegte Futter zügig gefressen werden und keine
Reste verbleiben. Die Leistungen der Pferde dürfen nicht absinken, Untugenden nicht
auftreten.

10.2.1 Rationen für Reitpferde

Reitpferderationen müssen der Leistung der
Pferde angepaßt werden. Da Pferde Freßindividualisten sind, reagieren sie auf die
Rationshöhe und -zusammensetzung ver-
schieden.
In den meisten Rationen werden weniger als
5 kg Heu verfüttert, was bei Reitpferden
zwischen 500 und 600 kg Lebendmasse ausreichend erscheint. Hinzu kommt ohnehin
die Aufnahme von Stroh aus der Einstreu.
Untere Grenze sollten 3 kg Heu und Stroh
sein, wobei möglichst nicht mehr als 50%
dieser Menge als Stroh verfüttert werden
sollte. Der Leistungsfutteranteil variiert in
Abhängigkeit von der Leistung zwischen 2
und 8 kg. Bei Hochleistungspferden wird
gerne gebrochener Mais teilweise an Stelle
von Hafer eingesetzt. Bei den sogenannten
„Alleinfuttern" für Pferde, die in Form von
Pellets, Cobs und Briketts Rauhfutter teilweise oder ganz verdrängen sollen, muß ein
Mindestanteil an leicht verdaubaren Koh-
lenhydraten enthalten sein, da sonst Lei-
stungseinbußen die Folge sind (z. B. 2–3 kg
Stärke).
Als Rauhfutter können Heu, Stroh, Maissilage oder Grassilage, als Leistungsfutter Getreide, Schnitzel, Kleien, Grünmehl und Ergänzungsfutter eingesetzt werden. In Tabelle
46 werden verschiedene Rationen für Reitpferde aufgezeigt. Darin können 10 kg Maissilage, 7 kg Anwelksilage und 15 kg Weidegras jeweils 2,5 kg Heu ersetzen.
Weidegras in ausreichender Menge ist sogar
ohne jede Beifütterung ausreichend für leichte bis mittlere Leistung. Wegen der Mittags-
hitze, Insektenplage und der technischen
Probleme im Reitbetrieb werden jedoch
Reitpferde – von Extensivrassen, die häufig
nur an Wochenenden bewegt werden, abge-
sehen – meist nur stundenweise auf Weiden
gehalten, die bestenfalls die Qualität eines
Auslaufs besitzen.

Tab. 46: Rationen für Reitpferde (600 kg Lebendmasse)

Leistung	Stallruhe	leichte			mittlere			hohe			Höchst-
Ration Nr.	1	2	3	4	5	6	7	8	9	10	11
Futtermittel, kg											
Heu, gut	5	5	3	4	5	3	4	5	3	4	3
Grasgrünmehl, pell.	-	-	3	-	-	3	-	-	3	-	2
Hafer, gequetscht	2,5	4	3	3	5	4	4	6	5	4	5
Melasseschnitzel	-	-	-	2	-	-	2	-	-	3	1
Mais gebrochen	-	-	-	-	-	-	-	-	-	-	2
Sojaschrot	-	-	-	-	-	-	-	-	-	-	0,5

Dazu Salzlecksteine zur freien Aufnahme und, zur Absicherung der Spurenelement- und Vitaminversorgung, 20 bis 50 g Mineralfutter mit hohen Vitamingehalten und weitem Ca : P-Verhältnis (z. B. 16 v.H. Ca, 4 v.H. P, 10 v.H. Na)

10.2.2 Rationen für Zuchtstuten

Stutenhaltung und Aufzucht von Fohlen bedingen aus ökonomischen und physiologischen Gründen Pferdeweiden in ausreichender Größe und Qualität. Während tragende Stuten nahezu ohne Beifutter und lediglich mit Weidegras gefüttert werden können, erscheint es sinnvoll, laktierenden Stuten Beifutter zu verabreichen.

Da zum Laktationszeitpunkt der Eiweißbedarf stark erhöht ist, bietet das eiweißreiche Weidegras beste Voraussetzungen für die Bedarfsdeckung. Auf der Weide kann mit einer Grasaufnahme von 35–40 kg gerechnet werden. Niederländische Untersuchungen, allerdings auf besten Weiden im Poldergebiet, deuten sogar Aufnahmen bis 60 kg an.

Zur Erstellung preisgünstiger Rationen bieten sich Grassilage, Maissilage oder andere Grundfutter an. Dabei sind die Grünlandkonserven Heu und Grassilage rohfaser- und eiweißreicher als die energiereiche

Tab. 47: Rationen für Zuchtstuten, 600 kg Lebendmasse

Leistung	niedertragend (ohne Arbeit)					hochtragend					säugend (Mitte der Laktation)				
Ration Nr.	1	2	3	4	5	6	7	8	9	10	11	12	13	14	15
Futtermittel, kg															
Weidegras	40	-	-	-	-	35	-	-	-	-	30	-	-	-	-
Stroh	-	-	-	-	3	-	-	-	-	3	-	-	-	-	2
Heu	-	4	3	5	-	-	4	3	5	-	2	5	3	5	3
Grassilage (35)*	-	10	-	-	-	-	10	-	-	-	-	7	-	-	-
Maissilage (27)*	-	-	10	-	-	-	-	10	-	-	-	-	10	-	-
Gehaltsrüben	-	-	-	15	-	-	-	-	20	-	-	-	-	10	-
Hafer	-	1,5	0,5	-	3	2	3	1	1	3	6	6	4	5	4
Schnitzel, mel.	-	-	1,0	-	2	-	-	2	-	2	-	-	2	2	2
Grünmehl, pell.	-	-	0,5	-	2	-	-	0,5	0,5	2	-	-	-	-	3
Sojaschrot	-	-	0,5	0,5	-	-	-	0,5	0,5	0,5	-	1,5	2	1,5	1,5
Mineralfutter, g	———etwa 30———					———50———					———70–100———				

* ( ) Gehalte an Trockenmasse

Maissilage. Die richtige Zusammensetzung solcher Rationen erfordern Grundfutteruntersuchungen und sorgfältige Rationsplanung.

Der Einsatz von Grünmehlpellets ist wegen der damit gut erzielbaren Carotinversorgung anzuraten. Vor allem gegen Winterende und zum Frühjahr hin nimmt der Carotingehalt im Heu stark ab.

Anstelle der Verfütterung von Hafer, Schnitzeln, Grünmehl und Sojaschrot kann auch ein Ergänzungsfutter für Zuchtstuten eingesetzt werden. Da solche Futter eine Mineralstoffmischung enthalten, ist die Beifütterung von Mineralfutter meist entbehrlich. Vor allem säugende Stuten verlangen hohe Konzentratfutteranteile in der Ration. Zur Ergänzung des erforderlichen Eiweißanteils bieten sich Sojaschrot und Leinschrot an, wobei ersterem wegen der günstigen Aminosäurenzusammensetzung der Vorzug gegeben wird.

Häufig haben Pferdehalter Probleme mit der Einmischung und Futteraufnahme beim Mineralfutter. Durch Beimischen von 1–2% Soja- oder Rapsöl wird die Mischung staubfrei, die Mineralstoffpartikel verkleben gut, und die Mischung wird gerne gefressen.

Die Tabelle 47 zeigt Rationen für Zuchtstuten.

10.2.3 Rationen für Fohlen

Die im folgenden Abschnitt aufgeführten Rationen sind Beispiele für Warmblutfohlen, die ausgewachsen 550–600 kg Lebendmasse erreichen sollen. Anhand der im Anhang angegebenen Tabellen können Pferdehalter solche Rationen für Fohlen aller Rassen entsprechend gestalten.

Da Fohlen vor allem im ersten Jahr eine hohe Wachstumsintensität erreichen, muß in diesem Abschnitt der Konzentratfutteranteil an der Gesamtration besonders hoch sein. Fohlenfutter müssen eine hohe Verdaubarkeit aufweisen, energiereich sein und eine günstige Aminosäurenzusammensetzung im Eiweißanteil des Futters erreichen. Die immer wieder verbreitete Ansicht, Fohlenfutter müßten Magermilchpulver enthalten, ist so nicht richtig. Wichtig ist eine Mindestkonzentration an wertbestimmenden Aminosäuren wie Lysin, Methionin und Tryptophan, die auch mit anderen Futtermitteln zu erreichen ist. Ergänzungsfutter oder hofeigene Mischungen für Fohlen sollten an Inhalts-

Tab. 48: Rationen für Fohlen (ausgewachsen 550 bis 600 kg Lebendmasse)

Alter, Monate	3 – 6			7 – 12			13 – 18			19 – 24			25 – 36			37		
Lebendmasse, kg	130 – 150			240 – 270			340 – 380			420 – 450			450 – 510			540 – 560		
Ration Nr.	1	2	3	4	5	6	7	8	9	10	11	12	13	14	15	16	17	18
Futtermittel, kg																		
Weidegras	gewöhnen			–	10	–	–	–	20	–	–	–	30	30	30	–	–	–
Heu	gewöhnen			1	0,5	1	2	2	–	3	3	2	–	–	–	3,5	2	3
Maissilage	--------			–	–	–	10	–	–	–	–	–	–	–	–	12	–	–
Grassilage	--------			–	–	–	–	10	–	–	–	–	–	–	–	–	12	–
Rüben	--------			–	–	–	–	–	–	15	–	–	–	–	7	–	–	15
Grünmehl	--------			–	–	1	1	–	–	–	–	2	–	–	–	1	–	1
Fohlenmischung	zur freien Aufnahme 0,5 bis 2,0			4,5	3,5	–	–	–	–	–	–	–	–	–	–	–	–	–
Hafer	--------			–	–	3,5	1	1	3	1	2,5	2	1,5	0,5	–	0,5	1	1
Sojaschrot	--------			–	–	0,8	0,8	0,5	–	0,5	0,5	0,5	–	–	–	–	–	–
Schnitzel	--------			–	–	–	–	1	–	–	1,5	1,0	–	1	–	–	1,5	–
Mineralfutter, g	--------			–	–	75	50	50	50	30	50	50	Viehsalz			50	50	20

stoffen wie unten angegeben zusammengesetzt sein:

Rohprotein, v. H.	18 min.
DP, g/kg	160 min.
DE, MJ/kg	12,5 min.
Rohfaser, v. H.	10,0 max.
Calcium, v. H.	0,8
Phosphor, v. H.	0,6
Natrium, v. H.	0,2

Ein vom Verfasser häufig eingesetztes Fohlenfutter mit guter Wirkung auf das Wachstum in Verbindung mit Heu als Grundration hat folgende Zusammensetzung:

Hafer, gequetscht v. H.	40
Sojaschrot v. H.	20
Mais, gebrochen v. H.	20
Leinkuchen, v. H.	10
Melasseschnitzel, zerkleinert v. H.	7
Mineralfutter, v. H.	3

Hier muß ein spezielles Mineralfutter mit 20–24 v. H. Calcium, 4–6 v. H. Phosphor und 5 v. H. Natrium eingesetzt werden. Sollte ein solches nicht verfügbar sein, so können 1,5 v. H. kohlensaurer Kalk und 1,5 v. H. Mineralfutter herkömmlicher Art (zur Ergänzung der Gesamtration) verwendet werden.

10.3 Fütterungstechnik

Bei der Rationsplanung wird unter Zugrundelegung eines gegebenen Futteraufnahmevermögens eine Nähr-, Mineral- und Wirkstoffanpassung an den Bedarf durch Auswahl und Kombination bestimmter Futtermittel vorgenommen. Diese rein technische Vorgehensweise bedarf der Ergänzung durch Fütterungsmaßnahmen, deren Kenntnis Erfahrung und neuere Versuche vermitteln. Allgemein gelten die folgenden Fütterungsregeln:
- Pferde können keine großen Futtermengen auf einmal aufnehmen. Sie sollten dreimal am Tag gefüttert werden. Bei Dreiteilung der Kraftfuttergabe sollte der Hauptteil (etwa ⅔) des Rauhfutters abends verabreicht werden;
- zum Futter gehört stets frisches Wasser, das über Selbsttränken oder während bzw.

nach der Fütterung in ausreichender Menge verabreicht wird;
- Futterzeiten müssen genau eingehalten werden. Pferde sind nicht direkt nach der Arbeit zu füttern. Für jede Fütterung sollten 1–2 Stunden Freßzeit eingeräumt werden;
- nach dem Fressen ist die Krippe zu kontrollieren. Reste müssen entfernt werden. Gierig und zu rasch fressenden Pferden wird das Kraftfutter mit Häcksel vermischt. Das Krippenfutter sollte nach etwa einer halben Stunde verzehrt sein;
- die Futteraufnahme ist ein guter Parameter, Gesundheitsstörungen, aber auch Überfütterung bzw. Unterversorgung feststellen zu können;
- Pferde sind äußerst empfindlich gegen schadstoffbelastete und verdorbene Futtermittel, auf die sie mit Verdauungsstörungen reagieren, deshalb sollte kein schimmliges, muffiges, verschmutztes, feingemahlenes oder staubiges Futter verabreicht werden. Futterwechsel dürfen nur allmählich erfolgen;
- das Rauhfutter sollte nicht aus einer in Widerristhöhe angebrachten Heuraufe, sondern sauber vor der Krippe auf den Stallboden gelegt angeboten werden;
- im Kot unverdaut wiedergefundene Futterpartikel sind die Folge von Zahnkrankheiten, Zahnwechsel bei jungen Pferden, hastigem Fressen und von Verdauungsstörungen. Dünner Kot entsteht bei übermäßiger Wasseraufnahme und hohen Anteilen Grünfutter in der Ration. Im ersteren Fall ist die Eimertränke genau zu dosieren, im zweiten etwas Heu bzw. Kleie beizufüttern;
- gut gearbeitete Pferde fressen besser als träge im Stall stehende;
- jedes Pferd hat ein individuelles Freßverhalten. Es sollte einzeln gefüttert und häufig beim Fressen beobachtet werden. Nur so können Appetitlosigkeit, Verdauungsstörungen und Verhaltensmängel festgestellt werden.

In der Literatur werden Höchstmengen bestimmter Futtermittel mitgeteilt. Der Verfasser steht dieser Aussage skeptisch gegen-

Tab. 49: Tägliche Höchstmengen einiger Komponenten für erwachsene Pferde
(Helfferich und Gütte, 1972)

Futtermittel	Höchstanteil in % des lufttrockenen Krippenfutters	Futtermittel	Höchstanteil in % des lufttrockenen Krippenfutters
Hafer	90	Haferschalen	10
Gerste	30	Sojaextraktionsschrot	15
Weizen	30	Erdnußrückstände,	
Roggen	0	nur beste Qualität	10
Mais	30	Leinsaatrückstände	10
Tapioka	0	Sonnenblumensaatrückstände	20
Ackerbohnen	10	Rapsextraktionsschrot	0
Leinsamen, gek.	10	Trockenhefe	5
Weizenkleie	10	Fischmehl	10
Malzkeime	10	Seealgenmehl	0,5
Zuckerrübenvollschnitzel	30	Vollmilch-, Magermilchpulver	25
Trockenschnitzel	10	Buttermilch-, Molkenpulver	0
Troblako	20	Soja-, Erdnuß-, Leinöl	5
Futterzucker	20	Tierische Fette	0
Melasse	20	Viehsalz	1

Tab. 50: Empfohlene Höchstmengen an Saft- und Rauhfutter für Leistungspferde
(Lebendgewicht 465 kg, nach Helfferich und Gütte, 1972)

Futtermittel	Höchstmenge kg/Tag	Futtermittel	Höchstmenge kg/Tag
Weide- und Wiesengras,		Futterstroh, vorzüglich	4
Futtergetreide, grün	30	Futterrüben	25
Luzerne, Klee, grün	25	Zuckerrüben	15
Grassilage	15	Futtermöhren	25
Rübenblattsilage	10	Kartoffeln, gedämpft	
Wiesenheu	beliebig	oder siliert	15
Luzerne-, Kleeheu	5	Naßschnitzel	8
		Vollmilch, Magermilch,	
		Buttermilch	15
		Molke	0

über, weil teilweise früher gemachte Erfahrungen aufgrund der heute anders gearteten Futterbeschaffenheit als überholt gelten. Die in Tabelle 49 und 50 angegebenen Werte können jedoch als grober Anhaltspunkt dienen.

Weiter vorne wurde bereits auf die Problematik der Verwendung sogenannter Alleinfutter hingewiesen. Die Tabelle 51 faßt noch einmal die wichtigsten Vor- und Nachteile zusammen.

Tabelle 51. Vor- und Nachteile von „Alleinfutter" für Pferde:

Vorteile:
– einfache Handhabung
– geringer Lagerbedarf
– einfache Rationsplanung
– ausgeglichene Nähr-, Mineral- und Wirkstoffzusammensetzung
– geringe Staubentwicklung
– keine Beschaffungsschwierigkeiten wie beim Heu
– gute Futteraufnahme, Verträglichkeit und Verdaulichkeit

Nachteile:
– kürzere Futteraufnahme
– rasche Darmpassage
– geringere Rohfaserverdaulichkeit
– geringere Strukturwirksamkeit
– Kau- und Lecksucht
– Langeweile

– geringe Sättigung
Problemlösung:
– Beifütterung von Heu
– Beifütterung von Stroh oder Aufschluß-
stroh bis 0,5 kg je 100 kg Gewicht
– statt Pellets Cobs oder Briketts einsetzen.

Für die Fütterung der einzelnen Leistungsrichtungen kann gelten:

Niedertragende Stuten können überwiegend
mit Grundfutter versorgt werden. Ihr Bedarf liegt nur leicht oberhalb des Erhaltungsbedarfs. In der hochtragenden Phase
dürfen Stuten nicht verfetten, da sonst Ge-
burtsschwierigkeiten die Folgen wären. Sie
bekommen Zulagen an Kraftfutter, die sie
gleichzeitig an die Laktationsfütterung gewöhnen lassen. Um den Geburtstermin ist
die Futtergabe zu reduzieren, empfindlichen
Tieren kann ein Kleie-Hafermash verabreicht werden (1 kg Hafer, gequetscht,
200 g Leinsamen zerkleinert, 0,5 kg Weizenkleie, 5 g Kochsalz, 50 g Traubenzucker:
mit kochendem Wasser übergießen und mit
2 l Wasser verdünnt warm verfüttern).
Bei *säugenden Stuten* wird der Kraftfutteran-
teil erheblich gesteigert. Dies geschieht
langsam mit einer Steigerung um 0,5 kg
Kraftfutter pro Tag. Der Übergang zur Wei-
defütterung hat langsam zu erfolgen, wobei
die Heu- und Kraftfuttergabe nach und nach
reduziert wird.
Beim Absetzen der Fohlen wird das Kraftfutter bis auf geringe Mengen (0,5 kg) ganz
entzogen und der Grundfutteranteil gesteigert.
Die Rosse der Stute kann verbessert werden, wenn 3 Wochen vor Beginn die Ener-
gie- und Vitaminzufuhr in Form eines Ener-
gie- und Vitaminstoßes gesteigert wird. Dies
gilt besonders für Stuten in Unterkondition.

Fohlen müssen sofort an ihren Stuten sau-
gen, um die lebensnotwendigen Schutzstoffe
(γ-Globuline, Immunsubstanzen) aufnehmen zu können. Es ist sogar sinnvoll, sich die
genannte Colostralmilch älterer Stuten in
Mengen von 0,5–1 l tiefgefroren aufzube-
wahren, um beim Abgang oder Milchman-

gel der Mutter das Fohlen mit diesen Stoffen
versorgen zu können. Colostrum ist weiterhin hochverdaulich und nähr-, mineral- und
wirkstoffreich.
Die mutterlose Fohlenaufzucht kann mit
Milchaustauschpräparaten, die von der Fut-
termittelindustrie vorrätig gehalten werden,
erfolgen.
Bereits nach wenigen Tagen nehmen Fohlen
Erde, frischen Kot oder Futter aus dem Trog
der Stuten auf. Dies kann toleriert werden,
soweit die Stute entwurmt und Stallboden,
Einstreu und Auslauf parasitenfrei sind. Es
wird davon ausgegangen, daß dies der Aufnahme an Vitaminen und Spurenelementen
dient.
In den ersten drei Monaten ist die Futteraufnahme der Fohlen gering, danach kann
Kraftfutter in einem speziellen Fohlentrog
(Stute anbinden) verabreicht werden. Es
werden in den ersten sechs Monaten bis
maximal 2 kg Kraftfutter verabreicht.
Durch Beobachten der Kotkonsistenz und
der Afterregion der Fohlen überzeugt sich
der Pferdehalter, ob fütterungs-, tränke- oder
parasitenbedingte (Würmer, Bakterien, Viren) Durchfälle auftreten.
Nach dem Absetzen mit 4–6 Monaten wird
im ersten Jahr die Kraftfuttermenge gesteigert, danach unter gleichzeitigem Anheben
der Grundration gesenkt. Auf ausreichenden Eiweiß- und Mineralstoffanteil ist
ebenso zu achten, wie eine für die Gesamt-
entwicklung ungünstige Verfettung vermieden werden soll. Gliedmaßenprobleme haben ihren Ursprung in einer meist zu intensi-
ven Aufzucht.

In der überwiegenden Zahl der Fälle werden
die Leistungen der Reitpferde durch Ab-
stammung und Training beeinflußt, nur selten durch die Fütterung, vorausgesetzt es
werden keine groben Fütterungsfehler gemacht. Je höher der Trainingsanteil, desto
mehr muß die Konzentratgabe gesteigert
werden. Der Sattelgurt ist ein guter Maßstab, übermäßige Verfettung zu erkennen
und zu vermeiden.
Ein bestimmter Anteil leicht verdaubarer
Kohlenhydrate wie Stärke ist notwendig, um

den beim Training verbrauchten Glykogenvorrat (Reservekohlenhydrat, das, zu Blutzucker abgebaut, der raschen Gewinnung chemischer Energie in der Muskulatur dient) wiederherzustellen. Auch ein geringer Körperfettanteil ist sinnvoll, weil Fett eine nachhaltige Energiequelle darstellt.

Vielfach wird zuviel Eiweiß gefüttert, was den Stoffwechsel ungünstig belastet und teilweise sind auch die Mineralfuttergaben zu hoch, obwohl der Salzleckstein häufig genügt.

Deckhengste mit hoher Beanspruchung haben einen Futteranspruch wie hochgravide Stuten entsprechenden Körpergewichts, solange sie im Deckgeschäft stehen. Danach sind sie wie Reitpferde zu füttern. Zur Erreichung hoher Futteraufnahmen sollten ihre Rationen vielseitig zusammengesetzt sein, der häufig erwähnte Bedarf an tierischem Eiweiß zur Verbesserung der Spermaqualität ist nicht nachgewiesen.

Bei extensiver Haltung und Nutzung von Kleinpferden und Ponys ist vor allem ein Überangebot an Energie und Eiweiß zu vermeiden. Oft genügen Heu, Stroh, mäßige Weiden und der Salzleckstein. Aufgrund ihres apathischen Temperaments (Ausnahmen Rassen, in die Vollblut eingekreuzt wurde) ist der Erhaltungsanteil reduziert. Überfütterung äußert sich in Hufrehe, Kreuzverschlag und erheblicher Verfettung.

10.3.1 Weidefütterung

Sobald die Grasbestände etwa 15 cm hoch gewachsen sind, können Pferde bei ausreichender Festigkeit des Bodens geweidet werden.

Über pflanzenbauliche Maßnahmen wie Saatmischung, Bodenbearbeitung, Saat und Nachsaat, Düngung und Pflanzenschutz kann sich der Pferdehalter Auskunft bei den landwirtschaftlichen Beratungsstellen holen. Es ist sinnvoll, den Pferden größere Koppeln zuzuteilen, damit diese auch als Geläuf genutzt werden können. Bei mittlerer Düngungsintensität sollte mit 0,5 ha Weide

fläche je Pferd gerechnet werden, wenn Reitpferde, Stuten und Fohlen größere Grasmengen als Futtergrundlage aufnehmen sollen.

Bei intensiver Beweidung können Futteraufnahmen erreicht werden, die den Bedarf tragender Stuten, mittel leistender Reitpferde und Fohlen ab dem ersten Jahr nahezu decken. Säugende Stuten und jüngere Fohlen müssen – am besten vor Auftrieb auf die Weide – beigefüttert werden. Dies geschieht wegen des Eiweißüberhanges mit energiereichen und eiweißarmen Komponenten wie Getreide und Schnitzeln. Nur bei sehr geringem und wasserreichem Gras muß Rauhfutter beigefüttert werden.

Auf der Weide sollte stets frisches Wasser angeboten werden, und auch der Salzleckstein darf auf keiner Weide fehlen.

Es ist wenig sinnvoll, den Futterüberhang im Frühsommer durch Stehenlassen und späteres Beweiden älteren Grases zu nutzen. Besser ist es, die Überschüsse zu Heu oder Grassilage zu werben und den Pferden nährstoffreichen jungen Nachwuchs zukommen zu lassen.

Zur Pflege der Weide gehören die Nachmahd, das Abziehen der Maulwurfshügel und das Verteilen der Kotstellen.

10.3.2 Stallfütterung

Die Stallfütterung mit Heu, Stroh und Kraftfutter ist unproblematisch, wie zuvor schon erläutert wurde. Wer Silagen oder Rübenschnitzel einsetzt, also leicht vergärbare Futtermittel, muß darauf achten, daß keine Futterreste übrigbleiben. Diese würden nachgären und zu Durchfall und Koliken führen. Daher sind diese Futtermittel in Pferderationen knapp zu halten.

Die Kraftfutterkomponenten werden am besten gemischt verfüttert, in Form sogenannter hofeigener Mischungen oder als industriell gefertigtes Ergänzungsfutter. Rauhfutter und Silagen werden nicht gemeinsam mit Konzentratfutter in den Futtertrog gegeben, sondern entweder danach oder sauber vor dem Trog auf dem Stallboden. Rüben werden im Trog verabreicht, eine Mischung mit Häcksel ist möglich. Die gleichzeitige Verabreichung mit anderen Futtermitteln kann zu Geschmacksbeeinflussungen und gestörter Aufnahme führen.

Frischgras wird sauber auf dem Stallboden verabreicht, ebenso andere Grünfutter. Bei der Entfernung der Pferdeäpfel aus der Einstreu können Futterreste mitgenommen werden.

10.4 Fütterungsfehler

Fütterungsfehler sind bei durchgeführter Futteruntersuchung und Rationsplanung sowie Futteraufnahmekontrolle selten, können sich aber immer wieder ereignen und sollten daher erkannt und beseitigt werden können. Zu diesen Fehlern gehören

- Mangel- und Überschußernährung, wobei die Mineralstoffehlernährung und Vitamin- und Spurenelementmängel noch am häufigsten sind. Untersuchungen der Futtermittel, Einsatz der Mineralfutter wenn nötig und nicht blind und in beliebigen Mengen. Vermeidung andauernder Zuführung von Vitaminkonzentraten, sondern nur bei Streßsituationen verhindern diese Fehler.
- Schadstoffe in Futtermitteln, wie Mykotoxine (schimmeliges, muffiges Futter), Giftpflanzen (Bestände kontrollieren), Pflanzenschutzmittel und Schwermetalle (Kontrolle bei Verdacht oder in belasteten Regionen) sollten immer angenommen werden, wenn plötzliche Vergiftungserscheinungen auftreten.
- Bei Durchfall, Abmagern, anaemischen

Schleimhäuten ist weniger auf Futterschädlichkeit, sondern mehr auf Belastung mit Würmern zu schlußfolgern. Von Zeit zu Zeit vorgenommene Wurmkuren nach exakten Bestandsuntersuchungen vermindern diese Gesundheitsstörungen.

- Staubige, mehlförmige Futtermittel, Rauhfutter in feingemahlener Struktur, nachgärende Silagen, verschmutzte Rüben, zu kurz gehäckseltes Gras, nicht eingeweichte Schnitzel, blähende Futtermittel wie Klee und Luzerne und verschimmelte Futtermittel führen zu Koliken, Erkrankungen im Magen-Darmtrakt, verbunden mit Verstopfungen, Blähungen, Druck und Schmerz.
- Übertriebene Eiweißfütterung (junge Weide) und hoher Anteil leicht verdaubarer Kohlenhydrate wie Stärke und Zucker führen zu Hufrehe, einer Entzündung der Huflederhaut.
- Futterpartikel im Kot deuten auf Zahnfehler, Zahnwechsel, in sehr dünnflüssigem Kot auf Durchfall (fütterungs- und/oder infektionsbedingt), Verwurmung, hastiges Fressen und übertriebene Tränkeaufnahme hin.

Pferde, die einen überanstrengten Eindruck erwecken, das Futter schlecht aufnehmen, dabei weder Fieber noch die Symptome einer Kolik zeigen, können leistungsmäßig überfordert sein. Zur Mobilisierung der Verdauung bietet sich ein leicht verdaubares, aber noch strukturiertes Futter, der Kleiemash, an, dessen Zusammensetzung und Aufbereitung bereits beschrieben wurde.

11. Pferdepflege und Gesunderhaltung

11.1 Pferdepflege

11.1.1 Putzen und Waschen

Beim Putzen werden Weidepferde unter natürlichen Haltungsbedingungen einerseits und im Stall gehaltene Pferde andererseits unterschiedlich behandelt:

Beim Stallpferd erfüllt das Putzen im wesentlichen zwei Dienste: Der ständig vom Pferd abgesonderte Schweiß bildet eine undurchlässige Schicht über der Körperhaut des Pferdes. Dadurch werden die Poren verstopft

und die Hautatmung beeinträchtigt. Außerdem besteht eine erhöhte Neigung zu Hautkrankheiten und eine höhere Anfälligkeit für Hautparasiten. Neben der gründlichen Reinigung dient das Putzen vor allem der Massage des Pferdes. Die Muskulatur wird gelockert und der Kreislauf angeregt. Somit ist sorgfältiges Putzen die beste Vorbereitung für die Arbeit mit dem Pferd. Erwähnt werden muß hier auch der soziale Aspekt des Putzens, der einen wesentlichen Einfluß auf die Beziehung zwischen Mensch und Tier hat, sowohl im positiven als auch im negativen Sinne.

Beim Weidepferd ist das tägliche Putzen zu unterlassen, weil hierdurch der durch das Hautfett gegebene Schutz vor Nässe und Kälte empfindlich gestört wird. Geputzt wird nur oberflächlich vor dem Reiten oder Fah-

Abb. 54: Putzzeug, von links Gummistriegel, Reißbürste, Kardätsche, weiche Bürste, darunter Schwamm, Wurzelbürste, Mähnenkamm, Wischtuch.

ren. Um Verletzungen und Druckstellen vorzubeugen, sollte aber in jedem Fall auf eine saubere Sattel- und Gurtlage sowie einen sauberen Kopf geachtet werden. Gleichermaßen wichtig wie beim Stallpferd ist jedoch auch hier die tägliche Hufreinigung und -pflege.

Das Putzzeug besteht aus Kardätsche, Striegel (am besten aus Hartgummi), einer weichen Bürste (für empfindliche Körperteile), einer Wurzelbürste, drei Schwämmen (am besten in unterschiedlichen Farben) für die Reinigung von After, Geschlechtsteilen und Kopf, einem Wischtuch (Wollappen) und einem Mähnenkamm sowie Hufpflegezubehör (siehe Kapitel Hufpflege). Zur Vermeidung von Krankheitsübertragungen ist es vor allem in größeren Ställen wichtig, daß jedes Pferd ein eigenes Putzzeug hat. Das Putzzeug sollte etwa alle 4–6 Wochen gründlich gereinigt und gelegentlich desinfiziert werden. Die Aufbewahrung erfolgt am geeignetsten in einem größeren Beutel oder in einem Putzkasten.

Das Putzen erfolgt in der Regel einmal täglich, und zwar vor dem Arbeiten des Pferdes. Stark verschmutzte oder verschwitzte Pferde sind, sofern eine Waschung nicht möglich ist, einige Stunden nach dem Reiten (sobald sie trocken sind) erneut zu putzen. Nach dem Putzen soll das Pferd am ganzen Körper sauber sein, also auch unter dem Bauch und unter der Mähne.

Grober Schmutz wird zunächst mit dem Striegel gelockert. Verklebte, verschwitzte Haare werden am einfachsten mit einem feuchten Strohwisch aufgelockert. Empfindliche Stellen (z. B. Flanken) und solche Körperteile, die nicht durch Fleischpolster geschützt sind (wie z. B. Kopf und Beine) dürfen nicht mit dem Striegel bearbeitet werden. Ausgebürstet wird der Schmutz mit der Kardätsche. Dies geschieht durch lange, ruhige Striche am Pferd entlang. Geputzt wird immer mit dem Strich der Haare, das heißt also von vorne nach hinten. Die Reinigung der Kardätsche erfolgt am Striegel, der je nach Verschmutzung des Pferdes mehr oder weniger oft auf der Stallgasse ausgeklopft

werden muß. Für die empfindlicheren Stellen eignet sich die etwas weichere Bürste. Besonders vorsichtig ist dabei beim Putzen des Kopfes zu verfahren.

Zum Putzen von Schweif und Mähne dient die Wurzelbürste, deren Einsatz jedoch auf ein Minimum beschränkt bleiben sollte, um unnötige Haarverluste zu vermeiden. Die Reinigung von Augen und Nüstern sowie von After und Geschlechtsteilen erfolgt mit jeweils einem eigenen Schwamm, der sofort nach Gebrauch ausgewaschen werden sollte. Den Abschluß des Putzens bildet das Abwischen des Pferdes mit einem Wollappen, um so zurückgefallenen Staub und lose Haare zu beseitigen.

An warmen Tagen ist an zugfreien Stellen eine Waschung des ganzen Pferdes empfehlenswert. Dank der modernen Technik (Solarium) ist dies heute auch im Winter gelegentlich möglich.

Zum Waschen wird leicht temperiertes Wasser verwendet. Im Sommer empfiehlt sich nach der Arbeit auch das Abwaschen von Sattellage und Brust des Pferdes mit kaltem Wasser. Dies dient der Kräftigung der Haut und bildet einen Schutz gegen Druck- und Scheuerstellen.

Wird das Pferd mit Shampoo gewaschen, so ist darauf zu achten, daß beim Einseifen kein Schaum in die Augen des Tieres kommt, wodurch dieses nur unnötig gereizt würde und eine Abneigung gegen Wasser entwickeln könnte. Gründliches Ausspülen der Seife mit viel klarem Wasser ist wichtig. Im Fell verbleibendes Wasser wird mit einem Schweißmesser oder einfach mit der Handkante abgestreift. Von großer Bedeutung ist auch die anschließende, gründliche Trocknung. Besondere Beachtung muß hierbei der Trocknung der Fesselbeuge geschenkt werden. Bei besonders empfindlichen Pferden ist diese mit einem weichen Handtuch trockenzureiben.

Der Pflege der langen Haare kommt besonders bei Turnier- und Verkaufspferden eine große Bedeutung zu. Unterschiedliche Ansichten über die Möglichkeiten der Frisur

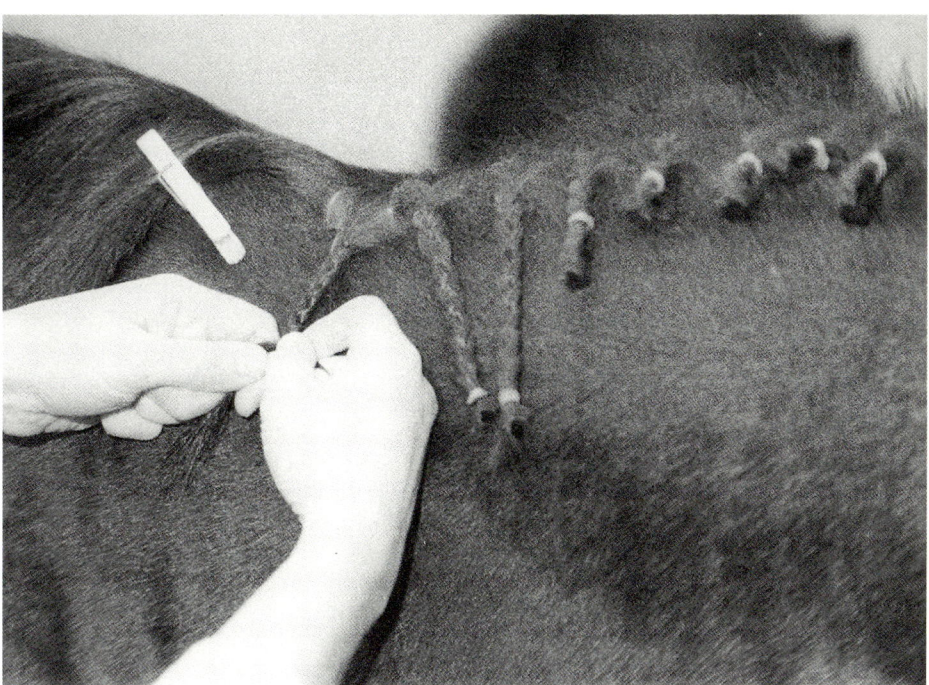

Abb. 55: Einflechten der Mähne.

gibt es insbesondere bei der Pflege des Schweifes. Während es in Westeuropa in den meisten Ställen üblich ist, daß die kürzeren Haare am Schweifansatz einfach ausgeschnitten oder ausgezogen werden, bevor zugt man in Nordamerika den natürlich belassenen Schweif. Auch hier kann eine gefällige Form erreicht werden, indem der Schweif nach dem Waschen von oben nach unten bandagiert wird und die Bandage über Nacht am Pferd bleibt.

Der Schweif wird nicht täglich bearbeitet, sondern nur gelegentlich mit der Wurzelbürste durchgebürstet, damit möglichst wenig Haare unnötig verlorengehen. Allenfalls zur Vorstellung auf Turnieren oder zum Verkauf kann der Schweif von Hand „verlesen" werden, das heißt, alle Haare werden einzeln nacheinander verzogen.

Bei der Mähne gibt es ähnlich unterschiedliche Ansichten über Frisur und Pflege. Eine gepflegte Mähne soll dünn sein und auf einer Seite liegen. Zu dicke Mähnen werden verzogen, indem die Deckhaare belassen und die Unterhaare mit Hilfe eines Mähnenkammes verzogen werden. Schlecht liegende Mähnen können durch Einflechten in kleine Zöpfe (am besten im feuchten Zustand) korrigiert werden. Nach dem Aufmachen der Zöpfe wird die Mähne erneut eingefeuchtet, danach glattgebürstet und trocknen gelassen. Damit sie in Form bleibt, kann zusätzlich ein schweres Handtuch oder eine Decke darüber gelegt werden.

Zur Vereinfachung der Mähnenfrisur und zur Korrektur lückenhafter Mähnen wird heute vielfach das völlige Abscheren angewandt, wodurch ein gleichmäßiges Nachwachsen erreicht wird. Das Abscheren sollte jedoch nur im Herbst erfolgen, damit die Mähne über Winter nachwachsen kann und im Sommer ihre wichtigste Aufgabe, den Schutz vor Fliegen, wieder erfüllen kann.

Auch in der Fesselbeuge werden beim Warmblutpferd die Langhaare ausgeschoren. Das Scheren der Fessel geschieht von der Fessel zur Fesselbeuge hin abwärts sowie vom Ballen zur Fesselbeuge hin aufwärts. Zum Abrinnen des Wassers über den Ballen bleibt ein kurzer Zopf stehen. Eine ausgeschorene Fessel muß sorgfältig sauber- und trockengehalten werden.

11.1.2 Hufpflege

Neben einem gesunden Bewegungsapparat haben vor allem gesunde Hufe einen wesentlichen Einfluß auf die Leistungsfähigkeit des Pferdes. Sie sind verantwortlich für eine gute Umsetzung der Kraft des Pferdes auf dem Boden. Um eine gute Kraftübertragung zu erreichen, ist es von größter Wichtigkeit, die Hufe gesund zu erhalten, also ihnen eine ordnungsgemäße Pflege und einen guten Beschlag zukommen zu lassen.

Wie aufwendig Pflege und Beschlag sein müssen, hängt einerseits vom Huf selber, andererseits aber auch von der Haltungs- und nicht zuletzt von der Fütterungsform ab. Es gibt Pferde, die von Natur aus kräftige, gesunde Hufe haben, deren Pflege nur einen geringen Aufwand erfordert. Oft können solche Tiere sogar unbeschlagen bleiben, wenn ihre Arbeit auf nicht zu hartem Untergrund erfolgt. Andererseits gibt es aber auch empfindliche Hufe (z. T. auch erblich bedingt), deren Pflege aufwendig und damit meistens auch teuer ist.

Es ist zu beachten, daß die Hufpflege nicht erst beim Reitpferd, sondern schon im Fohlenalter beginnt. Dabei lernt das Tier frühzeitig und nahezu spielerisch das Anheben der einzelnen Hufe. Eine ruhige Stimme und eine gelegentliche Belohnung tun ein übriges dazu, daß die Hufpflege dem Pferd nicht lästig erscheint, sondern gegebenenfalls sogar Spaß macht. So vorbereitete Tiere werden in der Regel auch beim Schmied nicht allzu große Schwierigkeiten machen.

Bei Fohlen und Jungpferden sollten bei der Stallhaltung die Hufe etwa einmal in der Woche gereinigt und Strahl und Sohle mit Holzteer eingestrichen werden. Dabei kann gleichzeitig der Huf auf eventuelle Fäulnisstellen, Risse und Spalten hin kontrolliert werden. Kleinere Fäulnisstellen, im allgemeinen durch zuviel Feuchtigkeit hervorge-

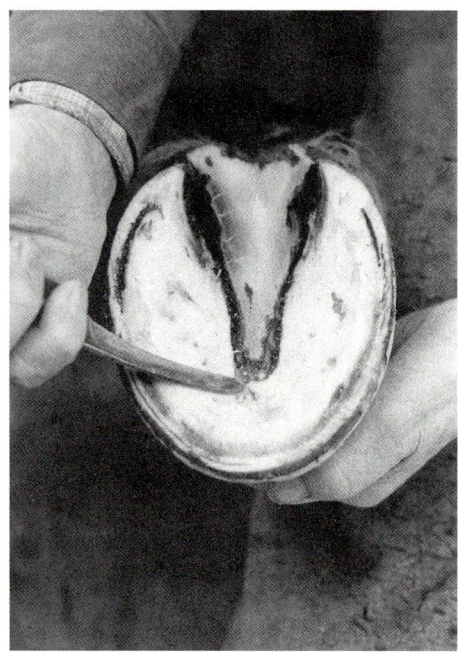

Abb. 56: Ausschneiden des Hufes.

rufen, werden mit dem Hufmesser freigelegt und mit einer Desinfektionslösung (z. B. Kupfervitriol) behandelt. Für größere Fäulnisstellen ist auf jeden Fall der Rat und die Hilfe eines erfahrenen Hufschmiedes in Anspruch zu nehmen. Rissige Hufe, meist infolge von Feuchtigkeitsmangel, können durch öfteres Waschen und anschließendes Einfetten wieder verbessert werden. Sind bereits Spalten aufgetreten, ist ebenfalls der Schmied zu befragen. Bei der Weidehaltung reguliert sich der Feuchtigkeitshaushalt des Hufes in der Regel selbst, es sei denn es handelt sich um extrem feuchte Weiden bzw. trockene Witterungszeiten. Jedoch ist auch hier die regelmäßige Kontrolle der Hufe unerläßlich.

Regelmäßig etwa alle 2–3 Monate (sowohl bei Stall- als auch bei Weidehaltung) sollten die Hufe des jungen Pferdes von einem Schmied kontrolliert werden. So können angeborene oder während der Hufentwicklung entstehende Mängel korrigiert oder sogar ganz beseitigt werden.

Beim erwachsenen Pferd gehört die Hufpflege zur täglichen Arbeit mit dem Tier. Die Standardausrüstung zur Hufpflege setzt sich zusammen aus einem Eimer für Wasser, einer kräftigen Wurzelbürste, einem Schwamm, zwei Pinseln, Hufkratzern, einem Hufmesser, Huffett und Hufteer. Die tägliche Pflege gilt für beschlagene wie unbeschlagene Pferde gleichermaßen.

Vor dem Reiten werden die Hufe mit dem Hufkratzer ausgeräumt. Die Spitze des Hufkratzers sollte abgerundet sein, um zu scharfes Auskratzen zu verhindern. Auch sollte bei beschlagenen Pferden nicht unter den Eisen herumgekratzt werden, weil diese sich schneller lockern und unter Umständen sogar mit Teilen aus der Hornwand abreißen können. Nach dem Reiten im Gelände können die Hufe gut in einer Pferdeschwemme oder noch besser in einem nahegelegenen Bach vom groben Schmutz gereinigt und gleichzeitig angefeuchtet werden. Ist solches nicht vorhanden, genügt auch ein normaler Wasserschlauch. Sohle und Strahl werden nochmals mit dem Hufkratzer ausgeräumt und dabei gleichzeitig auf Steine und Verletzungen hin kontrolliert. Praktisch sind Hufkratzer mit einer zusätzlichen kleinen Bürste. Bei losem Schmutz (z. B. Reiten in der Halle) erspart diese sogar oftmals das Kratzen. Trockene, spröde Hufe sind regelmäßig zu waschen (eventuell auch in Schmierseifenlauge) und anschließend nach oberflächlichem Abtrocknen sofort einzufetten. Huffett sollte niemals auf trockene Hufe aufgetragen werden. Wichtig ist, daß auch Ballen und Kronrand gut mit Fett eingerieben werden. Gutes Huffett enthält ca. 25% Lorbeeröl. Es sollte niemals ranzig sein, weil es sonst die Hufe weich und mürbe macht.

Ein- bis zweimal in der Woche werden Sohle und Strahl mit Holzteer eingestrichen. Hufe, die zuviel Feuchtigkeit bekommen haben, sind gelegentlich auch ganz einzuteeren. Um die Einstreu nicht zu verschmutzen, sollten die Tiere einige Zeit außerhalb des Stalles bleiben, bis der Teer ausgetrocknet ist.

Ist ein Strahl durch zuviel Feuchtigkeit weich und mürbe geworden, so kann er durch 8%ige Kupfervitriollösung ausgetrocknet werden. Diese wird entweder aufgepinselt oder mit Hilfe einer Einwegspritze in Risse und Spalten verteilt. Im fortgeschrittenen Zustand der Strahlfäule sollte auf jeden Fall ein Hufschmied, gegebenenfalls auch der Tierarzt, hinzugezogen werden.

Da heute die meisten Pferde fast täglich über befestigte Straßen oder Hofflächen laufen müssen, ist es notwendig, die Hufe zu beschlagen, um ein zu starkes Abnutzen des Hufhornes zu verhindern. Der Beschlag kann jedoch auch der Hufkorrektur sowie der Unterstützung von Heilungsprozessen bei Hufkrankheiten dienen.

Pferde, die nur in der Halle oder auf weichem Untergrund bewegt werden, können bei kräftigen, gesunden Hufen ganz oder zumindest teilweise unbeschlagen bleiben. Meist genügt es hier, die Vorderhufe zu beschlagen.

Etwa alle 6 bis 8 Wochen bzw. in kürzeren oder längeren Abständen, je nach Wachstum der Hufe und Beanspruchung der Eisen, muß das Pferd neu beschlagen werden. In Zeiten geringerer Beanspruchung (z. B. im Winter) kann bei den meisten Tieren auch einmal eine unbeschlagene Periode eingeschoben werden. Dies dient der Verbesserung des Hufmechanismus und des Bewegungsablaufes insgesamt.

Das Beschlagen sollte immer von einem erfahrenen Hufschmied ausgeführt werden. Für Notfälle sollte man sich von ihm zeigen lassen, wie ein loses Eisen mit möglichst geringem Risiko für kurze Zeit wieder selbst befestigt werden kann. Dies darf jedoch auf keinen Fall zur Routine werden, weil die Gefahr des Vernagelns und damit verbundener Schmerzen und längerer Zwangspausen für das Pferd doch sehr groß ist. Bei Problemhufen (z. B. dünne Wände) sollte in jedem Fall der Schmied aufgesucht werden.

11.1.3 Sattel- und Geschirrpflege

Pflege und Kontrolle von Sattel und Geschirr dienen gleichermaßen der Sicherheit und Gesundheit von Reiter und Pferd und sind daher wichtiger Bestandteil der täglichen Routine.

Nach dem Reiten sind verschwitzte, naße Decken und Gurte vom Sattel abzunehmen und zum Trocknen aufzuhängen. Nach dem Trocknen kann der grobe Schmutz im allgemeinen gut ausgebürstet werden. Von Zeit zu Zeit können Satteldecken und synthetische Gurte auch in der Waschmaschine gereinigt werden. Daher sollte beim Kauf schon darauf geachtet werden, welche Waschmöglichkeiten bestehen (am günstigsten: Vollwaschbarkeit). Damit die Waschmaschine nicht zu sehr verschmutzt oder durch Schnallen beschädigt wird, können die Teile in einen alten Kopfkissenbezug oder ähnliches eingepackt werden. Als Waschmittel hat sich am besten reine Schmierseife bewährt. Synthetische Gurte sollten nach Möglichkeit nicht zu heiß gewaschen werden, weil sie leicht einlaufen können.

Sattel bzw. Geschirr und Trense werden nach jedem Gebrauch vom groben Schmutz gesäubert und je nach Beanspruchung alle 2 bis 4 Wochen gründlich gereinigt und eingefettet bzw. eingeölt. Naß gewordene Lederteile werden gut trockengerieben und an der Luft (z. B. im Abstellraum) getrocknet. Trocknen in Heizungs- oder Ofennähe führt zu hartem, brüchigem Leder.

Die tägliche Reinigung richtet sich nach dem Grad der Verschmutzung der Teile. Bei schwerer Arbeit und stark schwitzenden Pferden sind alle Lederteile, die direkt in Kontakt mit dem Pferd kommen (Trense, Brustblatt, Gurt, Gamaschen etc.) gründlich mit Sattelseife (oder Schmierseife) zu säubern, um Ablagerungen zu vermeiden, die zu Scheuerstellen führen könnten. Alle anderen Teile können mit einem Lappen trocken abgerieben werden.

Die gründliche Reinigung des Sattels beginnt mit dem Entfernen des groben Schmutzes durch eine Bürste, bei festklebendem Schmutz (z. B. Bügelriemen oder Gurt) durch Abziehen mit einer stumpfen Klinge. Bereits beim Lösen der Bügelriemen kann kontrolliert werden, ob die Sturzfeder an der Bügelaufhängung noch intakt ist. Hin

und wieder sollte diese geölt werden. Danach werden die Teile gründlich mit Sattelseife, wenig handwarmem Wasser und einem Schwamm oder Lappen gereinigt. Anschließendes Abreiben mit einem weichen Lappen vermeidet Ablagerungen der Seife. Während dieser Arbeit können gleichzeitig alle Teile auf brüchige Stellen hin untersucht und gegebenenfalls zum Sattler gebracht werden. Die rauhen Unterseiten von Bügelriemen und Sattelblättern werden anschließend mit Lederöl oder -fett eingerieben. Dadurch behält das Leder seinen Fettgehalt, bleibt geschmeidig und glänzend. Polituren und Schuhcremes sind abzulehnen, weil sie das Leder austrocknen und es dadurch hart und brüchig machen.

Die Trense und anderes Lederzeug werden zum Reinigen völlig zerlegt und ebenso wie der Sattel gereinigt. Alle Schnallen sind zu überprüfen, ob keine Löcher ausgerissen oder Nähte offen sind. Die Löcher kann man mit Hilfe eines Streichholzes oder einer dicken Nähnadel sehr einfach reinigen.

Alle Metall- und Gummiteile (Gebiß, Steigbügel) werden in handwarmem Wasser gereinigt und gut abgetrocknet. Hierbei wird das Gebiß auf scharfe Kanten hin kontrolliert, die dann sofort beseitigt werden müssen.

Beim Kauf der Ausrüstung des Pferdes muß unbedingt darauf geachtet werden, daß alle Teile dem Pferd individuell angepaßt werden. Das Leder soll sich geschmeidig anfühlen und beim Biegen nicht brüchig erscheinen, aber auch nicht zu steif sein. Bei besonders empfindlichen Pferden sollte die Ausrüstung möglichst nicht aus synthetischem Material bestehen, die Lederteile sollten wo immer möglich abgepolstert sein. Hier ist eine häufige und besonders sorgfältige Pflege unumgänglich. Allgemein sollte beim Kauf der Ausrüstung nicht der Preis als entscheidendes Kriterium angesehen werden, sondern Qualität und Verarbeitung der Ware. Gutes Material und gute Pflege machen sich dabei immer bezahlt.

Sattel, Geschirr und Trense sollten in einem separaten, trockenen Raum in der Nähe des

Stalles aufbewahrt werden, der für die Tiere nicht zugänglich ist. Direkt am Pferdestall wird nur ein billiges Halfter (z. B. aus Jute) für Notfälle aufgehängt. Dadurch kann unnötiger finanzieller Verlust durch Verbiß vermieden werden. Im Winter ist eine Heizmöglichkeit des Raumes von Vorteil. In größeren Reitställen erfolgt die Aufbewahrung meistens in Sattelkammern, wobei hier eine platzsparende Raumaufteilung sinnvoll ist, um die zu beheizende Fläche möglichst gering zu halten. Die Aufbewahrung von Sätteln und Geschirr in abschließbaren Schränken ist aus Sicherheitsgründen empfehlenswert, jedoch sollte der Schrank zwecks Luftzirkulation jeden Tag geöffnet werden.

11.2 Gesunderhaltung des Pferdes

Nur ein gesundes Pferd ist auch ein leistungsbereites Pferd. Kranke Pferde sind im allgemeinen nicht oder nur wenig belastbar. Oft können durch Krankheiten sogar Dauerschäden entstehen, die ein Pferd für längere Zeit unbrauchbar machen.
Ein krankes Pferd zeigt in der Regel ein stark verändertes Verhalten. Äußere Erkrankungen und Verletzungen sowie Krankheiten des Bewegungsapparates zeigen sich durch Wunden, abnormale Veränderungen der Haut oder Lahmheiten. Innere Krankheiten werden ebenfalls häufig anhand äußerer Veränderungen sichtbar. Die Pferde sind teilnahmslos und ohne Appetit, ihr Fell ist rauh und stumpf, die Augen sind oft trübe. Aber auch Überreaktionen wie Unruhe, häufiges Niederwerfen, Stöhnen und Schwitzen können Anzeichen innerer Erkrankungen, insbesondere von Kolik und anderen Erkrankungen des Darmes, sein. Je stärker diese Anzeichen sind und je länger sie auftreten, desto wichtiger ist es, tierärztliche Hilfe in Anspruch zu nehmen. Weitere Anzeichen einer Erkrankung sind erhöhte Körpertemperatur (normal etwa 37,5–38,2 °C, Fohlen bis 39,0 °C, gemessen im After), beschleunigter Puls (normal 30–44, Fohlen bis

60/min.) und beschleunigte Atemfrequenz (normal etwa 9–15). Bei Erkrankungen der Atmungsorgane treten zusätzlich Husten, erschwertes Atmen und eventuell Nasenausfluß auf.
Der beste Schutz für die Gesundheit des Pferdes sind vorbeugende Maßnahmen. Dies gilt insbesondere bei ansteckenden Krankheiten, wenn das Pferd stark mit Hauptansteckungsorten in Berührung kommt (z. B. Stallwechsel, Transport, Turnier). Hier gibt es einige Möglichkeiten, das Pferd vor einer Ansteckung zu schützen. Es beginnt damit, daß mit dem Pferd möglichst wenig fremde Ställe oder Hallen betreten werden. Nach dem Besuch eines fremden Stalles sollte gegebenenfalls die Kleidung gewechselt werden, bevor man den eigenen Stall betritt. Auf Turnieren kann ebenfalls darauf geachtet werden, daß keine erkrankten Pferde am Start sind und eine eventuell erforderliche Unterbringung möglichst „stallintern" erfolgt, d. h. nach Pferden aus gleichem Heimatbestand getrennt.

Jeder Organismus wird durch Umweltfaktoren beeinflußt. Diese wirken in verschiedener Weise auf ein Tier ein. Befindet sich der Organismus im Gleichgewicht mit seiner Umwelt, so ist dies ein Zustand der Gesundheit, stärkere Abweichungen werden im allgemeinen als Krankheiten sichtbar.
Man unterscheidet nach belebten (biotischen) und unbelebten (abiotischen) Einflußfaktoren. Sowohl die abiotischen (wie z. B. Temperatur, Feuchtigkeit, Licht, Schadstoffe, aber auch Mineralstoffe, Vitamine und Spurenelemente) als auch die biotischen Faktoren (Bakterien, Viren, Pilze, Würmer und Insekten) können durch den Menschen in ihrer Wirkungsweise auf das Tier beeinflußt werden. Die wichtigste Voraussetzung zur Vermeidung von Krankheiten ist daher eine ordnungsgemäße Stall- und Weidehygiene.

11.2.1 Stallhygiene

Bereits beim Stallbau ist zu beachten, Materialien und Aufstallungsform so zu wählen, daß das allgemeine Wohlbefinden des Pferdes nicht beeinträchtigt wird. Zudem soll der Stall möglichst einfach sauberzuhalten sein. Neben ausreichend Licht und Frischluft ist vor allem die Einstreu für das Wohlergehen von großer Bedeutung.

Ein heller, trockener und kalter, aber zugfreier Stall mit einer dicken, warmen Einstreu ist somit als die wichtigste Vorbeugemaßnahme gegen Erkrankungen der Atemwege und Gelenke sowie als Schutz gegen Endo- und Ektoparasiten anzusehen. Der Kot sollte mindestens einmal am Tag beseitigt werden. Bei Torf, Sägespänen und Matratzenstreu werden nur die anfallenden Roßäpfel beseitigt und etwas übergestreut, bei der Wechselstreu wird täglich alles naß gewordene Stroh herausgenommen und durch neues ersetzt. Als sinnvoll haben sich daher auch mehrschichtige Systeme erwiesen, die aus einer unteren Schicht aus Torf oder Sägespänen und einer Oberschicht aus Stroh bestehen.

Eine gründliche Reinigung und Desinfektion des Stalles sollte mindestens zweimal im Jahr erfolgen. Vollständig zu reinigen und zu desinfizieren ist ein Stall auch nach Erkrankungen sowie nach der Durchführung von Wurmkuren (ca. 10–14 Tage später). Der Wurmbefall kann auch durch einen geeigneten Farbanstrich gemindert werden. Teer- oder Bitumenfarbe im unteren Wandteil verhindert eine Verunreinigung mit Wurmlarven, die durch Ablecken der Wand aufgenommen werden könnten. Im oberen Teil sind Kalkfarben (mit Zusätzen gegen Abblättern) sinnvoll.

11.2.2 Weidehygiene

Als erste Voraussetzung für eine gesunde Pferdeweide ist ein geeigneter Standort zu wählen. Am besten sind mittlere, trockene Böden aus sandigem Lehm oder lehmigem Sand. Leichte Böden sind im allgemeinen nährstoff- und kalkärmer. Schwere Böden besitzen häufig eine schlechte Wasserführung, oft neigen sie sogar zu stauender Nässe, wodurch saurer, minderwertiger Grasbesatz (Binsen und Schilf) auftreten kann.

Als günstig ist sogenanntes „gewachsenes Grünland" anzusehen, welches durch jahrelange ausschließliche Grünlandnutzung über ein biologisches Gleichgewicht verfügt. Daher sollte man auch bei sehr schlechten Weiden nach Möglichkeit auf einen völligen Umbruch und Neueinsaat verzichten und versuchen, durch mechanische Maßnahmen (z. B. Walzen und Eggen) oder wenn nötig auch unter Zuhilfenahme chemischer Produkte die Leistungsfähigkeit des Grünlandes zu erhalten oder zu steigern. Beim Einsatz chemischer Mittel ist unbedingt darauf zu achten, daß die eingesetzten Produkte problemorientiert und unter Berücksichtigung des Schadschwellenprinzips (d. h. Abwägung der Ertragsminderung durch bestimmte Pflanzen gegenüber den Kosten für deren Beseitigung) eingesetzt werden. In schwierigen Fällen geben auch die pflanzenbaulichen Mitarbeiter von landwirtschaftlichen Beratungsstellen gerne Auskunft. Außerdem ist zu beachten, daß seit 1987 chemische Produkte nur noch an Fachkräfte verkauft bzw. von diesen angewandt werden dürfen. Hierzu ist der Nachweis einer fachkundigen Ausbildung unbedingt erforderlich.

Pferde bevorzugen bei den verschiedenen Grünlandpflanzen die Artenvielfalt. Neben den wichtigsten Gräserarten sind daher auch einige Kleearten sowie verschiedene Kräuter von hohem Wert. Auch einige Wildkräuter (wie z. B. Kamille, Brennessel u. ä.) können in geringem Umfang toleriert werden. Gelegentlich fressen Pferde sogar gern junge Disteln. Zu vermeiden sind auf jeden Fall Giftpflanzen (insbesondere Herbstzeitlose, Maiglöckchen, Goldregen und Hyazinthe sowie Eibe, Tollkirsche und Liguster). Die meisten Pferde meiden diese Giftpflanzen durch ihren natürlichen Instinkt, wenn ihnen genügend anderes Futter zur Verfügung steht. Dies ist nicht der Fall, wenn Grünfutter rationiert im Stall verfüttert wird.

Die Zusammensetzung der Arten und die Bestandsdichte lassen sich sehr stark durch Düngung und Weideführung beeinflussen. Die *Düngung* sollte sich nach Möglichkeit aus einem organischen und einem mineralischen Teil zusammensetzen. Die Nährstoffmenge ist der Art und Intensität der Nutzung anzupassen. Nährstoffauswaschungen sind unbedingt zu vermeiden. Eine Aufteilung der Stickstoffdüngung in mehrere Gaben (nach jeder Nutzungsphase) ist sinnvoll. Auch den Spurenelementen wie Mangan, Kupfer und Bor ist Beachtung zu schenken. Hierbei geben regelmäßige Bodenuntersuchungen Aufschluß über den Grad der Nährstoffversorgung.

Die entscheidende Rolle bei der *Weideführung* kommt der Anpassung der Nutzungsperiode an die Wachstumsbedingungen im Jahresablauf zu. Wichtig ist dabei die Möglichkeit, die Gesamtfläche in mehrere Teilstücke aufgliedern zu können. So können Weide- und Ruhezeiten abgewechselt werden. Auch kann in der Hauptwachstumsperiode im Frühsommer ein Teil der Weide zur Heu- oder Silagegewinnung genutzt werden, wobei die Silage weniger Nährstoffverluste bei der Gewinnung aufweist. Außerdem ist bei Silage die Gefahr der Verwurmung wesentlich geringer als bei Heu. Mit fortschreitender Jahreszeit muß die Ruheperiode verlängert werden. Dem schnellen Abweiden kann dann entgegengewirkt werden, indem man den Pferden mehrere Teilstücke gleichzeitig zur Verfügung stellt.

Durch den Wechsel zwischen Nutzungs- und Ruhezeit kann auch die allgemein schlechte Weidefähigkeit des Pferdes, wie z. B. der relativ kurze Verbiß und die damit verbundene Schädigung der Grasnarbe, bis zu einem gewissen Grad ausgeglichen werden. Bewährt hat sich daneben der Wechsel der Beweidung durch Rinder und Pferde bzw. die gemeinsame Weide. So können unter anderem Geilstellen vermieden und der Krankheitsdruck durch Wurmbefall erheblich gesenkt werden, weil die Larven einiger Pferdewürmer von Rindern aufgenommen und in deren Verdauungsapparat abgetötet werden. Ist dieser Wechsel der Beweidung nicht möglich, ist nach der Nutzungsperiode ein Reinigungsschnitt zu empfehlen, also Abmähen und Abtransport der Geilstellen. Bei Koppeln für Stuten mit Fohlen sollten zur Vermeidung der Verwurmung regelmäßig die Roßäpfel abgelesen werden.

Bei Schlechtwetter sollte die Weide nach Möglichkeit geschont werden, damit unnötig tiefe Trittstellen vermieden werden und die Grasnarbe nicht geschädigt wird. Wenn vorhanden, kann dann ein Paddock zum Auslauf genutzt werden, dessen Untergrund gut drainiert sein sollte. Im übrigen ist der Paddock als Schnittstelle zwischen Stall- und Weidehaltung zu betrachten. So können die Pferde im Frühjahr langsam an den Weidegang gewöhnt werden, indem man ihnen zunächst den Paddock anbietet, aber gleichzeitig nach Belieben der Stall aufgesucht werden kann.

Für Reit- und Sportpferde sollte die Weide nur stundenweise zum Ausgleich und zur Entspannung angeboten werden. Bei der Aufzucht von Jungpferden sowie bei der Haltung von Robustpferden ist die ständige Weidehaltung für die Entwicklung der Tiere, aber auch aus arbeitswirtschaftlicher Sicht, empfehlenswert.

11.2.3 Gesundheitsplan für Reitpferde

Bei größeren Reitpferdebeständen, sowohl in der Zucht als auch in Sport und Hobby, empfiehlt es sich, einen Gesundheitsplan aufzustellen. Dieser sollte *alle* Pferde des Bestandes erfassen und die wichtigsten Auskünfte über Halter, Tierarzt und bestimmte Besonderheiten für jedes Pferd beinhalten. Wie ein solcher Plan aufgebaut sein könnte, zeigt die Tabelle 52.

11.2.3.1 Stallapotheke

Die Stallapotheke dient der Aufbewahrung von Medikamenten und Geräten, die für Sofortmaßnahmen bei Notfällen, zur Behandlung kleinerer Verletzungen sowie zur Vorbeugung geeignet sind. Auch vom Tierarzt verordnete, apothekenpflichtige Medikamente können dort sicher aufbewahrt werden.

Für die Führung der Stallapotheke gelten die gleichen wichtigen Grundsätze wie für die Führung einer Hausapotheke:
- Aufbewahrung der Medikamente in einem geschlossenen Schrank.

Tab. 52: Gesundheitsplan für Reitpferde (nach Ende 1986)

	Durchgeführte Impfungen				Wurmbekämpfung						Zahnuntersuchung		
	Influenza Ansteckender Husten	Tetanus (Wundstarrkrampf)	Sonstige Impfungen je nach Gegend	Seuchenhaftes Verfohlen (Virusabort)	Kotproben Datum Ergebnis (einmal jährlich)	Wurmkuren (Datum), Medikamentenname, Menge, Art der Verabreichung					Zweimal jährlich (Zahnhaken raspeln)		
	Erstimpfung zweimal im Abstand von ca. 5 Wochen; dann alle 6–9 Monate	Erstimpfung zweimal im Abstand von ca. 5 Wochen; dann jährlich einmal oder zusammen mit Influenza-Impfung	Tollwut Einmal jährlich	Erstimpfung von allen über 3 Monate alten Pferden zweimal im Abstand von 3 Monaten (evtl. im 3.–4. und 6.–7. Trächtigkeitsmonat, dann jährlich im 6.–7. Trächtigkeitsmonat); Nachimpfung aller Pferde jährlich im Oktober		Fohlen sechsmal jährlich, Pferde viermal jährlich, tragende Stuten zusätzlich 6 Wochen vor Geburt und kurz nach Geburt					Befund Behandlung		
						Februar 1. Wurmkur	April 2. Wurmkur	Oktober 3. Wurmkur	Dezember 4. Wurmkur		April	Oktober
Pferdename													
Abstammung													
Geburtsdatum 1986													
1987													
1988													
Medikamentenallergie													
Eigentümer													
Pferdename													
Abstammung													
Geburtsdatum 1986													
1987													
1988													
Medikamentenallergie													
Eigentümer													

– Der Schrank sollte an einer für Kinder unzugänglichen Stelle (z. B. in einer Ecke der Sattelkammer, aber *nicht* im Stall) angebracht sein.

– Günstig ist es, den Schrank in zwei Bereiche zu gliedern: einen unverschlossenen Teil mit einer Ausrüstung für Notfälle (z. B. Verbandstoffe) und einen abschließbaren Teil mit vom Tierarzt verordneten Medikamenten.

– Die Medikamente sollten mindestens einmal im Jahr auf ihr Verfallsdatum hin geprüft werden und gegebenenfalls dem Tierarzt oder einer Apotheke zur Vernichtung abgegeben werden.

– Die Beschriftung sollte immer gut lesbar sein. Hier ist auch ein Inhaltsverzeichnis (z. B. in der Schranktür) von sehr großem Nutzen. So können die einzelnen Medikamente bereits nach ihrem Einsatzgebiet geordnet aufbewahrt werden, wenn möglich in verschiedenen Fächern.

Grundsätzlich richtet sich der Umfang der Ausstattung einer Stallapotheke nach der Anzahl und dem Verwendungszweck (Zucht oder Sport) der Pferde.

Zusammensetzung der Stallapotheke:

1. organisatorischer Teil (oft vernachlässigt, aber von entscheidender Bedeutung):
   – ein ausführliches Inhaltsverzeichnis,
   – ein Notrufverzeichnis für Tierarzt bzw. in größeren Beständen mehrerer Tierärzte, Tierklinik, Schmied und Apotheken,
   – eine Karteikartensammlung oder eine Übersicht, die über jedes Pferd Auskunft gibt bezüglich des behandelnden Tierarztes, durchgeführter Impfungen und eingesetzter Medikamente.

2. innerlich anzuwendende Mittel enthält die Stallapotheke nur in geringem Umfang. Meist sind es Mittel, die über das Futter verabreicht werden können. Es sind dies:
   – Hustenmittel (meist schleimlösende Pflanzenextrakte),
   – Mittel gegen Durchfall (z. B. Kamillentee),

– Inhaliermittel (Eukalyptus, Menthol, Fichtennadelöl),
– Wurmmittel.

Flüssigkeiten (wie z. B. Kolikmittel) enthält die Stallapotheke im allgemeinen nicht, weil das Einschütten sehr problematisch ist und daher nur vom Tierarzt durchgeführt werden sollte.

3. äußerlich anzuwendende Mittel:

3.1 zur Behandlung von Wunden
   – Jodtinktur oder ähnliches zum sofortigen Desinfizieren frischer offener Wunden,
   – Kamillenessenz oder Rivanoltabletten zum Herstellen desinfizierender Flüssigkeiten, auch zum vorsichtigen Auswaschen stark verschmutzter Wunden und für Aufgußverbände sehr gut geeignet,
   – Wundpuder/-spray (evtl. mit Zusatz von Antibiotika oder Sulfonamiden) zur Behandlung oberflächlicher, feuchter Hautwunden,
   – Wundsalbe zur Behandlung bereits trockener Wunden (hier leisten Melkfett und Vaseline hervorragende Dienste),
   – Wundöl zur Behandlung tieferer Wunden,
   – austrocknende Salben für nässende, wuchernde Wunden (z. B. Verletzungen in der Fesselbeuge).

3.2 zur Behandlung von Prellungen, Blutergüssen und Zerrungen
   3.2.1 kühlende Mittel zur sofortigen Behandlung unmittelbar nach der Verletzung,
      – essigsaure Tonerde oder Burow'sche Tabletten zur Herstellung von Flüssigkeiten für Angußverbände,
      – Hirudoid- oder andere kühlende Salben;
   3.2.2 wärmende Mittel zur Behandlung älterer Verletzungen
      – jod- und kampferhaltige Salben,
      – Umschlagpasten (z. B. Enelbin) zur Verbesserung der Durchblutung.

3.3 Für Augenverletzungen
   – Borwasser (2 %ig)

3.4 Für Hufverletzungen
- Lorbeeröl für spröde Hufe und Hornspalten,
- evtl. Ätzmittel gegen Strahlfäule.
4. Verbandsmaterial, Geräte:
4.1 Verbandsmaterial
- Mullbinden in verschiedenen Längen und Breiten,
- elastische Binden,
- saubere, nach Möglichkeit ausgekochte Bandagen,
- Watte in Rollen,
- Verbandsklammern,
- Tesa-Klebeband,
- sauberes Leinentuch (mindestens 50 x 50 cm) für verschiedene Verbände,
- sterile Gazetupfer.
4.2 Geräte
- Schere (rostfrei),
- Pinzette,
- Fieberthermometer,
- Hufmesser, Hufraspel.
4.3 sonstige Hilfsmittel
- Nasenbremse,
- Maulkorb.
5. In Zuchtbetrieben sollte ein gesonderter Teil der Stallapotheke Geräten und Medikamenten für die Geburtshilfe vorbehalten sein.

11.2.3.2 Viruserkrankungen

Die wichtigste Viruserkrankung, neben dem seuchenhaften Verfohlen (= Virusabort) in Zuchtstätten, ist die Influenza (= ansteckender Husten oder auch Hoppegartener Pferdehusten genannt) in Reit- und Turnierställen. Durch häufig nachfolgende bakterielle Erkrankungen wird die Influenza doppelt gefährlich und ist daher nicht selten der Ausgangspunkt für beginnende Dämpfigkeit.

Gegen die wichtigsten Viruserreger des Hustens gibt es seit einigen Jahren einen wirksamen Impfstoff. Im allgemeinen erfolgt zunächst eine Grundimmunisierung mit 2 Impfungen im Abstand von etwa 4 bis 6 Wochen. Bei Sportpferden sollten diese Impfungen vor der Turniersaison durchgeführt sein, in einer langen Saison kann eventuell noch ein weiteres Mal geimpft werden.

In größeren Beständen ist eine Impfung nur dann sinnvoll, wenn *alle* Pferde gleichzeitig geimpft werden, denn es ist durchaus möglich, daß auch geimpfte Pferde von einem „hustenden Nachbarn" angesteckt werden können.

Die zweite wichtige Infektionskrankheit, vor der jedes Pferd geschützt sein sollte, ist Tetanus. Die Grundimmunisierung und die jährlich erfolgende Auffrischung sollten heute eigentlich eine Selbstverständlichkeit sein. Erwähnt sei schließlich auch noch eine Schutzimpfung gegen Tollwut, wenn das Pferd in einem sogenannten „gefährdeten Bezirk" gehalten wird.

Für alle anderen virösen Erkrankungen existiert meist keine Möglichkeit für eine Schutzimpfung. Hier ist die wichtigste Vorbeugung eine gute Stall-, Weide- und Zuchthygiene.

Abschließend noch einige allgemeine Hinweise zu Impfungen:
- Es dürfen nur gesunde Pferde geimpft werden.
- Die Impfung ist nur von einem anerkannten Tierarzt durchzuführen.
- Jede Impfung ist im Impfpaß des Pferdes festzuhalten.
- Der jährliche Impfplan ist mit dem Einsatzplan des Pferdes in Einklang zu bringen und muß mit dem behandelnden Tierarzt abgestimmt werden.
- Im Rennsport gelten gesonderte Impfvorschriften (Rennordnung).

11.2.3.3 Wurmerkrankungen

Wurmbefall ist oft die Ursache für schlechtes Wachstum und Entwicklungsstörungen bei jungen Pferden, aber auch für Leistungsschwäche und allgemein schlechte Konstitution bei allen Pferden. Daher sind Vorbeugemaßnahmen regelmäßig durchzuführen. Dazu gehören alle bereits bei der Stall- und Weidehygiene genannten Maßnahmen sowie eine regelmäßige, stichprobenhafte Kotanalyse auf Wurmbefall. In bestimmten Abständen sind Wurmkuren durchzuführen, deren Häufigkeit sich nach dem Alter und der Haltungsform der Pferde richtet. Bei jungen

Pferden sollte etwa alle 2 bis 3 Monate eine Wurmkur erfolgen, bei Robustpferdehaltung 3 bis 4 mal im Jahr und bei ganzjähriger Boxenhaltung mindestens zweimal pro Jahr. Wie dabei vorgegangen werden kann, zeigt Tabelle 53.

Bei bekannten Wurmarten kann die notwendige Behandlung gezielt erfolgen, ansonsten werden in der Regel breitenwirksame Mittel eingesetzt, die vor allem der Vorbeugung dienen. Um Resistenzen der Würmer gegen verschiedene Wirkstoffe zu vermeiden, sollten die eingesetzten Mittel regelmäßig gewechselt werden.

Die Eingabe der Mittel kann übers Futter oder mit Hilfe einer Tube direkt ins Maul erfolgen, wobei letzteres wesentlich sicherer und unproblematischer ist, weil Pferde einen sehr empfindlichen Geruchs- und Geschmackssinn haben.

In Tabelle 53 sind die wichtigsten Termine für die im Jahresablauf durchzuführenden Wurmkuren und Impfungen anhand eines Beispieles übersichtlich dargestellt. Ähnlich kann für jedes Pferd in Zusammenarbeit mit dem Tierarzt ein Plan vorbereitet werden. Dieser leistet bei der Durchführung sehr gute Hilfestellung.

Tab. 53: Behandlungsplan für das Jahr

Januar	
Februar	1. Wurmkur bei Fohlen ab 10. Lebenstag.
	1. Wurmkur der erwachsenen Pferde.
	Erstimpfung Husten und Tetanus. Zahnkontrolle.
März	Zweitimpfung Husten und Tetanus, dann jährliche Nachimpfung, frühestens nach 6, am besten nach 9 Monaten.
	Falls die Hustenimpfung länger als 1 Jahr zurückliegt, muß die zweimalige Grundimmunisierung neu erfolgen.
April	2. Wurmkur bei Fohlen und erwachsenen Pferden.
Mai	
Juni	3. Wurmkur bei Fohlen vor Weideauftrieb.
Juli	Erstimpfung Virus-Abort
August	4. Wurmkur bei Fohlen nach Absetzen von der Mutterstute.
September	Zweitimpfung und jährliche Nachimpfung gegen Virus-Abort.
Oktober	5. Wurmkur bei Fohlen vor der Aufstallung.
	3. Wurmkur bei erwachsenen Pferden. Zahnkontrolle.
November	
Dezember	4. Wurmkur bei erwachsenen Pferden, besonders bei hochtragenden Stuten.
	Magenbremsenkur bei allen Weidepferden (nicht bei hochtragenden Stuten).
	6. Wurmkur bei Fohlen.
Haustierarzt Anschrift: Telefon: Vertretung:	

12. Tabellenanhang

Tab. 54: Kleine Futterwerttabelle für Pferdehalter (Auszug aus DLG-Tabelle für Pferde, 1984)

Futtermittel	In 1 kg Futtermittel						In 1 kg TM
	TM g	DP g	DE MJ	Rohfaser g	Ca g	P g	DE MJ
1. Grünfutter							
Weidegras, jung	175	25	1,97	41	1,1	0,8	11,23
Weidegras, mittel	220	29	2,24	58	1,3	0,8	10,16
Weidegras, alt	240	26	1,95	76	1,2	0,7	8,14
Luzerne, Blüte	210	26	1,99	60	3,9	0,6	9,48
Rotklee, Knospe	207	27	2,40	44	3,3	0,6	11,60
Grünmais	220	12	2,47	51	1,2	0,6	11,22
2. Silagen							
Grassilage, gut	350	28	3,45	91	2,5	1,4	9,86
Grassilage, mittel	350	23	3,26	102	2,1	1,2	9,32
Grassilage, mäßig	350	18	2,95	121	1,8	1,1	8,42
Maissilage, milchr.	220	12	2,28	55	0,9	0,6	10,37
Maissilage, teigr.	270	14	2,98	61	0,9	0,7	11,03
Rübenblattsilage (sauber)	160	16	2,23	24	1,7	0,4	13,94
Preßschnitzelsilage	184	11	1,96	38	1,9	0,2	10,65
Biertrebersilage	262	50	3,12	52	1,0	1,6	11,92
3. Heu							
Grasheu, gut	860	56	8,51	239	5,2	3,5	9,89
Grasheu, mittel	860	49	7,97	267	4,3	3,0	9,27
Grasheu, mäßig	860	38	6,82	299	3,9	2,6	7,93
Luzerneheu, mittel	860	94	8,10	282	13,7	2,1	9,42
Grünmehl, Gras	927	131	10,21	196	6,9	3,4	11,01
Grünmehl, Luzerne	906	121	9,19	238	18,8	2,8	10,14
4. Stroh							
Weizenstroh	860	7	4,65	388	2,67	0,6	5,41
Weizenstroh, NaOH	860	10	5,42	371	2,67	0,6	6,30
Weizenstroh, NH$_3$ (aufgeschlossen)	860	27	6,24	368	2,67	0,6	7,26
5. Knollen							
Masserüben	112	7	1,50	9	0,3	0,3	13,43
Gehaltsrüben	146	8	2,00	10	0,4	0,3	13,70
Mohrrüben	119	9	1,81	10	0,5	0,4	15,22
Kartoffeln	219	10	3,00	6	0,1	0,5	13,70
6. Körnerfrüchte und Samen							
Ackerbohne	873	217	13,47	79	1,48	4,10	15,43
Erbse	871	187	12,71	58	0,87	4,09	14,59
Gerste (Winter)	880	84	12,83	60	0,62	3,61	14,58
Hafer	884	86	11,60	102	1,06	3,09	13,12
Leinsamen	910	172	14,51	66	2,46	3,64	15,94
Mais	879	67	13,69	23	0,44	2,90	15,58

Fortsetzung Tabelle 54

Futtermittel	In 1 kg Futtermittel						In 1 kg TM
	TM g	DP g	DE MJ	Rohfaser g	Ca g	P g	DE MJ
7. Nebenerzeugnisse							
Weizenkleie	880	107	9,43	108	1,58	11,53	10,72
Weizengrießkleie	878	130	11,77	82	1,32	8,78	13,41
Malzkeime, trocken	920	243	12,39	132	2,58	7,36	13,47
Melasseschnitzel	896	56	10,83	140	10,80	7,92	11,86
Leinexpeller	899	278	11,45	97	3,69	7,55	12,74
Sonnenblumenextr. schrot, teilent.	899	318	12,11	200	3,60	9,80	13,47
Sojaextr. schrot	879	413	14,56	62	2,81	6,07	16,56
8. Sonstige							
Sojaöl	999	–	36,00	–	–	–	36,00
Magermilchpulver	941	284	14,03	–	13,17	10,07	14,91
Stutenmilch	102	18	1,73	–	–	–	16,92

Tab. 55: Tägliche Futtertrockensubstanzaufnahme von Pferden (Angaben in kg). (DLG 1984)

			Lebendmasse des erwachsenen Pferdes, kg							
			100	200	300	400	500	600	700	800
Grundfutter[1] für Erhaltung			1,8	2,9	4,0	5,0	5,9	6,7	7,5	8,3
Grund[1]- und Ergänzungs- futter[2] für Arbeits- leistung	leicht[4] bis ... mittel[5]		2,2	3,6	4,9	6,0	7,2	8,2	9,1	10,2
	von ... bis ... schwer[6]		2,2 2,5	3,6 4,2	4,9 5,8	6,0 7,1	7,2 8,4	8,2 9,6	9,1 10,8	10,2 11,9
	über ...		2,5	4,2	5,8	7,1	8,4	9,6	10,8	11,9
Grund[1]- und Ergänzungs- futter[3] für Gravidität	Trächtig- keits- monat	8. 11.	1,9 2,1	3,2 3,5	4,4 4,8	5,4 6,0	6,4 7,1	7,3 8,1	8,2 9,1	9,1 10,0
Grund[1]- und Ergänzungs- futter[3] für Laktation	Lakta- tions- monat	1. 3. 5.	3 3,1 2,7	4,9 5,3 4,6	6,8 7,2 6,2	8,5 8,9 7,7	10,1 10,5 9,1	11,4 12,0 10,4	12,9 13,5 11,7	14,2 14,9 12,9
Gesamtfutter- trocken- substanz für Wachstum	Lebens- monate	3. – 6.[7] 7. – 12.[8] 13. – 18.[9]	1,2 1,6 1,9	2,1 2,8 3,2	2,9 3,8 4,4	3,6 4,7 5,5	4,3 5,6 6,6	4,9 6,5 7,6	5,6 7,3 8,6	6,3 8,2 9,5

[1] 10,8 MJ verd. Energie / kg Futtertrockensubstanz
[2] 12,5 MJ verd. Energie / kg Futtertrockensubstanz
[3] 13,6 MJ verd. Energie / kg Futtertrockensubstanz
[4] bis 25 % mehr Energie erforderlich als für Erhaltung
[5] 25 – 50 % mehr Energie erforderlich als für Erhaltung
[6] über 50 % mehr Energie erforderlich als für Erhaltung
[7] 14 MJ verd. Energie / kg Futtertrockensubstanz
[8] 11 MJ verd. Energie / kg Futtertrockensubstanz
[9] 10 MJ verd. Energie / kg Futtertrockensubstanz

Tab. 56: Nährstoff-Versorgungsempfehlungen für erwachsene Sportpferde (Angaben je Tier/Tag) (GEH 1978, 1982)

		Lebendmasse des erwachsenen Pferdes, kg							
		100	200	300	400	500	600	700	800
Er-haltung	verd. Energie, MJ	19	32	43	54	64	73	82	90
	verd. Rohprotein, g	95	160	215	270	320	365	410	450
	Calcium, g	4	8	12	17	21	25	29	33
	Phosphor, g	2,5	5	7,5	10	12,5	15	17,5	20
Arbeit[1] leicht	verd. Energie, MJ bis ...	24	40	54	67	80	91	102	113
	verd. Rohprotein, g bis ...	120	200	270	335	400	455	510	565
	Calcium, g	4	9	13	17	22	26	31	36
	Phosphor, g	2,5	5	7,5	10	13	16	20	24
Arbeit[1] mittel	verd. Energie, MJ von ... bis ...	24 – 28	40 – 48	54 – 65	67 – 81	80 – 96	91 – 109	102 – 123	113 – 135
	verd. Rohprotein, g von ... bis ...	120 – 140	200 – 240	270 – 325	335 – 405	400 – 480	455 – 545	510 – 615	565 – 675
	Calcium, g	4	9	13	18	22	26	31	36
	Phosphor, g	3	6	9	11	13	16	24	24
Arbeit[1] schwer	verd. Energie, MJ über ...	28	48	65	81	96	109	123	135
	verd. Rohprotein, g über ...	140	240	325	405	480	545	615	675
	Calcium, g	5	9	13	18	22	27	32	37
	Phosphor, g	3,5	6	9	12	14	17	20	23

[1] NaCl-Leckstein zum freien Ausgleich der Schweiß-Kochsalzverluste unentbehrlich

Tab. 57: Nährstoff-Versorgungsempfehlungen für trächtige und laktierende Stuten sowie für Hengste (Angaben je Tier / Tag). (GEH 1978, 1982)

			Lebendmasse des erwachsenen Pferdes, kg							
			100	200	300	400	500	600	700	800
Trächtigkeits-monat	8.	verd. Energie, MJ	21	36	48	60	71	81	91	100
		verd. Rohprotein, g	120	210	280	350	410	470	530	580
		Calcium, g	5	11	17	23	29	35	41	47
		Phosphor, g	4	8	11	15	19	23	27	31
	11.	verd. Energie, MJ	24	40	54	67	80	91	102	113
		verd. Rohprotein, g	160	260	350	440	520	590	670	740
		Calcium, g	7	14	22	29	37	44	52	59
		Phosphor, g	5	10	15	19	25	29	35	40
Laktations-monat	1.	verd. Energie, MJ	36	60	82	101	120	137	154	170
		verd. Rohprotein, g	320	530	720	890	1060	1210	1360	1500
		Calcium, g	12	20	30	37	46	52	62	70
		Phosphor, g	10	16	23	29	35	41	48	54
	3.	verd. Energie, MJ	38	64	86	107	127	145	163	180
		verd. Rohprotein, g	330	560	760	940	1110	1270	1430	1570
		Calcium, g	13	23	32	41	49	58	66	74
		Phosphor, g	10	18	26	33	39	46	53	59
	5.	verd. Energie, MJ	32	54	73	91	108	123	138	152
		verd. Rohprotein, g	250	420	560	700	830	940	1060	1170
		Calcium, g	11	19	27	35	42	49	56	62
		Phosphor, g	9	15	22	28	34	39	45	50
Hengste, hohe Deckbe-anspruchung		verd. Energie, MJ	29	48	65	81	96	110	123	135
		verd. Rohprotein, g	160	270	370	460	560	620	700	770
		Calcium, g	8	15	23	30	38	45	53	60
		Phosphor, g	5	10	15	20	25	30	35	40

Tab. 58 : Nährstoff-Versorgungsempfehlungen für wachsende Tiere (Angaben je Tier / Tag) (GEH 1978, 1982)

Lebens-monate			Lebendmasse des erwachsenen Pferdes, kg							
			100	200	300	400	500	600	700	800
3. - 6		verd. Energie, MJ	17	29	40	51	60	70	79	88
		verd. Rohprotein, g	140	255	365	470	575	675	775	870
		Calcium, g	6	12	18	23	30	36	42	48
		Phosphor, g	4	8	13	17	21	25	29	33
7. - 12.		verd. Energie, MJ	18	30	42	52	62	72	81	90
		verd. Rohprotein, g	120	210	300	380	460	540	615	695
		Calcium, g	5	10	14	19	24	29	34	39
		Phosphor, g	3	6	10	13	16	19	22	25
13. - 18.		verd. Energie, MJ	19	32	44	55	66	76	86	95
		verd. Rohprotein, g	115	205	285	360	435	505	575	640
		Calcium, g	5	10	15	19	25	31	35	40
		Phosphor, g	4	7	10	13	17	20	23	26
19. - 24.		verd. Energie, MJ	20	34	46	58	68	79	88	98
		verd. Rohprotein, g	115	195	270	340	410	470	535	595
		Calcium, g	5	10	15	19	25	31	35	40
		Phosphor, g	4	7	10	13	17	20	23	26
25. - 36.		verd. Energie, MJ	21	36	49	61	72	82	93	103
		verd. Rohprotein, g	115	195	265	330	395	450	510	570
		Calcium, g	5	10	15	19	25	31	35	40
		Phosphor, g	4	7	10	13	17	20	23	26

Tab. 59: Mittlere Schweißbildung und Schweißzusammensetzung beim Pferd (GEH 1982)

Schweißmenge (g) je kg Lebendmasse und Tag

Arbeit
gering   3
mittel   6
schwer   > 10

Zusammensetzung des Schweißes (kg)

Stickstoff	(N)	1,0 g	Kalium	(K)	2,5 – 5	g
Calcium	(Ca)	0,2 g	Chlor	(Cl)	5,5	g
Phosphor	(P)	0,15 g	Kupfer	(Cu)	6 – 27	mg
Magnesium	(Mg)	0,12 g	Zink	(Zn)	6 – 11	mg
Natrium	(Na)	3 – 4 g	Eisen	(Fe)	19 – 74	mg

nach WEIDENHAUPT, 177; WINKEL, 1977; PFERDEKAMP, 1980

13. Verzeichnis der Untersuchungsanstalten (Lufa) für Futtermittel

LUFA Kiel
Gutenbergstr. 75–77
2300 Kiel
Tel. 0431/15087/8

LUFA Karlsruhe
Neßlerstr. 23
7500 Karlsruhe 41
Tel. 0721/48521

Hess. landw. Versuchs-
anstalt
Am Versuchsfeld 13
3500 Kassel
Tel. 0561/88141

LUFA Hameln
Finkenborner Weg 1 A
3250 Hameln 1
Tel. 05151/65073

Bayer. Landesanstalt für
Bodenkultur und
Pflanzenbau
Vöttinger Str. 38
8050 Freising
Tel. 08161/71600

LUFA Speyer
Obere Langgasse 40
6720 Speyer
Tel. 06232/76026

LUFA Münster
Nevinghoff 40
4400 Münster
Tel. 0251/276745

LUFA Oldenburg
Mars-la-Tour-Str. 4
2900 Oldenburg
Tel. 0441/801390

Landesanstalt für landw.
Chemie
Emil-Wolff-Str. 14
7000 Stuttgart 70
Tel. 0711/45012671

Hess. landw. Versuchs-
anstalt
Rheinstr. 91
6100 Darmstadt
Tel. 06151/81091

LUFA Bonn
Weberstr. 59–61
5300 Bonn 1
Tel. 0228/210021

Bayer. Hauptversuchs-
anstalt für Landwirtschaft
der TU München
8050 Freising 1
Tel. 08161/71384

14. Literaturverzeichnis

AHLSWEDE, L.: Güste Stuten verlangen Umsicht, Reiter und Pferde in Westfalen, 5. Jg., H. 1, 1980

AUTORENTEAM: Handbuch Pferd, 2. Auflage, BLV-Verlagsgesellschaft, München 1986

BENDER, J.: Robustpferdehaltung – Planung, Realisierung, Praxis, Franckh'sche Verlagshandlung, Stuttgart 1977

BLENDINGER, W.: Psychologie und Verhaltensweisen des Pferdes, 2. Auflage, Verlag E. Hoffmann, Heidenheim 1974

BRUNS, U.: Umgang mit Pferden, in: Handbuch Pferde II, Verlag H. Kamlage, Osnabrück 1979

DEUTSCHE LANDWIRTSCHAFTSGESELLSCHAFT: DlG-Futterwerttabelle für Pferde, DLG-Verlag, Frankfurt am Main 1984.

DLG-Futterwerttabelle: Aminosäuren, DLG-Verlag, Frankfurt am Main 1976.

DLG-Futterwerttabelle: Mineralstoffgehalte in Futtermitteln, 2. Auflage, DLG-Verlag, Frankfurt am Main 1973

DEUTSCHE REITERLICHE VEREINIGUNG E. V. (FN): Richtlinien für Reiten und Fahren, Band 1, Warendorf 1974

ENDE, H.: Arbeit erhält gesund – RR-Stallapotheke, 116. Folge, Reiter Revue, 22. Jg., H. 12, 1974

ENDE, H., ISENBÜGEL, E.: Die Stallapotheke, Albert Müller Verlag, Rüschlikon-Zürich 1971

FEIST, J. D., McCULLOUGH, D. R.: Behaviour Patterns and Communications in Feral Horses, Zeitschrift für Tierpsychologie, 41. Jg.

FLADE, J. E.: Das Araberpferd, Verlag A. Ziemsen, Wittenberg 1962

FRIEDHOFF, F.: Fremdkörper – Kolik – Tod, Reiter und Pferde in Westfalen, 11. Jg., H. 5, 1986

GESELLSCHAFT FÜR ERNÄHRUNGSPHYSIOLOGIE DER HAUSTIERE (GEH): Empfehlungen zur Energie- und Nährstoffversorgung der Pferde, DLG-Verlag, Frankfurt am Main 1982

GRZIMEK, B.: Und immer wieder Pferde, Verlag Kindler, München 1977

GUTEKUNST, H. P.: Zur Schadensursachenstatistik von entschädigten Reitpferden in den Jahren 1971 bis 1974 innerhalb der Bundesrepublik Deutschland, Diss. Gießen 1977

HAGEMANN, D.: Pferdehaltung und Baurecht, Broschüre anläßlich EQUITANA 1987, Herausgeber Bundesministerium für Ernährung, Landwirtschaft und Forsten, Bonn

HEDLUND, G., VON WALTER, E.: Das Einmaleins des Reitens, Franckh'sche Verlagshandlung, Stuttgart 1988

HERMANN, H., MEYER-ÖTTING, U.: Agrarwirtschaft, BLV-Verlagsgesellschaft, München 1981

HOFFMANN, M.: Kann man Offenstallpferde im Winter überhaupt reiten? Freizeit im Sattel, o. Jg. H. 12, 1983

ISENBÜGEL, E.: Der Tierarzt hilft – Weben. Freizeit im Sattel, o. Jg., H. 7, 1975

JERZIERSKI, T.: Handhabung von Polnischen Primitivpferden unter extensiven Haltungsbedingungen, KTBL-Schrift 254, Darmstadt 1980

KÖNEKAMP, A.: Pferdehaltung in Gestüten und Reitställen, Verlag W. Girardet, Essen 1978

KOLB, E.: Vom Leben und Verhalten unserer Haustiere, Verlag S. Hirzel, Leipzig 1977

KOLTER, L.: Soziale Beziehungen zwischen Pferden und deren Auswirkungen auf die Aktivität bei Gruppenhaltung, Diss. Köln 1984

MACK, G.: Husten – 1000fach, Freizeit im Sattel, o.Jg., H. 1, 1987

MARTEN, J.: Haltungssysteme und Stallanlagen für Freizeit- und Wanderreitpferde, in: O. G. Steigle, Handbuch des Gelände- und Wanderreiters, Franckh'sche Verlagshandlung, Stuttgart 1985.

Bauliche Lösungen für Auslauf und Schutzhütte, in: Pferdehaltung in Gruppen (FN-Seminar 1984 in Altrip), FN-Verlag, Warendorf

MARTEN, J., JAEP, A.: Pensionspferdehaltung im landwirtschaftlichen Betrieb, KTBL-Schrift 305, Darmstadt 1985

MEDAWAR, P.: The Hope of Progress, Verlag Methuen, London 1972

MENKE, K. H., HUSS, W.: Tierernährung und Futtermittelkunde, 3. Auflage, Verlag Eugen Ulmer, Stuttgart 1987

MEYER, H.: Pferdefütterung, Verlag Paul Parey, Hamburg 1986

PAYSAN, A.: Mit Pferden unterwegs, Franckh'sche Verlagshandlung, Stuttgart 1974

PIRKELMANN, H., SCHÄFER, M., SCHULZ, H.: Pferdeställe und Pferdehaltung, Verlag Eugen Ulmer, Stuttgart 1976

PIOTROWSKI, J.: Zum Einfluß der Raumstruktur auf das Verhalten von Pferden in Auslaufhaltung, Vortrag anläßlich 15. Internation. Arbeitstagung Angewandte Ethologie in der Pferdehaltung, FN-Verlag, Warendorf 1981

REHM, G.: Auswirkungen verschiedener Haltungsverfahren auf die Bewegungsaktivität und die soziale Aktivität bei Hauspferden, in: Aktuelle Aspekte der Ethologie in der Pferdehaltung, FN-Verlag, Warendorf 1981

RÖDDER, F.: Ohne Huf kein Pferd, Albert Müller Verlag, Rüschlikon-Zürich 1977

SCHÄFER, M.: Die Sprache des Pferdes – Lebensweise und Ausdrucksformen, Nymphenburger Verlagshandlung, München 1974

SCHEUNERT, A., TRAUTMANN, A.: Veterinär-Physiologie, 6. Auflage, Verlag Paul Parey, Hamburg 1976

SCHIELE, E.: Haltung des Reitspferdes – Erfahrungen aus der Praxis, BLV-Verlagsgesellschaft, München 1970

SCHNITZER, U.: Untersuchungen zur Planung von Reitanlagen, Diss. Karlsruhe 1969, KTBL-Bauschrift, H. 6, 1970

SCHULZ, H., THUMM, U.: Wohin mit dem Mist? Zeitschrift Pony, 35. Jg., H. 9, 1987

SCHWARZNECKER, G.: Schwarznecker's Pferdezucht, Rasse, Züchtung und Haltung des Pferdes, 3. Auflage, Verlag Paul Parey, Hamburg 1884

SOMMER, H., GREUEL, E., MÜLLER, W.: Tierhygiene, Verlag Eugen Ulmer, Stuttgart 1976

SPATZL, H.: Sozialstruktur beim Dülmener Primitivpferd, in: KTBL-Arbeitspapier 22, Darmstadt 1974

STAFFE, A.: Haustier und Umwelt, Verlag P. Haupt, Bern 1948

STRAITON, E. C.: Pferdekrankheiten, BLV-Verlagsgesellschaft, München 1973

SÜLFLOHN, K.: Das geltende Futtermittelrecht: Stand 1988, ASR-Verlag, Rheinbach 1988

THEIN, P.: Handbuch Pferd, BLV-Verlagsgesellschaft, München 1984

TYLER, S. J.: The Behaviour and Social Organisation of the New Forest Ponies Animal Behaviour Monographs 5, 2

UBBENJANS, M.: Untersuchungen zur Haltung von Reitpferden auf künstlichen Bodenbelägen, Vortrag anläßlich 31. Jahrestagung der Europäischen Vereinigung für Tierzucht, München, 1.–4. 9. 1980

UNKEL, M.: Das Sommerekzem, Reiter und Pferde in Westfalen, 7. Jg., H. 8, 1982

UPPENBORN, W.: Pferdezucht und Pferdehaltung, Verlag Bintz-Dohany, Offenbach 1977;

Ponys – Umgang und Haltung, Eugen Ulmer Verlag, Stuttgart 1968

WRANGEL, C. G.: Das Buch vom Pferde, 1. Band, 6. Auflage, Verlag Schickhardt & Ebner, Stuttgart 1927 (Nachdruck Olms Presse, Hildesheim 1983)

ZEEB, K.: Tiergerechte Haltung von Pferden, in: Pferdehaltung in Gruppen, FN-Seminar 1984 in Altrip, FN-Verlag, Warendorf 1984

ZEITLER, M.: Die Bedeutung des Staubgehaltes in der Stalluft für die Gesundheit von Pferden, Rindern und Schweinen, Tagungsbericht 8. Weihenstephaner Tagung „Moderne Haltungssysteme und Tiergesundheit" am 7. 10. 1987

ZWEIFEL, F.: Problematische Pferde – ein Beitrag zur Psychologie des Pferdes, Verlag L. B. Ahnert, Friedberg o. Jg.

Register